O ESPÍRITO SANTO DEUS-EM-NÓS

Dados Internacionais de Catalogação na Publicação (CIP)
(Câmara Brasileira do Livro, SP, Brasil)

Berkenbrock, Volney J.
  O Espírito Santo – Deus-em-nós : uma pneumatologia experiencial / Volney J. Berkenbrock. – 1. ed. – Petrópolis, RJ : Vozes, 2021. – (Coleção Iniciação à Teologia)

  Bibliografia
  ISBN 978-65-5713-127-5

  1. Cristianismo 2. Deus (Cristianismo) – Conhecimento 3. Espírito Santo 4. Literatura devocional 5. Moral cristã 6. Pneumatologia I. Título II. Série.

21-63253   CDD-231.3

Índices para catálogo sistemático:
1. Pneumatologia : Teologia dogmática cristã   231.3

Aline Graziele Benitez – Bibliotecária – CRB-1/3129

VOLNEY J. BERKENBROCK

O ESPÍRITO SANTO DEUS-EM-NÓS

Uma pneumatologia experiencial

Petrópolis

© 2021, Editora Vozes Ltda.
Rua Frei Luís, 100
25689-900 Petrópolis, RJ
www.vozes.com.br
Brasil

Todos os direitos reservados. Nenhuma parte desta obra poderá ser reproduzida ou transmitida por qualquer forma e/ou quaisquer meios (eletrônico ou mecânico, incluindo fotocópia e gravação) ou arquivada em qualquer sistema ou banco de dados sem permissão escrita da editora.

CONSELHO EDITORIAL

Diretor
Gilberto Gonçalves Garcia

Editores
Aline dos Santos Carneiro
Edrian Josué Pasini
Marilac Loraine Oleniki
Welder Lancieri Marchini

Conselheiros
Francisco Morás
Ludovico Garmus
Teobaldo Heidemann
Volney J. Berkenbrock

Secretário executivo
João Batista Kreuch

Editoração: Leonardo A.R.T. dos Santos
Diagramação: Raquel Nascimento
Revisão gráfica: Alessandra Karl
Capa: Editora Vozes

ISBN 978-65-5713-127-5

Editado conforme o novo acordo ortográfico.

Este livro foi composto e impresso pela Editora Vozes Ltda.

Dedicatória

Com gratidão
a Max José Berkenbrock, meu pai,
que faleceu enquanto eu escrevia esta obra,
e Elisabeth Heerdt Berkenbrock, minha mãe,
por serem presença do Espírito de Deus-em-nós
para a nossa família.

Sumário

Apresentação à segunda edição da coleção Iniciação à Teologia, 9

Prefácio, 13

Introdução, 15

1 Espíritos e Espírito Santo, 25

2 Acerca da pneumatologia – Constatações e problemática, 41

3 O Espírito na tradição judaico-cristã, 85

4 O Espírito Santo – A experiência de Deus-em-nós, 282

Conclusão – "Não extingais o espírito", 315

Referências, 317

Índice, 321

Apresentação à segunda edição da coleção Iniciação à Teologia

Uma coleção de teologia, escrita por autores brasileiros, leva-nos a pensar a função do teólogo no seio da Igreja. Tal função, só pode ser entendida como atitude daquele que busca entender a fé que professa, e, por isso, faz teologia. Esse teólogo assume, então, a postura de produzir um pensamento sobre determinados temas, estabelecendo um diálogo entre a realidade vivida e a teologia pensada ao longo da história, e se caracteriza por articular os temas relativos à fé e à vivência cristã, a partir de seu contexto. Exemplo claro desse diálogo, com situações concretas, são Agostinho ou Tomás de Aquino, que posteriormente tiveram muitas de suas teorias incorporadas à doutrina cristã-católica, mas que a princípio buscaram estabelecer um diálogo entre a fé e aquele determinado contexto histórico. Como conceber um teólogo que se limita a reproduzir as doutrinas pensadas ao longo da história? Longe de ser alguém arbitrário ou que assuma uma posição de déspota, o teólogo é aquele que dialoga com o mundo e com a tradição. Formando a tríade teólogo-tradição-mundo, encontramos um equilíbrio saudável que faz com que o teólogo ofereça subsídios para fé cristã, ao mesmo tempo que é fruto do contexto eclesial em que vive.

Outra característica que o acompanha é a de ser filho da comunidade eclesial e, como tal, deve fazer de seu ofício um serviço aos cristãos. Se considerarmos que esses cristãos estão inseridos em realidades concretas, cada teólogo é desafiado a oferecer pistas, respostas ou perspectivas teológicas que auxiliem na construção da identidade cristã que nunca está fora de seu contexto, mas acontece justamente na relação dialógica com ele. Se o contexto é sempre novo, também a teologia se renova. Por isso o teólogo olha novos horizontes e desbrava novos caminhos a partir da experiência da fé.

O período do Concílio Vaticano II (1962-1965) consagrou novos ares à teologia europeia, influenciada pela *Nouvelle Théologie,* pelos movimentos bíblicos e litúrgicos, dentre outros. A teologia, em contexto de modernidade, apresentou sua contribuição aos processos conciliares, sobretudo na perspectiva do diálogo que ela própria estabelece com a modernidade, realidade latente no contexto europeu. A primavera teológica, marcada por expressiva produção intelectual e pelo contato com as várias dimensões humanas, sociais e eclesiais, também chega à América Latina. As conferências de Medellín (1968) e Puebla (1979) trazem a ressonância de vários teólogos latino-americanos que, diferente da teologia europeia, já não dialogam com a modernidade, mas com suas consequências, vistas principalmente no contexto socioeconômico. Desse diálogo surge a Teologia da Libertação e sua expressiva produção editorial. A Editora Vozes, nesse período, foi um canal privilegiado de publicações, e produziu a coleção Teologia & Libertação que reuniu grandes nomes na perspectiva da teologia com a realidade eclesial latino-americana. Também nesse período, houve uma reformulação conceitual na *REB* (Revista Eclesiástica Brasileira), organizada pelo ITF (Instituto Teológico Franciscano), sendo impressa e distribuída pela Editora Vozes. Ela deixou de ser canal de formação eclesiástica para se tornar um meio de veiculação da produção teológica brasileira.

Embora muitos teólogos continuassem produzindo, nas décadas do final do século XX e início do XXI, o pensamento teológico deixou de ter a efervescência do pós-concílio. Vivemos um momento antitético da primavera conciliar, denominado por muitos teólogos como inverno teológico. Assumiu-se a teologia da repetição doutrinária como padrão teológico e os manuais históricos – muito úteis e necessários para a construção de um substrato teológico – que passaram a dominar o espaço editorial. Essa foi a expressão de uma geração de teólogos que assumiu a postura de não mais produzir teologia, mas a de reafirmar aspectos doutrinários da Igreja. O papado de Francisco marcou o início de um novo momento, chancelando a produção de teólogos como Pagola, Castillo, e em contexto latino-americano, Gustavo Gutiérrez. A teologia voltou a ser espaço de produção e muitos teólogos passaram a se sentir mais responsáveis por oferecerem ao público leitor um material consonante com esse momento.

Em 2004, o ITF, administrado pelos franciscanos da Província da Imaculada, outrora responsável pela coleção *Teologia & Libertação* e ainda responsável pela *REB*, organizou a coleção *Iniciação à Teologia*. O Brasil vivia a efervescência dos cursos de teologia para leigos, e a coleção tinha o objetivo de oferecer a esse perfil de leitor, uma série de manuais que exploravam o que havia de basilar em cada área da teologia. A perspectiva era oferecer um substrato teológico aos leigos que buscavam o entendimento da fé. Em 2019, passamos por uma reformulação dessa coleção. Além de visarmos um diálogo com os alunos de graduação em teologia, queremos que a coleção seja espaço para a produção teológica nacional. Teólogos renomados, que têm seus nomes marcados na história da teologia brasileira, dividem o espaço com a nova geração de teólogos, que também já mostraram sua capacidade intelectual e acadêmica. Todos eles têm em comum a característica de sintetizarem em seus manuais a produção teológica que é fruto do trabalho.

A coleção Iniciação à Teologia, em sua nova reformulação, conta com volumes que tratam das Escrituras, da Teologia Sistemática, Teologia Histórica e Teologia Prática. Os volumes que estavam presentes na primeira edição serão reeditados; alguns com reformulações trazidas por seus autores. Os títulos escritos por Alberto Beckhäuser e Antônio Moser, renomados autores em suas respectivas áreas, serão reeditados segundo os originais, visto que o conteúdo continua relevante. Novos títulos serão publicados à medida que forem finalizados. O objetivo é oferecermos manuais às disciplinas teológicas, escritos por autores nacionais. Esta parceria da Editora Vozes com os teólogos brasileiros é expressão dos novos tempos da teologia, que busca trazer o espírito primaveril para o ambiente de produção teológica, e, consequentemente oferecermos um material de qualidade para que estudantes de teologia, bem como teólogos e teólogas, busquem aporte para seu trabalho cotidiano.

Welder Lancieri Marchini
Editor teológico, Vozes
Coordenador da coleção

Francisco Morás
Professor do ITF
Coordenador da coleção

Prefácio

Ruah, Paráclito, dispensador dos dons, consolador... estes e outros tantos termos que remetem ao Espírito Santo, mostram como é múltiplo o entendimento e a descrição do objeto de estudo da pneumatologia. Mas como estudar o Espírito? Como defini-lo como objeto de uma disciplina teológica? Cabe à pneumatologia toda a complexidade metodológica que sustenta o estudo das outras pessoas da Trindade. É possível dizer que a pneumatologia não estuda o Espírito-em-si, mas o Espírito-para-nós ou, como trata esta obra, o Deus-em-nós. O Espírito é Deus que se manifesta, se relaciona e, como tal, faz com que a teologia se debruce sobre esse objeto como relação.

Porém, ao longo da história, o Espírito foi um tema periférico dentro da Teologia Sistemática resumindo-se a uma perspectiva presente em vários estudos como a eclesiologia, mariologia e mesmo na cristologia, mas que não se constituía como um estudo autônomo. Mesmo encontrando algum espaço na devoção popular, como por exemplo pela Festa do Divino que acontece no âmbito brasileiro, e na tradição litúrgica pela Festa de Pentecostes, sua manifestação é menos expressiva que as devoções mais consolidadas como a mariana.

A valorização do entendimento do Pai e do Filho em detrimento histórico da pneumatologia leva a uma questão relevante: Como a tradição entende a manifestação e ação do Espírito Santo? Característica comum às teorias pneumatológicas, e de certa forma síntese da pneumatologia neotestamentária é a ideia de que o Espírito de Deus age na pessoa de Jesus e Jesus envia seus discípulos à missão acompanhados pelo Espírito.

Do mesmo modo o Espírito impulsiona à eclesialidade, em comunhão com os discípulos de Jesus. Ele os impulsiona à vivência da comunhão com o próprio Jesus Cristo e assim na participação da salvação futura que já se apresenta na comunhão entre os fiéis. A narrativa de Pentecostes (At 2,1-13), paradigmática para entendermos a ação do Espírito, enfatiza a vivência da comunhão eclesial, muito mais que o êxtase, visto que o Espírito é dado a todos os discípulos conjuntamente, ao mesmo tempo que os impulsiona à ação para além do grupo que ali estava reunido.

Ao leitor podemos dizer que encontrará neste livro um manual de pneumatologia. Volney J. Berkenbrock sintetiza as questões bíblicas, históricas e sistemáticas que formulam o estatuto da pneumatologia, mas também articula esses elementos com as motivações eclesiais e humanas, não se limitando a uma simples exposição dos elementos que formam o estatuto pneumatológico, mas busca introduzir o leitor na construção do raciocínio teológico. Assim a pneumatologia possibilita-nos, aos cristãos ou à teologia, a consciência da dinâmica e do movimento que nos habita, seja no âmbito pessoal, na relação com os outros, na comunidade eclesial ou na sociedade, ou ainda no âmbito universal e cósmico.

Welder Lancieri Marchini
Editor teológico, Vozes
Coordenador da coleção

Francisco Morás
Professor do ITF
Coordenador da coleção

Introdução

O que dizer sobre o Espírito Santo? Dos muitos temas clássicos da teologia, este pertence àqueles sobre os quais não há tantos tratados ao longo da história, se compararmos aos tratados sobre Jesus Cristo, sobre a Igreja, sobre os Sacramentos ou mesmo sobre a Trindade. Refletir sobre o Espírito Santo é sempre uma tarefa aberta: se pode, por um lado repetir o que a tradição diz, mas se pode também ter a experiência atual do Espírito Santo como ponto de partida. Vamos, nesta trajetória, fazer um pouco daquilo e um pouco disto: recolher as dificuldades que a história da teologia teve para refletir sobre o Espírito Santo, narrar a tradição desta reflexão, mas tentar manter a reflexão aberta para o atual, de modo que a pergunta inicial se transforma em "O que dizer sobre o Espírito Santo em nosso contexto atual?"

Sem dúvida não é novidade alguma dizer que há uma disciplina da teologia que tem como assunto a reflexão teológica sobre o Espírito Santo, a pneumatologia. Esta palavra, um tanto diferente, é derivada do grego, para dizer o estudo (*logia*) a respeito do espírito (*pneuma*). Trata-se da temática do Espírito Santo: como se compreendeu e compreende o Espírito Santo na história do cristianismo, como pensar sobre a ação do Espírito Santo, como entender e receber na reflexão a chamada experiência do Espírito Santo.

Mas quem é e o que é o Espírito Santo? Indubitavelmente, se tivermos de responder a esta pergunta de supetão, a resposta não vem tão clara e direta como se tivéssemos que responder algo sobre quem é Deus-Pai ou quem é Jesus Cristo. Com o Pai e com Jesus Cristo conseguimos ligar coisas mais diretas, mas específicas. Seja em termos de conteúdos, seja em termos de imagens, independentemente de pensarmos estarem essas coisas corretas ou não. Os cristãos têm, por assim dizer, uma certa intimidade com o Pai e com o Filho – pelo menos com os dois conceitos – que não a têm com o Espírito Santo.

A ligação, à primeira vista, com o Espírito Santo, parece não poder ser fixada em algo definido. Quando se pensa em Espírito Santo, especialmente em sua ação e experiência, nos vem à mente uma enxurrada de coisas um tanto quanto indefinidas: o espírito age e inspira como e onde quer, cada pessoa pode ter uma experiência do Espírito Santo, os membros dos movimentos carismáticos agem tocados pelo Espírito Santo, igualmente o papa (e não só ele, mas a hierarquia em geral) se diz inspirado pelo Espírito Santo, o Espírito Santo é a alma da Igreja, o Espírito Santo "renova a face da terra", o Espírito Santo *vem* sobre as pessoas etc. Mais do que isso: Os que pretendem introduzir novidades dizem estar agindo inspirados pelo Espírito Santo; os que pretendem continuidade na tradição afirmam contar com a inspiração do Espírito Santo. Como se vê, o Espírito Santo é invocado em ocasiões diversas e para apoiar desejos até contraditórios.

Na expressão "Espírito Santo" está a palavra "espírito". Mas o que é um espírito? Quando caímos neste campo semântico, parece que a confusão, ou melhor, a multiplicidade de sentidos, é muitíssimo maior. Tanto em termos bíblicos como na tradição cristã de fé ou nas diversas tradições culturais, o termo "espírito" foi e é usado para significados muitíssimo diversos.

O "Espírito de Deus" é invocado por profetas para justificar suas ações. O salmista reza pedindo a permanência do "Espírito de Deus" nele:

> Não me rejeites de tua presença
> nem retires de mim teu santo Espírito! (Sl 51,13).

O próprio Jesus usa uma passagem de Isaías, reportando-se ao "Espírito do Senhor" para definir sua missão:

> O Espírito do Senhor está sobre mim,
> porque ele me ungiu
> para anunciar a boa-nova aos pobres;
> enviou-me para proclamar
> aos aprisionados a libertação,
> aos cegos a recuperação da vista,
> para pôr em liberdade os oprimidos,
> e para anunciar um ano da graça do Senhor
> (Lc 4,18-19).

Jesus entende, pois, seu agir e sua missão impulsionados pelo Espírito. Sob a égide dele é que acontece a sua ação.

Paulo entende que o Espírito é mediador da fé para o cristão, pois:

> Ninguém pode dizer "Jesus é o Senhor" senão no Espírito Santo (1Cor 12,3b).

Ao próprio Espírito Santo é atribuída uma importância tal no Evangelho de Marcos que o pecado contra Ele jamais será perdoado:

> "Mas quem blasfemar contra o Espírito Santo jamais será perdoado, será réu de um pecado eterno". Falou assim porque diziam que ele estava possuído de espírito impuro (Mc 3,29-30).

Se ao olharmos a Bíblia encontramos o uso da palavra "espírito" ou "Espírito de Deus" ou "Espírito Santo" em uma gama grande de ocasiões e sentidos, não menos cheio de conotações é o uso da palavra "espírito" em nossa linguagem habitual ou na linguagem do imaginário popular. Basta dar uma olhada no verbete "Espírito" do *Dicionário Aurélio* para se perceber algumas das muitas acepções da palavra em nosso linguajar: consta ali uma lista de doze acepções da palavra, bem como uma enumeração maior ainda de expressões construídas com a palavra.

Parece que a palavra "espírito" em si e por si não diz muita coisa, apenas aponta para muitas possibilidades que são geralmente definidas pelo adjetivo ou complemento que a acompanha ou pelo contexto em que é usada. Assim se pode colocar à palavra "espírito" tanto o adjetivo "santo" como também o adjunto adnominal "de porco", construindo a expressão muito popular: "Espírito de porco". "Espírito" pode apontar tanto para uma espécie de personificação ("o espírito da falecida ainda perturbava aquela casa") como para caracterizar um modo de ser ou uma atitude ("É preciso que os franciscanos tenham o espírito de São Francisco!") ou então uma lógica de raciocínio ("Não entendeu nada do que foi exposto, porque não pegou o espírito da coisa").

Nem "espírito", nem "Espírito Santo" parecem, à primeira vista, apontar para algo determinado, mas muito mais para algo aberto, para a liberdade, para a pluralidade de sentidos, para possibilidades muitas. Entre essas muitas possibilidades "do espírito" é necessário, pois, que se façam logo de início delimitações para este estudo.

Algumas delimitações, isto é, dentro das muitas possibilidades para as quais a palavra "espírito aponta, esta reflexão irá se limitar a usar:

a) Espírito no sentido religioso – A palavra "espírito" não é utilizada apenas no contexto religioso (por mais amplo que esse "religioso" seja entendido). Esta palavra também é utilizada, por exemplo, no sentido químico (menos conhecido) e no sentido filosófico, conceito esse com uma longa tradição na filosofia, da filosofia grega ao idealismo alemão. E dentro do sentido filosófico há uma grande variação de usos do conceito. Mas esta reflexão não se ocupará com esse sentido filosófico da palavra "espírito", por mais interessante que possa ser. Nem com outros sentidos que não o sentido religioso.

b) Espírito no sentido cristão – Ao falarmos em espírito e Espírito Santo, vamos nos limitar praticamente apenas à experiência e ao significado dentro do cristianismo. O termo "espírito" pode ser encontrado em quase todas as religiões, culturas ou modos de pensar. Cada vez com um significado muito diverso. O que traz toda uma problemática inclusive de se traduzir o sentido cristão desta palavra para outras línguas e culturas. Assim, por exemplo, é comum em muitas religiões africanas a crença na existência do que se costuma traduzir por espíritos. Estes são entendidos como seres ou forças intermediárias entre um ser superior e os seres humanos (cf. AMADO, 1989, p. 56; TOSSOU, 1988, p. 244). As pessoas podem entrar em contato com estes espíritos e até manter com eles um certo relacionamento[1]. Estes não são entendidos basicamente como sendo bons ou maus. Do ponto de vista da origem, se pode distinguir duas espécies de espíritos: os que foram criados como espíritos e aqueles dos quais se pensa que tiveram uma vida na terra e após a morte tornaram-se seres-espíritos. Assim há, por exemplo, mitos que falam da criação, em que determinados espíritos já estavam presentes, e há mitos que contam da vida humana nesta terra que tiveram espíritos antes de tomarem esta condição e força em tradições africanas. Com esse pequeno exemplo, já se pode perceber que seria um campo muito vasto examinar o significado da palavra "espírito" quando usada em conotação religiosa. Outra questão – e correlata – é o uso do termo "espírito" nas diversas

---

1. "Como o africano não entende estes seres-espíritos de forma racional-abstrata, mas de forma pessoal, estabelece com eles relações pessoais e expressa com isso o próprio ser dependente do outro numa dimensão pessoal constitutiva da existência humana" (TOSSOU, K.J. "Welche Geister rufen wir?" In: *Theologie und Glaube*, 78, 1988, p. 244).

culturas: na língua chinesa, por exemplo, há muitas palavras para exprimir espírito, refletindo o modo de pensar e de diferenciar daquela cultura. Há uma palavra "espírito" que indica o "espírito do imperador" e há outra palavra "espírito" que diz o "espírito do camponês" ou outra que diz "espírito do servo" e assim por diante. Só podemos imaginar a dificuldade do cristianismo em querer colocar o significado de "Espírito Santo" em uma cultura em que a palavra "espírito" já está multiplamente pré-definida e ocupada por significados outros. Outra questão ainda – e igualmente correlata – é a utilização da palavra "espírito" na tradição filosófica. O espírito, como princípio de conhecimento cosmológico (tanto do macro quanto do microcosmos) da forma que o entende o filósofo grego Fílon é muito diverso do espírito (*Geist*) do idealismo alemão como força, capacidade do humano em tomar à mão sua história e pela razão resolver as questões. Todo esse verdadeiro universo de significados para o termo "espírito" não será abordado neste texto, a não ser onde se fizer necessário para a compreensão cristã.

c) Uma perspectiva do Espírito Santo – Dentro do próprio cristianismo há todo um campo muito vasto de abordagem do termo "espírito". Iremos nos concentrar numa abordagem sistemática relacionada com o Espírito Santo, a terceira pessoa da Trindade, deixando de lado toda uma outra abordagem relacionada com a espiritualidade ou a vida espiritual cristã. A espiritualidade ou vida espiritual cristã está, sim, diretamente ligada à ideia da experiência e da ação do Espírito Santo. Não a iremos abordar, entretanto, pelo fato de esta temática ser coberta por uma área própria da teologia, a *Espiritualidade*.

d) Uma perspectiva experiencial – O roteiro de reflexão incluirá uma abordagem da pneumatologia como de praxe, colocando-a dentro da tradição teológica sistemática: o contexto bíblico e o desenvolvimento dogmático ocorrido na tradição cristã sobre o Espírito Santo. Far-se-á, entretanto, um esforço para ler esta história a partir de uma perspectiva experiencial, ou seja, fazer uma pneumatologia a partir da experiência do Espírito Santo. Com isso tentaremos recolher para a reflexão a realidade que ficou clara nos últimos anos, especialmente depois do Concílio Vaticano II, a de uma atenção maior à importância da experiência para a vida da fé.

e) O Espírito Santo como Deus-em-nós – Dentro desta preocupação com a experiência do Espírito Santo, se pretende dar uma atenção especial à ação do Espírito Santo em nós. Nós que pode ser entendido aqui como pessoa (no âmbito individual), como cristãos (no âmbito da fé cristã), como comunidade (no âmbito social), como criação (no âmbito de todo o meio ambiente) ou como universo (no âmbito da totalidade). Se atribuímos ao Pai a criação de tudo de modo que tudo o que existe tem a marca de Deus; se dizemos que em Jesus-Deus veio até os humanos, tornando-se um deles, assumindo a sua condição de espaço e tempo, queremos definir o Espírito Santo como Deus que permanece em nós, Deus que mora em nós, que habita em nós ("Não sabeis que vosso corpo é templo do Espírito Santo?" [1Cor 6,19a]). Esse "corpo templo do Espírito Santo" aludido por Paulo pode ter a extensão que a ele se quiser perceber: o corpo de cada pessoa humana individualmente ou o corpo como a totalidade do universo. Todas essas dimensões podem ser percebidas como corpo. E é através do Espírito Santo que realiza plenamente o Deus-conosco, realizando-se assim a promessa de Jesus:

> Eu pedirei ao Pai, e ele vos dará outro Paráclito, que estará convosco para sempre. Ele é o Espírito da verdade, que o mundo não pode receber porque não o vê nem o conhece. Vós o conheceis porque permanece convosco e está em vós. Não vos deixarei órfãos. Voltarei para vós (Jo 14,16-18).

A tentativa de pensar o Espírito Santo com a categoria de Deus-em-nós pode ter tanto uma conotação de intimidade (Deus em mim) como também uma conotação ampla do Espírito de Deus que enche o universo. Isso depende da amplitude do que entendemos como nós: a pessoal, a cristã, a comunitária, a de toda a criação ou de todo o universo. Nenhum desses âmbitos é ao outro contraposto. Todos podem ser igualmente considerados, desde que não se excluam. O âmbito que dermos mostra tão somente a limitação do modo humano de ver, sentir, perceber a experiência do Espírito Santo.

f) Deus em nós, como garantia do seguimento do Evangelho – O Deus agindo em nós ("o Paráclito"), em "nosso espírito", fazendo com que ele seja Espírito Santo é uma garantia que nos aponta para duas direções: (1) Uma garantia que nos aponta para a Boa-nova de Jesus Cristo. O Espírito não nos deixa órfãos em nossa relação com Jesus Cristo, isto é, como discípulos, no âmbito do seguimento. É o Espírito Santo em nós que move a fé e, para repetir a afirmação de Paulo, só se pode dizer que Jesus é o Senhor por causa do Espírito Santo em nós. O Espírito Santo aponta então *para dentro*, para o centro da tradição de fé, para a identidade cristã que acontece no seguimento, no discipulado de Jesus Cristo. (2) Em segundo lugar é o Espírito Santo que, segundo a tradição cristã baseada no relato de Pentecostes, impulsiona os cristãos a levarem seu seguimento *para fora*, para o mundo. Graças à ação do Espírito Santo, o cristão não fica apenas em seus círculos, não fica preso ao cenáculo. O Espírito Santo rompe o medo, rompe o isolamento, leva à ousadia, leva ao encontro, à diversidade, ao diálogo do entendimento de muitas línguas, como indica o relato de Pentecostes nos Atos dos Apóstolos. Por isso ele leva ao novo, ele é sempre renovação, nunca se deixa prender nem confinar. A ação do Espírito Santo é, pois, gerativa, criativa, fértil. Por isso também a importância de recuperar a interpretação do Espírito Santo ligada à maternidade e à feminilidade. A própria definição dogmática mais importante sobre o Espírito Santo (do Concílio de Constantinopla, 381) coloca o Espírito Santo ligado à doação da vida: "Cremos no Espírito Santo, Senhor *que dá a vida...*" Está aí incluída a maternidade, a fertilidade, a dinâmica, a renovação.

Essas delimitações são também eixos que deverão estar presentes e nortear a reflexão sobre o Espírito Santo. O texto será dividido em quatro capítulos. No primeiro capítulo, haverá uma aproximação à palavra "espírito" e seus significados. Não se pode esquecer que quem ouve esta palavra, irá logo fazer todas as delimitações apontadas acima. A palavra está em contextos de muitos sentidos e será interessante olhar justamente esse ambiente semântico no qual ela se encontra. O segundo capítulo irá voltar o olhar para o tema propriamente dito: a pneumatologia. Na história da teologia, essa temática recebeu acentos muito diversos. E o que se tem hoje na reflexão teológica sobre o Espírito Santo é, em parte, fruto e consequência das dificuldades que o cristianismo teve, ao longo da história, de lidar com a experiência do Espírito Santo. O terceiro capítulo irá resgatar o pensamento sistemático da tradição judaico-cristã sobre o Espírito: desde o nascimento bíblico da expressão, até a teologia do Espírito Santo que subjaz ao Concílio Vaticano II e suas consequências. Neste longo percurso – que precisa ser abordado de maneira reduzida – passou-se pelo nascimento da expressão Espírito Santo e sua definição como pessoa da Trindade, o tempo do cristianismo antigo, a Idade Média, a reforma etc., até se aproximar aos dias de hoje. O quarto e último capítulo será dedicado à reflexão do Espírito Santo, Deus-em-nós. Tentar-se-á apresentar chaves de leitura para a percepção da experiência do Espírito de Deus que mora em nosso meio, que perpassa toda a realidade, que faz com que a presença de Deus não seja uma experiência da manifestação de um estranho, mas sim uma experiência humana que remete à totalidade da realidade.

1

Espíritos e Espírito Santo

Antes de a reflexão entrar na temática pneumatológica do Espírito Santo propriamente dita, é preciso olhar em volta. A palavra "espírito" não é unívoca e ao se acrescentar o adjetivo "santo", em pouco ou nada ganha em precisão. O exercício deste capítulo será justamente este de tentar demonstrar em quantos campos semânticos a palavra "espírito" está implicada, seja por ela mesma, seja na história do pensamento, seja por outras palavras formadas a partir de seu radical, seja por expressões que se utilizam desta palavra. Além do campo muito amplo de significados em torno da palavra "espírito", também se atribui ao espírito uma série de ações ou efeitos. Assim, iremos colocar rapidamente o olhar sobre esta questão do que faz (ou se diz fazer) o Espírito, chamando atenção especialmente para narrativas e compreensões populares.

1.1 Compreensões do termo "espírito"

1.1.1 Significados da palavra "espírito"

Um rápido panorama sobre as definições de espírito em dicionários diversos oferece indicações interessantes sobre a amplidão de significados ligados ao termo.

Dicionário Houaiss

Espírito: (1) parte imortal do ser humano; (2) alma; (3) parte do espiritismo, a pessoa que viveu na terra ou em outro mundo, fora do envoltório matéria; (4) o ser supremo, Deus; (5) entidade sobrenatural ligada ao bem ou ao mal; (6) sopro criador de Deus; (7) princípio vital, superior à matéria, sopro; (8) substância imaterial, incorpórea, inteligente, consciente de si, onde se situa o processo psíquico, a vontade dos princípios morais; (9) mente, pensamento, cabeça; (10) inteligente, ou pessoa inteligente (um espírito admirável); (11) pensamento em geral, princípio pensante, dinâmico, infinito, impessoal e imaterial que conduz a história da humanidade, e que concretiza plenamente neste processo em seu final, quando se manifesta no ser humano como plena razão e liberdade.

Dicionário Aurélio

Espírito: do latim: *spiritus*; (1) a parte imaterial do ser humano; alma (por oposição ao corpo); alma; (2) suposta entidade superior que transcende a matéria: o espírito criador do universo; (3) suposta entidade imaterial que pertence a uma ordem sobrenatural: espíritos angélicos; espíritos malignos; os espíritos da floresta; (4) entidade sobrenatural ou imaginária, como os anjos, o diabo, ou os duendes; (5) a parte incorpórea, inteligente ou sensível do ser humano; o pensamento; a mente: as atividades do espírito; ter paz de espírito; (6) inteligência fina, brilhante: é um homem de espírito; pessoa considerada segundo as qualidades intelectuais, morais, culturais etc.: é um grande espírito; (7) ideia predominante; significação; sentido: o espírito da obra está claro; o espírito da Lei; (8) ânimo, índole: espírito empreendedor, espírito forte; (9) capacidade de captar o cômico, o divertido, o ridículo; graça, humor, ironia: uma anedota sem espírito; (10) líquido obtido pela destilação; álcool; (11) filosofia: domínio da subjetividade, da consciência e do pensamento, que se opõe ao das coisas corpóreas ou materiais.

Dicionário Priberam da Língua Portuguesa

Espírito: do latim *spiritus, -us,* sopro, ar, alma; (1) coisa incognoscível que anima o ser vivo; (2) entidade sobrenatural; abantesma, alma, espectro, fantasma; (3) ente imaginário; (4) ser de um mundo invisível; (5) conjunto das faculdades intelectuais (p. ex., espírito curioso); (6) vida; (7) razão; (8) inteligência; (9) energia; (10) caráter, índole; (11) aptidão, capacidade; (12) opinião, sentimento; (13) intenção; (14) gênio, talento; (15) pessoa; (16) imaginação, graça, engenho; (17) essência; (18) sentido; (19) ideia predominante; (20) tendência; (21) ar; (sopro; (22) respiração, hálito; (23) parte volátil de um líquido; o álcool; (24) [gramática] sinal diacrítico do grego, para marcar a aspiração inicial ou a sua ausência; (25) [religião] alma; (26) alma do outro mundo.

Dicionário de Psicologia Dorsch

Espírito: sinônimo em parte de "psíquico" (psíquico-espiritual designa a diferença do somático-material), em parte do conjunto de capacidades superiores exclusivas do homem como pessoa: pensamento e vontade.

Dicionário Junguiano

Espírito: (1) O mesmo que psique. Enquanto tal é posto em relação complementar com corpo. (2) Em sentido estrito, o fator inconsciente derivado do conjunto das características normativas hereditárias. [...] atividades racionais, contraposto à alma enquanto conjunto das tendências instintivas – pulsões. Jung comenta de um fenômeno chamado possessão por um *complexo,* que ocorre quando estes (os complexos) ficam mais carregados que o próprio ego. Há casos em que se diz: "Nossa, não sei o que aconteceu, parece que na hora um espírito tomou conta de mim".

Dicionário das Religiões (Cultrix)

Espírito: O conceito singular, denotando a forma do ser que carece distintivamente de propriedades materiais – muitas línguas, de palavras que indicam alento, ou vento, invisível, embora poderoso e criador de vida; conota vida, consciência, atividade própria.

Enciclopédia e Dicionário Ilustrado

Espírito: substantivo masculino; (1) princípio imaterial, alma: *submeter o corpo ao espírito*; (2) ser incorpóreo: *Deus, os anjos são espíritos*; (3) ser imaginário, como os duendes, os gênios, os silfos, os gnomos etc.: *crer nos espíritos*; (4) faculdade de compreender, de conhecer: *cultivar o espírito*; (5) inteligência: *ter espírito vivo*; (6) julgamento: *ter espírito generoso*; (7) disposições, aptidões: *espírito de invenção*; (8) Humor: *ter espírito*; (9) pessoa dotada de inteligência superior: *os grandes espíritos formam as grandes nações*; (10) sentido, significação: *penetrar no espírito da Lei*; (11) [Química] a parte mais volátil dos corpos submetidos à destilação; (12) espírito rude, sinal que indica aspiração na língua grega (ʻ); (13) espírito doce, sinal contrário (ʻ); (14) fazer espírito, exprime-se com termos vivos e engenhosos, fazer jogo de palavras.

Enciclopédia Barsa Universal

Espírito: (1) parte imaterial do ser humano, alma; (2) nome genérico de diversas entidades incorpóreas, como deuses, anjos, duendes etc.; (3) índole, temperamento; (4) capacidade para o gracejo; graça, humor, sutileza; (5) inteligência, ideia, razão, raciocínio; (6) ideia predominante, intenção, sentido; (7) líquido obtido por destilação; álcool.

1.1.2 Palavras formadas a partir do termo "espírito"

Outro campo semântico da palavra "espírito" se abre quando observamos as palavras formadas a partir do termo "espírito". Reproduzimos aqui as explicações que diversos dicionários trazem para termos derivados do termo "espírito":

1) **Espírita**: (**a**) pessoa partidária do espiritismo; (**b**) que é próprio do espiritismo; relativo ao espiritismo; (**c**) pessoa que crê no espiritualismo com comunicação dos espíritos, com os mortos.

2) **Espiritar**: (**a**) endemoninhar, meter o demônio no corpo de; (**b**) tornar endiabrado, travesso, inquieto; (**c**) inspirar, insuflar; (**d**) incutir; (**e**) incitar, estimular, animar.

3) **Espiriteira**: (**a**) pequeno fogareiro a álcool; (**b**) vaso onde se deita o espírito de vinho ou álcool para arder.

4) **Espiritismo**: (**a**) doutrina e prática segundo a qual o espírito dos mortos pode entrar em contato com os vivos principalmente pela ação dos médiuns e manifesta-se por toque-movimento de objetos e outras formações materiais (ectoplasma); (**b**) culto religioso fundado nessa doutrina ou prática.

5) **Espiritista**: sinônimo de espírita.

6) **Espiritologia**: é a psicologia espiritual; segundo essa corrente o ser humano pode entrar em contato com outros lugares e outras épocas.

7) **Espírito-santense**: relativo ou pertencente ao Estado do Espírito Santo; habitante ou natural desse Estado; plural: espírito-santenses; sinônimo: capixaba.

8) **Espiritual**: (**a**) relativo ou pertencente ao espírito; (**b**) imaterial, incorpóreo; (**c**) alegórico; (**d**) místico; (**e**) sobrenatural; (**f**) devoto do foro eclesiástico; (**g**) vida espiritual; (**h**) relativo à religião ou próprio dela, devoto; (**i**) atividade ou condução,

por exemplo, diretor espiritual, médico espiritual, pai espiritual, poder espiritual, retiro espiritual.

9) **Espiritualidade**: **(a)** qualidade ou caráter do que é espiritual; **(b)** conteúdo da vida espiritual enquanto doutrina e prática; **(c)** religião, tendência para o desenvolvimento das capacidades espirituais da alma; **(d)** doutrina acerca do progresso metódico da vida espiritual.

10) **Espiritualismo**: **(a)** doutrina filosófica que tem por base a existência da alma e de Deus; **(b)** tendência para a vida espiritual; **(c)** doutrina que reconhece a independência e a prioridade do espírito sobre a matéria; **(d)** tendência para a vida espiritual; **(e)** doutrina que admite, quer quanto aos fenômenos naturais, quer quanto aos valores morais, a independência e o primado do espírito em relação às condições materiais, afirmando que os primeiros constituem manifestações de forças anímicas ou vitais, e os segundos criações de um ser superior ou de poder natural e eterno inerente ao homem.

11) **Espiritualista**: **(a)** pessoa que segue a doutrina do espiritualismo; **(b)** relativo ao espírito, ou ao espiritualismo.

12) **Espiritualização**: **(a)** ato ou efeito de espiritualizar; **(b)** conversa do que é espiritual e fundamental; **(c)** ato ou efeito de espiritualizar(-se).

13) **Espiritualizado**: que se tornou espiritual.

14) **Espiritualizar**: **(a)** dar feição superior ou espiritual: espiritualização ao amor; **(b)** identificação com coisas espirituais; **(c)** interpretar alegoricamente; **(c)** buscar a espiritualidade; **(d)** converter em espírito; espiritar; **(e)** assimilar ao espírito; **(f)** destilar, alambicar; **(g)** animar, excitar, estimular; **(h)** despir-se de afeições terrenas; **(i)** readquirir energia, reanimar-se.

15) **Espiritualmente**: **(a)** de forma espiritual; **(b)** de maneira não corporal ou material.

16) **Espirituosamente**: de modo espirituoso, com espírito.

17) **Espirituoso**: **(a)** que tem espírito, que tem graça, que tem ou revela graça; vivacidade; **(b)** alcóolico, que contém álcool; **(c)** conceituação aguda de respostas argutas humorísticas.

18. **Espiro**: Aragem, sopro brando.

1.1.3 Expressões com a palavra "espírito"

Além de uma série de palavras formadas a partir do termo "espírito", a língua portuguesa também é pródiga em expressões que se utilizam da palavra "espírito". Vejamos uma pequena amostra:

1) *Espírito de porco*: que interfere e, ou, causa problema.

2) *Espírito gaulês*: caracterizado por uma alegria libertina.

3) *Espírito esportivo*: virtude de quem sabe perder, justo e generoso nas competições.

4) *Render o espírito*: morrer.

5) *Espírito forte*: pessoa que se põe acima de preconceitos; livre pensador.

6) *Espírito fraco*: que se deixa levar pelos outros; dominado por maus exemplos.

7) *Espírito doce*: temperamento amável e afável.

8) *Espírito imundo*: sinônimo de espírito das trevas.

9) *Espírito prático*: qualidade de quem procura solucionar tudo de forma ligeira e sem complicações.

10) *Espírito público*: quem se preocupa com a cidade e o país.

11) *Espírito rude*: não cultivado ou natureza brutal.

12) *Espírito crítico*: atitude intelectual que não admite afirmação sem legitimidade.

13) *Espírito natalino*: que se deixa envolver e empolgar pelo Natal, tornar-se generoso.

14) *Espírito gordo*: glutão;

15) *Espírito-santo de orelha*: Pessoa que fala ao pé do ouvido ou aluno que diz a um colega respostas em voz baixa.

16) *Espírito engarrafado*: pessoa sem graça.

17) *Espírito da lei*: ideia básica que predomina em texto positivo da legislação.

18) *Espírito das trevas*: forças malignas.

19) *Espírito de contradição*: aquele que gosta de contrariar.

20) *Espírito de grupo*: sentimento partilhado por um grupo ou trabalho em equipe.

21) *Espírito de luz*: pessoa iluminada; diz-se também – no espiritismo – daqueles que no ciclo de reencarnações já atingiram o ápice, e que não mais irão reencarnar.

22) *Espírito de observação*: vontade de esmiuçar, capacidade de perceber detalhes.

23) *Nobreza de espírito*: capacidade de ações grandiosas e altruístas.

24) *Pobreza de espírito*: falta de capacidade de ações generosas, mesquinhez.

24) *Estado de espírito*: situação emocional em que alguém se encontra.

25) *Espírito de geometria*: o espírito de geometria está presente na ordem técnica do fazer arquitetônico, representando a razão calculatória, instrumental-analítica, ou seja, a própria ciência moderna, que com seu poder mudou a face da Terra.

26) *Espírito de finesse*: espírito de finura ou de fineza, que é a capacidade de captar as coisas com sensibilidade.

27) *Espírito fraterno*: capacidade de convivência e de dividir as coisas com a fraternidade.

28) *Espírito de arrependimento*: capacidade de rever as atitudes, reconhecer os erros e fazer o possível para repará-los.

29) *Repouso no Espírito*: expressão utilizada no contexto tanto das Igrejas pentecostais quanto do movimento Renovação Carismática Católica para designar a experiência de ser tomado pelo Espírito Santo, podendo inclusive ser levado ao chão.

30) *Espírito de pertença*: sentimento e ação de sintonia com o grupo do qual se é membro.

31) *Espírito demoníaco*: atitude de quem planeja infligir o mal a outras pessoas.

32) *Espírito aberto*: diz-se de quem é capaz de ouvir e aceitar opiniões alheias.

33) *Espírito de morna*: monótono.

34) *Espírito de pesadume*: ausência de boa-vontade; má disposição para atender alguém ou fazer algo.

35) *Ele não tem espírito*: pessoa com dificuldade de participar ou interagir com seu meio de convivência.

36) *Espírito de torcida*: atitude daqueles que participam de grupos de torcedores com organização e fineza.

37) *Espírito de liderança*: diz-se de alguém com talento para liderar pessoas ou grupos.

38) *Espírito empresarial*: capacidade empreendimento de empresa.

39) *Espírito de busca*: força de vontade e capacidade tanto de superar problemas como de não se acomodar na busca por soluções.

40) *Espírito olímpico*: capacidade desportiva de competir com lealdade e franqueza, respeitando as regras e os adversários.

41) *Espírito de camaradagem*: capacidade de bem conviver e participar em conjunto de atividades.

42) *Espírito de aventura*: ter gosto por aventuras.

43) *Espírito de classe*: atitude de se manter em unidade com a classe ou grupo a que pertence.

44) *Espírito de corpo*: atitude de indivíduos que se mantêm unidos a seus grupos no modo de pensar ou agir.

45) *Espírito do século*: formas de pensar e de comportamentos de uma determinada época.

46) *Espírito do mundo (ou espírito mundano)*: conjunto de atitudes ou comportamentos repreensíveis.

47) *Espírito sedutor*: capacidade de seduzir.

48) *Espírito da coisa*: o sentido do que está sendo realizado.

49) *Falta de espírito*: atitude não colaborativa.

50) *Espírito franciscano*: desapego, ao modo de Francisco de Assis.

Essa lista de expressões poderia ser acrescida ainda de muitas outras. A amostra apresentada, entretanto, deixa entrever que o termo "espírito" é combinado de formas muito variadas. Mas, mesmo dentro desta grande variação, há duas ideias que são bastante comuns nas expressões: por um lado a ideia de atitude (modo de ser ou de portar-se) e por outro lado o fato de que grande parte das expressões tem alguma conotação moral, positiva ou negativa.

1.1.4 O conceito de espírito na filosofia

Na tradição do pensamento filosófico, há termos que são praticamente uma constante através dos tempos. E um desses é justamente o termo "espírito", que recebeu interpretações muito diversificadas, mesmo dentro de um único tempo, mas não apenas esteve sempre presente, como foi um termo importante para se exprimir o pensamento. O pequeno panorama apresentado abaixo é apenas para demonstrar a amplidão do conceito dentro da história da filosofia.

Na filosofia antiga: Espírito é a presença nas coisas vivas (*psyché*, no grego; *anima* no latim). Para Platão, a alma é um composto imaterial de um organismo. Contrariamente às coisas materiais, as imateriais não se dissolvem ou se decompõem, assim a alma é imortal. Para Aristóteles, o espírito corresponde às funções vitais nos seres vivos.

Na filosofia patrística: Agostinho de Hipona emprega o termo "espírito" (*spiritus*) para designar a parte da alma que difere o ser humano dos animais. Segundo essa interpretação, podemos considerar que o filósofo faz referência à parte racional da alma, esta enquanto uma faculdade que irá definir o ser humano. Na obra *De fide et symbolo* (Sobre a fé e os símbolos) Agostinho afirma: "E porque as três coisas são pelo homem estabelecidas: espírito, alma e corpo, os quais dois são ditos inversamente, pois a alma muitas vezes é nomeada juntamente com o espírito; com efeito, a certa parte racional da mesma, que faltam às bestas, é chamada de espírito; entre nós o espírito é o principal; depois somos unidos ao corpo pela vida, e isso é chamado de alma; enfim o último é o corpo, pois o próprio é visível de nós".

Na filosofia medieval: Segundo Tomás de Aquino, o agir manifesta o ser, de forma que uma superioridade de ordem no modo de agir é a consequência e o sinal de uma superioridade mais profunda e mais importante no próprio ser. Essa superioridade provém precisamente da racionalidade. Esta é a forma assumida pela intelectualidade em um espírito que só existe e age em um corpo e por seu intermédio: a esse título, traz com ela essa prerrogativa do espírito que do conhecimento deriva no agir: a consciência. Conhecimento e liberdade, eis o que, segundo Santo Tomás, caracteriza a pessoa, elevando-a acima de todos os entes que lhe são inferiores. Tomás de Aquino irá derivar seu modo de pensar do aristotelismo, entendendo espírito no ser humano não como imortalidade, mas como força de vivacidade.

Na filosofia moderna: B. Pascal, ao falar de espírito assume como base o significado de espírito como atitude ou uma disposição. É essa compreensão que está presente nas suas célebres expressões "Espírito de geometria", "Espírito de *finesse*". Kant usou o termo em sua teoria estética: "No significado estético, espírito é o princípio vivificante do sentimento. Mas aquilo com que esse princípio vivifica a alma, a matéria de que se serve, é o que confere impulso finalista à faculdade do sentimento e a insere num jogo que se alimenta de si mesmo e fortifica as faculdades de que resulta" *(Crítica do Juízo*, § 49; *Antr.,* § 71 b). Georg Friedrich Hegel irá entender o espírito como a verdade da natureza. Há o espírito subjetivo, na consciência e nos fatos psíquicos individuais; há o espírito objetivo, através da moral e do direito; e há o espírito absoluto, que se manifesta através da arte, religião e da filosofia. Para Leibniz, espírito é o princípio da vida e, consequentemente, alma individual. Conservou esse sentido, sobretudo, ligado à linguagem teológica e mística.

Na filosofia contemporânea: Para Marx não existe um espírito da história e da humanidade, como queria Hegel, mas a história é uma construção dos indivíduos reais. A religião, a moral e até mesmo a metafísica não têm uma história própria, elas mudam conforme mudam as bases das relações econômicas entre os indivíduos. As ideias dominantes de uma época são as ideias da classe dominante dessa época. Nicolau Hartmann considera o espírito como uma superestrutura que se eleva acima do mundo orgânico. Ao espírito pertenceriam todas as produções espirituais: letras, artes, técnicas, religião, mitos, ciências, filosofias etc. Ele é o verdadeiro protagonista da história.

1.2 Em nome do espírito!

Não só a palavra "espírito" é usada de formas e sentidos diversos, diretamente, com derivações ou expressões, mas ao próprio espírito – seja lá o que isso for – se atribui uma série de ações ou influências. O termo "espírito" caiu também no gosto popular e ali se propagam uma série de ideias e narrativas em torno do que seria algo pretensamente desencadeado pelo espírito. Destarte grassam em nosso meio muitas histórias, lendas e causos de coisas ocorridas "em nome do espírito!"

Essas compreensões populares sobre o que faz (ou pretensamente faria) o espírito têm origens diversas, muitas delas certamente em tradições religiosas presentes no Brasil, seja dos imaginários oriundos dos povos autóctones, seja de imaginários trazidos da Europa, da África e inclusive da Ásia.

Vejamos algumas dessas coisas que os espíritos estariam fazendo:

Alma penada: este é um dos imaginários bastante comuns e pode ser encontrado por todo o país. Nele se diz que o espírito de algum falecido que não encontrou o caminho de volta (ou de ida) ao além fica vagando por aí, em sofrimento (penando). Esse descaminho de um tal espírito é por vezes interpretado como sinal de algo mal resolvido. Enquanto alguma coisa que ficou para trás não se resolver (por parte de algum vivo), esta alma não encontrará descanso e vagará penando entre os vivos.

Espírito revelador: em outro imaginário, os espíritos – geralmente tidos como de algum finado – se mostram a algumas pessoas para revelar coisas. São feitos inclusive alguns rituais pelos quais estes espíritos falariam. Assim há jogos de mesas, copos girantes etc.

Espírito comunicador de tragédias: há também relatos populares de espíritos, subentendidos como espíritos de mortos, que aparecem para avisar que alguma tragédia ou morte está para acontecer para uma pessoa ou em seu entorno. Desta forma, esse espírito estaria tentando prevenir tal acontecimento.

Espírito da noiva: outra lenda bastante popular dá conta de uma noiva que teria morrido no dia do casamento. O espírito dela apareceria de madrugada aos caminhoneiros em curvas de estrada, vestida de noiva e pretensamente lamentando seu infortúnio.

Espírito de falecido que volta: outro campo de muitas lendas e histórias populares diz respeito a narrativas de espíritos de falecidos que teriam voltado (aparecido) a algum conhecido em diversos tipos de circunstâncias. Assim há histórias de espíritos de falecidos que apareceram para pedir que seu conhecido resolva alguma pendência deixada por eles em vida; em outras narrativas os espíritos de falecidos aparecem para revelar algum segredo não contado em vida, geralmente de algo que lhes pesava na consciência; em outras ainda os espíritos de finados se mostram para ajudar algum conhecido a resolver ou encontrar alguma coisa a partir de uma informação que só a pessoa finada detinha.

Espíritos de avós que aparecem aos netos: outro campo comum de narrativas populares em torno de espíritos dá conta de que os espíritos de avós aparecem aos netos, seja nas casas dos avós ou nos ambientes dos próprios netos.

Espíritos de escravos que carregam correntes: A vida e a morte em situações violentas, trágicas ou degradantes também são pródigas em gerar histórias de ações de espíritos. Assim, é comum que se diga ouvir até os dias de hoje barulhos de correntes sendo arrastadas ou outros objetos em lugares que foram de escravos. Ali, pretensamente, onde os escravos viviam em situações desumanas, seus espíritos continuariam a vagar carregando as correntes que os aprisionavam.

Currupira, Caipora, Anhangá: um conjunto de narrativas fantásticas em torno de espíritos temos também advindo de tradições de povos autóctones. Essas figuras, oriundas da mitologia de povos nativos, foram aos poucos sendo incorporadas a outras narrativas dando assim origem a lendas muito diversificadas. Uma das mais conhecidas é a em torno de um espírito conhecido por Currupira (chamado de Caipora em alguns lugares), que seria um espírito protetor da flora e da fauna. Neste imaginário, Currupira seria um anão, de cabeça vermelha e pés virados ao contrário. Assim, o caçador que destruísse fauna e flora, se perderia na floresta seguindo – erroneamente – os rastos deixados por Currupira. Como seus pés eram virados para trás, quem o seguia andava em direção contrária. Há também o espírito Anhangá, dissimulado e maldoso, que fazia não vingar as ações dos invasores da floresta. Na esteira de narrativas chamadas muitas vezes de folclóricas, há muitos outros espíritos nomeados como Lobisomem, Mula sem cabeça, Saci Pererê etc.

Espíritos da meia-noite nos cemitérios: mais uma narrativa comum em quase todo o Brasil é a de que não se deve ir à meia-noite nos cemitérios, pois a esta hora os espíritos saem pretensamente a vagar fora dos túmulos.

Espíritos de médicos: ligado geralmente à tradição do espiritismo, há a ideia de que espíritos de médicos podem tomar os corpos de pessoas para realizarem as chamadas cirurgias espíritas. Assim, o espírito de médico mais conhecido é o de Dr. Fritz, que toma médiuns em diversos lugares, com a finalidade de realizar curas. Também Dr. Hans é citado nessas narrativas.

Ações de espíritos perturbadores: outra atividade muito comum atribuída popularmente aos espíritos é a perturbação de pessoas, seja de ordem psíquica, física, de relacionamentos, de situação econômica ou outra qualquer. Nesta linha de raciocínio, algum desfortúnio ocorrido de origem não muito clara é visto como ação de algum espírito perturbador, espírito obsessor, também chamado por vezes de encosto. Para se conseguir afastar essas ações, é necessário realizar – via de regra – uma série de rituais específicos.

Espíritos assustadores localizados: outro campo de narrativas em torno da ação de espíritos é atribuir a sua presença em lugares específicos. Seja em algum caminho, em alguma árvore, em alguma moita de bambu, em alguma curva de rio, precipício ou gruta. Pretensamente, estes lugares podem ser habitados por espíritos assustadores e é preferível se manter afastado deles. Muitas vezes as narrativas que criaram a noção de espírito presente nesses lugares remontam a algum acontecimento estranho presenciado por alguém nesses espaços.

Espíritos invocados por benzedeiras: a atividade de pessoas que benzem ou rezam (geralmente exercida por mulheres) é também muito espalhada em todo o Brasil (e não só). Essas pessoas invocam muitas vezes espíritos em seus rituais, que seriam forças capazes de realizar as tarefas desejadas.

Casas mal-assombradas: outra especialidade de espíritos, nas narrativas populares, é habitar casas ou construções onde algo de cruel ou ruim teria acontecido. Estes espaços continuariam a ser habitados por espíritos assustados pelos acontecimentos, tornando-os assim mal-assombrados.

Espírito que abre a porta: é muito popular a ideia – muitas vezes aplicada inclusive de forma jocosa – de que quando pessoas estão em algum ambiente e a porta se abre sem que ninguém o tenha feito, é porque algum espírito desejava adentrar ou sair do ambiente.

Após termos dado essa volta no entorno, isto é, percebido – pelo menos minimamente – que o termo "espírito" se insere num complexo campo semântico, vamos voltar o olhar ao campo específico, a compreensão de Espírito Santo na tradição teológica cristã.

2
Acerca da pneumatologia
Constatações e problemática

Pneumatologia é a doutrina ou o tratado teológico sobre o Espírito Santo. Quem, porém, consultar este verbete no *Dicionário Aurélio*, terá uma surpresa: "Tratado dos espíritos, dos seres intermediários que formam a ligação entre Deus e o homem". Essa definição confirma a constatação que já havíamos feito, de que não é tão fácil definir ou falar de espírito... nem de pneumatologia. Por outro lado, se tomarmos o final desta definição, ela dá uma ideia que pode ser interessante e inspiradora: "ligação entre Deus e o homem". Talvez essa afirmação possa ser um ponto de partida: o espírito tanto como o modo de encontro do divino com o humano quanto como modo do humano perceber a presença do divino. A pneumatologia quer estar, pois, atenta a esse encontro, a essa experiência. Nesse sentido, ela é a reflexão sobre o encontro, a lógica (o conhecimento) que dele se depreende.

Essa é assim uma das tarefas que a pneumatologia hoje se propõe: estar atenta à ação do Espírito de Deus, do Espírito Santo, no humano. Como estar, pois, atento à ação desse espírito? Como saber da ação do Espírito Santo? Estar então atento à ação do Espírito é ter capacidade de discernimento. Discernimento no sentido da caracterização que nos coloca o próprio Credo sobre o Espírito

Santo: "Cremos no Espírito Santo, Senhor que dá a vida, e procede do Pai..." Ou seja, discernimento da ação do Espírito que é Senhor, quer dizer, não manipulável, não disponível pela vontade humana; e que não é *espírito de nosso espírito*, mas que "procede do Pai". Mas como constatar isso de fato? Quem nos dá, pois, o discernimento para poder dizer "aqui está o Espírito Santo em ação" ou "aqui está agindo o Espírito que procede do Pai"? Para sermos sinceros, só no Espírito Santo se pode perceber quando há ação do Espírito Santo. Isso parece um círculo vicioso, mas na verdade tenta dizer que a linguagem do próprio Espírito é a mais adequada para expressar a ação do Espírito. Ou dito de outra maneira, é preciso deixar o Espírito mesmo falar e não reduzir o tratado do Espírito Santo, como se fez até pouco tempo, a apenas um capítulo do tratado sobre a Santíssima Trindade ou a um tratado no final da dogmática, subordinado à cristologia e à eclesiologia.

A partir disso, uma segunda tarefa importante da pneumatologia hoje seria refletir de tal forma que o Espírito aparecesse em sua linguagem, em seu modo de operar. Uma reflexão assim elaborada não pode se restringir a um discurso *sobre* o Espírito Santo. Terá que tentar ser ou permitir que seja uma linguagem *a partir* do próprio Espírito Santo. Um discurso *sobre* o Espírito Santo é um discurso não conflitivo, controlável, previsível, manipulável. Tudo enfim o que dizemos que o Espírito Santo justamente não é. Se levarmos às últimas consequências a ideia de deixar o Espírito Santo falar na teologia, a pneumatologia teria que ter não apenas um lugar mais central na teologia, mas deveria ser inclusive a abertura de todos os tratados na teologia cristã, pois à fé em Cristo só chegamos, por causa do Espírito Santo ("Ninguém pode dizer 'Jesus é o Senhor' senão no Espírito Santo" – 1Cor 12,3b). E mais do que isso, a linguagem do Espírito Santo deveria percorrer todos os tratados da teologia sendo quase como um critério, um crivo da fé, sem a qual a teologia não é possível.

Ao mesmo tempo em que se afirma que a pneumatologia deveria ter uma primazia em toda a teologia, é necessário também lembrar que ela não é – para o cristão – sem critérios, pois se trata do Espírito "que procede do Pai" – assim diz a fé comum. Há, pois, um primado do Espírito no que diz respeito à sustentação e inspiração na fé cristã, mas ao mesmo tempo não é um Espírito não definido, sem objeto ou conteúdo. É o Espírito, cuja ação é portadora do Pai (e do Filho). Ou seja, o Espírito fala a nós, mas não fala de si mesmo, não aponta para si mesmo, não tem uma mensagem por si mesmo; fala do Pai e do Filho, aponta para Pai e o filho, é transmissor da boa-nova do Filho. Essa ação do Espírito, que é pré-condição da fé, não é – assim entende a tradição cristã – uma ação sem conteúdo. Ela é ação portadora de Deus. É ação com referência.

O desafio de se fazer uma pneumatologia *a partir* do Espírito Santo e não apenas *sobre* o Espírito Santo foi aceito por vários teólogos e correntes de pensamento. O campo da pneumatologia foi sem dúvida um dos que mais se renovou nos últimos tempos na teologia cristã católica; renovação esta impulsionada sobretudo pelo Concílio Vaticano II. Hoje se pode dizer com certeza que o próprio acontecimento do Concílio foi um momento muito forte de ação do Espírito Santo na Igreja. E a abertura e renovação proporcionadas pelo Concílio abriram espaços para que se pudesse deixar a ação do Espírito acontecer. Isso será visto mais de perto nesta reflexão, de como aconteceu esta passagem na pneumatologia – que tem um dos pontos altos no Vaticano II – que possibilitou uma renovação: de um esquecimento a uma recuperação da temática do Espírito Santo na teologia cristã.

2.1 O esquecimento do Espírito Santo

Ao olharmos um pouco a história da pneumatologia dentro da teologia Sistemática, temos que reconhecer logo de saída, que o Espírito Santo foi, por muito tempo, um ilustre desconhecido na teologia. A teologia era guiada por grandes temas seguindo o eixo Deus (Trindade) – Cristo – Igreja. "Neste esquema Deus revela-se por Cristo e Cristo dá-se a conhecer pela Igreja, isto é, pela hierarquia da Igreja. O Espírito Santo está aí apenas como auxiliar da hierarquia para facilitar a comunicação de Cristo" (COMBLIN, 1987, p. 31). O lugar a ser ocupado pelo Espírito Santo na lógica teológica era tomado pela Igreja. Ela passou a fazer o papel intermediário, de levar o fiel a Cristo. Pelo fato de a Igreja ter tomado conta da reflexão que se fazia após a cristologia, se pode falar inclusive que houve "uma certa marginalização do Espírito Santo" (PARENT, 1978, p. 14). Essa marginalização ocorreu não apenas no que diz respeito à reflexão teológica ou da instituição eclesial. Ela foi muito mais ampla do que isso. Vejamos alguns elementos:

Perguntemo-nos um pouco sobre a importância que se dá ao Espírito Santo na vida cristã pessoal. Sem dúvida, se abstrairmos a importância que se tem dado ao Espírito Santo nos movimentos pentecostais e/ou carismáticos das últimas décadas, é preciso reconhecer um quase total esquecimento do Espírito Santo na condução da vida cristã das hostes da Instituição, bem como na piedade popular cristã em geral. O teólogo espanhol González Faus vai apontar o esquecimento do Espírito Santo inclusive como uma das 10 heresias do catolicismo atual e questiona: "Será que este esquecimento do Espírito Santo que estamos tentando mostrar não terá algo a ver com o enorme medo da liberdade, típico de nosso catolicismo atual?" (2015, p. 155).

Na condução da vida espiritual cristã se dá muito mais espaço ao Filho, ao Pai, a Maria, à Igreja, aos santos e aos anjos. O espaço reservado ao Espírito Santo é quase que imperceptível. A própria piedade popular apresenta muitos elementos que são um reflexo desta situação: Alguém conhece alguma Igreja dedicada ao Espírito Santo?[2] Há em alguma Igreja imagens (estátuas, quadros, vitrais ou pinturas) lembrando o Espírito Santo? Existem sim, mas é bastante raro encontrar tais coisas. Além de uma grande ausência do Espírito Santo nas expressões de piedade popular ou na condução da vida cristã pessoal, se pode constatar que a presença – mesmo ainda que rara – é uma presença com poucos conteúdos afetivos, amorosos ou devocionais (de devotamento, de seguimento). Mesmo onde está presente, ele é um ausente. A ligação dos fiéis com estes (raros) elementos que representam o Espírito Santo é muito mais marcada pela apatia que por uma empatia, e mais dificilmente ainda por uma simpatia[3]. A relação dos devotos católicos, por exemplo, com as imagens de seus santos é carregada de emoção, afeto, dedicação, respeito. O mesmo não se dá – pelo menos nunca vi – com as imagens tradicionais do Espírito Santo[4].

Ou seja, mesmo estando alguma imagem presente, ela parece continuar a fazer parte de um mundo estranho ao da piedade:

---

2. Pessoalmente conheci até hoje apenas duas comunidades que tinham como *patrono* o Espírito Santo.

3. Numa das comunidades dedicadas ao Espírito Santo que conheci, havia um esforço por parte das lideranças por se conseguir alguma ligação de piedade dos fiéis com o *padroeiro*. Como não se havia encontrado no mercado nenhuma imagem (estátua ou quadro) representando o Espírito Santo, alguém havia confeccionado uma pomba – o símbolo tradicional do Espírito Santo – de isopor e dependurado na parede ao fundo da Igreja, atrás do altar, onde tradicionalmente se coloca a imagem do padroeiro. Mesmo com esse esforço, não havia por parte dos fiéis nenhuma ligação afetiva ou devocional com a imagem. Ninguém ia até lá fazer qualquer ato devocional – como comum em frente às imagens de santos padroeiros, ninguém se persignava ao passar por ela. A relação dos fiéis com esta imagem era mais ou menos a que se tem com um cartaz: ninguém tinha para com ela qualquer relação. Nem devoção, nem empatia ou simpatia. Era uma presença ausente.

4. Basta observar a relação dos fiéis com a imagem de seu santo de devoção e a relação dos fiéis com algum símbolo do Espírito Santo. Diante de uma estátua de um santo, o fiel se persigna, faz devotamente sua oração ou pedido. Esta atitude dificilmente é feita diante de uma imagem da pomba que representa o Espírito Santo. Na festa de Pentecostes, é comum que se faça algum cartaz representando o Espírito Santo em forma de pomba. Terminada a celebração, o cartaz vai para o lixo. Já uma imagem de santo, mesmo que quebrada em pedaços, recebe do fiel ainda um tratamento respeitoso e de devoção.

"Se é possível falar de uma marginalização do Espírito, é no sentido em que nossas considerações acerca dele tendem a repeli-lo para um universo estranho ao nosso, no sentido igualmente em que nosso relacionamento com ele não é mais pensado como uma participação em sua própria vida. É num tal silêncio ou numa tal ausência que têm surgido interrogações que abalam atualmente a nossa cristandade ocidental" (PARENT, 1978, p. 18). Interrogações advindas tanto de dentro do próprio cristianismo – até que ponto se crê de fato na ação do Espírito Santo se tudo parece controlado e previsto – e interrogações advindas, sobretudo de outras religiões em que se dá um espaço e uma importância muito mais amplos à experiência espiritual.

Poderíamos prosseguir neste levantamento de elementos empíricos sobre a ausência do Espírito Santo no cotidiano da fé cristã tradicional. Mas suponho que o dito acima já tenha sido suficiente para perceber essa ausência do Espírito Santo. Não podemos deixar de notar logo que apesar de o Espírito Santo continuar praticamente ausente no catolicismo popular-devocional (com poucas exceções: como no caso da Festa do Divino, que é um dos poucos momentos em que a piedade popular se reporta ao Espírito Santo) e do palco do imaginário sagrado, sempre aconteceram momentos da história do cristianismo em que se pode notar movimentos ou tendências nas quais o Espírito Santo esteve no centro das atenções. Parece que se vive novamente um momento como esse dentro do cristianismo, em que o Espírito Santo se mostra muito presente nos novos movimentos e grupos.

A modo didático, vamos por partes: neste tópico vamos tentar ver o porquê do esquecimento do Espírito Santo ao longo da história do cristianismo, para depois – num segundo tópico – voltarmo-nos mais para esse fenômeno da sua redescoberta, embora na história isso não possa ser visto de maneira tão separada. Quando apontamos para o fato do esquecimento e da marginalização do

Espírito Santo, não se pode dizer que isso seja consequência de um motivo único. Os motivos são muitos e poderíamos dizer que muitos deles são mais indícios que motivos. Esse esquecimento ou marginalização do Espírito Santo não é, porém, algo pontual. Parece ser um elemento constante desde os primórdios e que tem até hoje suas consequências. Podemos recordar aqui a afirmação do teólogo reformado suíço Emil Brunner. Em 1951 ele dizia que o Espírito Santo "sempre foi tratado mais ou menos como um enteado da teologia e a dinâmica do Espírito sentida como um fantasma para os teólogos" (apud HILBERATH, 1994, p. 16). Os seguintes motivos – sem ordem de importância – podem ser enumerados como fatores que contribuíram para o esquecimento do Espírito (cf. HILBERATH, 1994, p. 16s.; COMBLIN, 1982, p. 149s.; COMBLIN, 1987, p. 30s., 55s.):

a) Dificuldades da instituição cristã em absorver ou integrar movimentos espirituais ou carismáticos ao longo da história. Desde o início da história do cristianismo institucional, passando pelo tempo da grande e única Igreja da Cristandade e mesmo depois da divisão em diversas confissões institucionais sempre irromperam no seio do cristianismo movimentos carismáticos fortemente ligados ao entusiasmo e à emoção que fundamentavam sua legitimidade na ação e inspiração do Espírito Santo. Só para citar alguns exemplos temos o fenômeno da glossolalia nas comunidades paulinas (sobretudo a comunidade de Corinto, pelo que se narra em 1Cor 12 e 14), os montanistas[5], o movimento de Joaquim de Fiore, os cátaros, os batistas, os pentecostais e os carismáticos. Estes movimentos sempre foram vistos pela instituição como movimentos senão perigosos, pelo menos perturbadores. Na ten-

---

5. Movimento iniciado por Montano no século II e que defendia uma Igreja sem hierarquia, uma Igreja espiritual e menos no mundo. Esta temática será abordada nesta obra no decorrer da história da pneumatologia (cf. o item 3.3.1, "A pneumatologia do cristianismo anterior aos concílios da Antiguidade").

são entre confusão ou ordem, carisma ou poder, livre expressão ou ação prevista, a tendência sempre foi a de regulamentar pela instituição os limites da ação do Espírito Santo. A instituição esforçou-se para reconhecer como movimentos legitimamente inspirados apenas aqueles cujo formato não ultrapassava seu espaço de maleabilidade, espaço esse visto ora de forma mais generosa, ora mais rigorosa, mas sempre o espaço a partir de uma concepção institucional. Como diz Rahner: "A hierarquia da Igreja não deve admirar-se ou levar a mal que a vida do Espírito se ponha em movimento antes de ter sido planejada nos ministérios da mesma Igreja" (apud GONZÁLEZ FAUS, 2015, p. 163). Com o pêndulo pendendo para a hierarquia, a pneumatologia muitas vezes não foi em primeira linha uma teologia a respeito do Espírito Santo, mas a doutrina sobre a administração pela Igreja da ação do Espírito Santo. Assim reservou-se o carimbo de *autenticidade* a apenas algumas manifestações da ação do Espírito Santo como, por exemplo, a ação do Espírito na inspiração das Escrituras, na Igreja primitiva ou nos concílios oficiais, relegando o mais da ação do Espírito Santo a uma questão de vida cristã interior, num dualismo forte entre matéria e espírito e colocando o discurso teológico sobre o Espírito Santo para um nível cada vez mais intelectual e menos experiencial. Disso resultou que as experiências do Espírito Santo foram muito mais toleradas do que tomadas como elementos de reflexão teológica.

b) Deslocamento do interesse teológico. Essa minimalização do Espírito Santo (deslocar a sua ação a uma questão de vida cristã interior) e a intelectualização da reflexão sobre o Espírito Santo colaborou para o esquecimento desse mesmo Espírito. A redução da importância e da amplitude da ação do Espírito Santo teve como consequência uma redução da importância do tema para a própria reflexão teológica. A ação do Espírito Santo passou a ser um tema central apenas quando apareciam movimentos carismáticos no interior da Igreja. Fora disso, o Espírito Santo teve seu lugar na discussão teológica quase que apenas quando estava relacionado com outros temas que ocupavam o centro da discussão teológica (como na cristologia – a relação do Espírito Santo com Jesus Cristo; na eclesiologia – a relação do Espírito Santo com a Igreja; na Trindade – o lugar e papel da terceira pessoa; ou na Soteriologia – o Espírito Santo santificador). Esta minimalização da reflexão sobre o Espírito Santo teve como consequência, por exemplo, o desenvolvimento de uma cristologia ou de uma teologia da Revelação praticamente sem levar em consideração a ação do Espírito Santo, quando o próprio texto bíblico vai em direção diversa, por exemplo quando na anunciação o anjo diz que "o Espírito Santo virá sobre ti" (Lc 1,35). Disso se poderia inferir que a teologia da Encarnação – e dela a cristologia – estivesse mais sob a égide da ação do Espírito Santo.

c) O quase cristomonismo na teologia ocidental. Os teólogos orientais (ortodoxos), principalmente, dizem em tom de acusação ser a teologia ocidental cristomonista, isto é, de ver e levar em consideração somente Cristo (*monos* = único, sozinho, isolado). No fundo desta acusação está a questão da unidade e igualdade das pessoas da Santíssima Trindade, interpretada no Ocidente diferentemente do Oriente. Mais adiante, isso será visto mais de perto no contexto da relação do Espírito Santo com a Trindade. Por isso, vamos colocar a questão aqui de forma resumida: A teologia oriental vê o Pai como fonte da divindade e base da unidade. Do Pai procede o Filho, do Pai procede o Espírito Santo, cada um à sua maneira e de forma autônoma. A teologia ocidental entende de um modo geral que o Espírito Santo procede do Pai e do Filho. Esta posição é rejeitada pelos orientais como subordinacionismo pneumatológico ou filioquismo (*Filioque* = e do Filho: questão muito controversa que também será vista mais adiante). Ou seja, o Espírito Santo é visto de alguma forma em certa dependência do Filho e o Filho ocupa uma condição de centralidade, o que não estaria de acordo com o princípio da igualdade entre as três pessoas da Santíssima Trindade, nem com o princípio da procedência única. Por isso há a acusação de cristomonismo, ou seja, de proeminência do Filho, em prejuízo da pessoa do Espírito Santo. Não vamos discutir aqui as razões de ambas as partes. Não se pode porém negar que esta acusação toca numa questão que não deixa de ter um fundo de realidade: a centralidade teológica por demais acentuada dada na prática à pessoa do Filho, a Jesus Cristo, com a consequente marginalização do Espírito Santo. Não se trata apenas de uma questiúncula de teólogos. Esse acento demasiado dado à pessoa do Filho se refletiu, sobretudo na eclesiologia, ou seja, num modelo de organização eclesial em que o carisma esteja subordinado ao institucional, uma organização de Igreja com uma supervalorização do jurisdicional, a centralização da hierarquia em uma única pessoa e não em uma sinodalidade ou conciliariedade. Mesmo rejeitando a acusação de cristomonismo, não se pode deixar de reconhecer que a prática eclesial cristã da grande maioria das Igrejas centrada por demais na pessoa de Jesus Cristo, favorece uma marginalização da importância do Espírito Santo, tendo, pois, com isso, contribuído para o esquecimento do Espírito Santo.

d) Ausência do Espírito Santo na teologia da Graça. Tradicionalmente atribui-se ao Espírito Santo a função de *santificador*. Ou seja, o Espírito é santo, santificador, santificante. Esta função santificadora é vista, porém, quase que apenas ligada à santificação do indivíduo, relegando esta questão ao âmbito tão somente pessoal ou individual. Também se colocou um acento muito forte na ação da graça (santificante), não dando a importância devida à ação do Espírito Santo como santificador. Esta é mais uma ocasião de marginalização do Espírito Santo, em termos de não se ter dado a atenção que se poderia. Os tratados da graça, na história da teologia, ocuparam espaços relativamente amplos, mesmo que ultimamente – e de forma muito correta – os antigos tratados da graça na teologia tenham sido substituídos pela Antropologia teológica.

e) O Espírito Santo não se deixa aprisionar. Um outro motivo para a dificuldade que se teve em dar ao Espírito Santo e sua ação um maior destaque, talvez esteja ligado à própria maneira como se entende a natureza e ação do Espírito Santo: o Espírito Santo é muito mais sentido como força, como poder, do que como pessoa. Ou seja, ele não se deixa aprisionar por conceitos, sua ação provoca experiências. E estas não são facilmente institucionalizáveis, não podem ser fixadas. No máximo se pode fazer delas uma narração, mas nunca se pode provocar uma ação do Espírito Santo. Com isso tanto a instituição eclesial quanto a teologia *não dispõem* do Espírito Santo. Ele escapa, foge a esse enquadramento. Esse é mais um motivo para a quase ausência histórica do Espírito Santo na Igreja e na teologia.

f) O Espírito não aponta para si mesmo. Outro aspecto do que é próprio do Espírito Santo e que leva ao fato de não estar presente é o Espírito Santo não apontar para si mesmo. O Espírito Santo revela o Pai, garante a fé e o seguimento de Jesus Cristo, anima a Igreja... ou seja, sempre aponta para outra coisa que não a si mesmo. A ação e experiência do Espírito Santo é narrada como força, impulso, ânimo para algo, não para si mesmo.

g) Formulação da pneumatologia desde o início. José Comblin centraliza sua argumentação sobre o esquecimento do Espírito especialmente no processo de elaboração da pneumatologia desde o início e como consequência da helenização no cristianismo: "A consequência mais negativa da penetração do helenismo no cristianismo [...] terá sido o esquecimento do Espírito Santo" (COMBLIN, 1982, p. 149). Não que o Espírito Santo tivesse sido deixado de lado. Mas a ele não foi dado o papel que lhe compete, especialmente por influência do modo de pensar da cultura grega, que não tinha espaço para um Espírito Santo. Desde o início, a

Igreja preocupou-se com o aspecto trinitário da fé. As definições do credo sempre salvaguardaram a fé no Pai, no Filho e no Espírito Santo.

> Mas contenta-se com expor a essência do Espírito Santo, sua divindade ou sua consubstancialidade com o Pai e o Filho. Quanto à sua atividade, proclama apenas que ele falou pelos profetas. Nada é dito a respeito de sua atividade no presente, como se ele tivesse desempenhado um papel no Antigo Testamento e, depois, se tivesse retirado da história. Na teologia patrística, o papel do Espírito não foi mais bem elaborado. A teologia ocidental não lhe atribui nenhuma função própria. O Espírito é absorvido, de um lado, pelo monoteísmo; de outro, pela expansão do papel do Verbo. Na redenção, tudo cabe ao Verbo. Só há uma missão salvadora, a do Cristo. O Espírito não passa de uma apropriação das ações comuns à Trindade. Quer dizer que a teologia ocidental e a concepção popular que prevalece depois não conhecem senão dois atores na história da salvação: o Deus único e monoteísta (o "Bom Deus" popular) e o Verbo encarnado (COMBLIN, 1982, p. 149-150).

Grande influência nessa estruturação do pensamento cristão "sem lugar para o Espírito" teve Orígenes, afirma Comblin. Ele teve grande influência sobre toda a estruturação do pensamento cristão em categorias tomadas da racionalidade da cultura helênica. Orígenes concentra sua atenção no Verbo. Pela encarnação, a união da natureza divina com a natureza humana, esta foi santificada. Ou seja, a encarnação santifica toda a humanidade. Pela encarnação, existe o contato imediato de Cristo com o fiel. "Se existe um contato imediato entre o Cristo e o crente, o Espírito não tem o que fazer, mesmo se continuar a ser invocado por respeito à tradição" (COMBLIN, 1982, p. 151). A elaboração da cristologia se fez a partir disso sem o Espírito Santo. "Nem na teologia da encarnação, nem na teologia clássica da redenção o Espírito Santo intervém" (COMBLIN, 1987, p. 31). O Espírito Santo não esteve, pois, ausente, mas a elaboração teológica e formação da vida cristã por ela influenciada não deram ao Espírito Santo o espaço que lhe seria próprio. Os tratados católicos tradicionais de pneumatologia dogmática preocupavam-se em expor a) a divindade do Espírito Santo e b) a sua procedência do Pai e do Filho (PARENT, 1978, p. 15-17).

h) Redução do Espírito Santo à Igreja. Talvez não se possa dizer que esse fator tenha levado diretamente ao esquecimento do Espírito Santo. Mas sem dúvida levou à colocação do Espírito Santo em um lugar quase que secundário. Não se pode negar que desde o início o Espírito Santo (e sua ação) ficou relacionado estreitamente com a Igreja. Dizia Santo Irineu: "Onde está a Igreja, aí está também o Espírito de Deus; e onde está o Espírito de Deus, ali está a Igreja e toda graça" (apud COMBLIN, 1987, p. 56). Essa ligação estreita entre Espírito Santo e Igreja não seria nada problemática se a Igreja fosse entendida em sentido amplo, como comunidade de fé e onde há fé em Jesus Cristo há Igreja. Acontece, porém, que a tradição ocidental cada vez mais identificou Igreja com instituição e a instituição com a hierarquia. Esta identificação é sobretudo consequência da luta entre império e papado (a partir do séc. XI). Nesse contexto, a hierarquia fundamentou cada vez mais seu poder na esfera espiritual. O governo da Igreja realiza-se por um poder espiritual. A Igreja reivindica sua jurisdição sobre os poderes espirituais, reservando-os quase todos apenas à hierarquia (exemplo típico são os poderes sacramentais, atribuídos à hierarquia e justamente pela ação do Espírito Santo). Com isso houve quase que um *jurisdicionamento* da autenticidade da ação do Espírito Santo: ele age onde juridicamente está previsto pelo direito que ele o faça. Não se está colocando aqui, de forma alguma, em dúvida que haja ação do Espírito Santo nos sacramentos. O que se quer evidenciar é que houve um claro cerceamento para o reconhecimento da ação do Espírito Santo, cerceamento esse posto pela instituição Igreja, ocasionando quase que um subordinamento deste (ou pelo menos do reconhecimento de sua ação específica) a ela e sua hierarquia.

i) Ausência do Espírito Santo na liturgia. Seria difícil dizer se a quase ausência do Espírito Santo na liturgia contribuiu para o seu esquecimento, ou se o seu esquecimento contribuiu para a sua grande ausência na liturgia. O fato é que a liturgia, na tradição eclesial romano-ocidental, conheceu também uma grande centralização na pessoa de Jesus Cristo. Basta olharmos a celebração da Eucaristia, a celebração religiosa mais importante e recorrente na Igreja romano-católica. O Espírito Santo é ali praticamente um ausente. Enquanto a liturgia oriental ainda reserva até hoje um papel importante para a epiclese na consagração, esta praticamente desaparecera da liturgia romana. A epiclese é na liturgia oriental um momento central da Eucaristia, no qual se evoca o Espírito Santo para pedir a transformação do pão e do vinho em corpo e sangue de Jesus Cristo. Apenas após o Concílio Vaticano II se introduziu na liturgia romana uma invocação do Espírito Santo antes da consagração. Com poucas exceções, as orações eucarísticas reportam-se diversas vezes ao Pai, muitas vezes ao Filho e poucas vezes ao Espírito Santo. A própria celebração eucarística tem muitos momentos, além da epiclese, em que caberia apropriadamente uma evocação do Espírito Santo: Toda a liturgia da Palavra poderia ser colocada num enfoque pneumatológico, pois é o Espírito Santo que inspira a palavra, o anúncio, conforme temos em Pentecostes ("Todos ficaram cheios do Espírito Santo e começaram a falar em outras línguas, conforme o Espírito Santo lhes concedia que falassem", At 2,4); o credo poderia ser ligado ao Espírito Santo, pois este permite a fé ("Ninguém pode dizer 'Jesus é o Senhor' senão no Espírito Santo", 1Cor 12,3b); a despedida, o envio ao final da celebração da eucaristia, poderiam ser feitas em nome do

Espírito Santo ("Jesus disse-lhes de novo: 'A paz esteja convosco. Como o Pai me enviou, assim também eu vos envio'. Após essas palavras, soprou sobre eles e disse: 'Recebei o Espírito Santo'" – Jo 20,21-22). Toda a liturgia sacramental poderia estar ligada mais fortemente ao Espírito Santo. O Sacramento da Confirmação (a Crisma) é o único colocado com uma ligação explícita ao Espírito Santo. E não deixa de ser curioso que a administração desse sacramento seja reservada ao bispo (ou a alguém por ele delegado). Mas em todos os sacramentos a ligação com o Espírito Santo seria quase que natural e poderia ser mais bem acentuada e presente na estrutura litúrgica, pois o sacramento é justamente o momento da celebração do Deus presente, do Deus que se mostra e deixa experienciar. Nada mais próximo que colocar esse momento sob a evidência da ação do Espírito Santo. Outro momento de grande ausência do Espírito Santo é na estrutura do Ano Litúrgico. Na organização do Ano Litúrgico da liturgia romana há um verdadeiro "cristomonismo organizacional". O ciclo litúrgico com seus tempos é montado exclusivamente a partir do Filho. Os tempos fortes da liturgia – o do Advento e do Natal, o da Quaresma e da Páscoa – são escolhidos e definidos a partir do Filho. Não que o Espírito Santo esteja totalmente ausente, pois a Igreja sempre conservou a Festa de Pentecostes. Mas se observarmos esta festa, ela está atrelada ao ciclo pascal. Tanto é assim que se trata de uma solenidade apenas, sem qualquer ciclo, e – ainda por cima – como data de encerramento do tempo pascal.

Encerremos aqui esta lista, esperando que estes nove elementos enumerados acima tenham cumprido sua função de demonstrar como houve na história do cristianismo – em seus mais diversos aspectos – um esquecimento do Espírito Santo. Mas não um desaparecimento. Passemos agora a olhar o outro lado: a sua presença.

2.2 A redescoberta do Espírito Santo

Se no tópico anterior conseguimos rastrear motivos e indícios que provocaram um esquecimento do Espírito Santo em nossa tradição cristã e eclesial ocidental, também queremos mostrar que houve períodos na história em que o Espírito Santo recebeu algum destaque, maior ou menor. Estes momentos estiveram ligados principalmente a movimentos feitos em nome do Espírito Santo. Geralmente não se tratou de momentos em que tenha havido uma renovação da estrutura eclesial levando em conta uma maior atenção ao Espírito Santo. Mas foram momentos/movimentos que conseguiram uma atenção maior ao Espírito Santo ou nos quais a ação do Espírito Santo ocupa um lugar de centralidade.

Um momento desses é vivido justamente no cristianismo atual. Quando se ouve *atual*, certamente pensamos logo nos movimentos pentecostais e/ou carismáticos. Quando se observa mais atentamente a questão, se pode perceber que na verdade é uma tendência presente já há diversas décadas e já dura mais de um século. Em termos de cristianismo católico romano, o Concílio Vaticano II condensa de forma privilegiada esta importância que se tem dado ao Espírito Santo. Por um lado, ele mesmo pode ser considerado um instrumento ou canal privilegiado de ação do Espírito Santo – e isso com a segurança de mais de 50 anos de distância histórica – por outro lado se pode dizer que os sinais de uma retomada de atenção especial ao papel do Espírito Santo desembocaram no Concílio, como foi também o Concílio um grande impulsionador de uma nova atenção ao Espírito Santo, tanto para a teologia como também para a vida de Igreja.

Vamos tentar ver alguns elementos que apontam para esta redescoberta do Espírito Santo, da qual estamos vivendo ainda um momento forte. É preciso dizer logo de saída que esta redescoberta do Espírito Santo se deu não tanto no nível da reflexão teológica –

mas também –, nem no que tange à estruturação da instituição, mas muito mais acentuadamente ao nível da experiência humana de fé, ao nível da experiência da ação do Espírito Santo em pessoas e movimentos cristãos. Claro que houve uma mútua influência: a teologia deixou-se fecundar pela experiência do Espírito Santo havida na Igreja e a reflexão teológica recolheu esta experiência, contribuindo para um discernimento sobre a ação do Espírito Santo – pelo menos esta é a pretensão da teologia! Apenas para efeito didático, vamos dividir aqui a redescoberta do Espírito Santo em experiências que apontam para isso e reflexões ou correntes teológicas que foram influenciadas por esta redescoberta.

2.2.1 Experiências que apontam para uma redescoberta do Espírito Santo

1) Movimentos carismáticos – Desde a virada do século XIX para o XX temos no seio do cristianismo o aparecimento de experiências carismáticas interpretadas como pentecostais, por relembrarem a ação do Espírito Santo em Pentecostes. Destas experiências surgiram inclusive muitas Igrejas denominadas de Igrejas Pentecostais. O fenômeno mais marcante dessas Igrejas é a glossolalia, entendido como "batismo no Espírito Santo". Como marco de início desta onda pentecostal é apontado um fato ocorrido no ano de 1904 em uma Igreja batista de Los Angeles. Um menino negro fala em línguas durante o culto. O fenômeno chama muito a atenção e é interpretado como manifestação do Espírito Santo. A partir daí se multiplicaram as experiências, bem como as Igrejas fundadas a partir dela. No Brasil, a experiência pentecostal nesses moldes é iniciada em 1910 com a fundação em São Paulo da Congregação Cristã do Brasil, promovida por um imigrante italiano (Luigi Francescon) que havia passado pelos Estados Unidos e lá conhecido essa experiência. Um ano depois é fundada

em Belém do Pará a Igreja Assembleia de Deus, fundação que também foi influenciada pela experiência pentecostal norte-americana. Os fundadores são dois imigrantes suecos (Daniel Berg e Gunnar Vingren), que haviam conhecido a experiência pentecostal também nos Estados Unidos e de lá a trouxeram para o Brasil. Essas duas Igrejas foram por certo tempo as únicas pentecostais no Brasil. A partir da década de 1950 surgem muitas outras Igrejas Pentecostais. Hoje temos um sem-número delas no Brasil. Além das Igrejas nascidas da experiência pentecostal, desde meados da década de 1960 temos movimentos carismáticos ou pentecostais em praticamente todas as Igrejas cristãs, inclusive no seio da Igreja Católica Romana. E este fenômeno não é apenas brasileiro. Em praticamente todos os continentes se repete a mesma experiência, com maior ou menor intensidade.

2) Movimentos de renovação espiritual (de espiritualidade) – Aqui poderiam ser apontados muitos movimentos de renovação espiritual ocorridos no cristianismo. Entre eles podemos citar especialmente o movimento ecumênico de Taizé, um movimento, sobretudo de renovação da espiritualidade e da oração que influenciou muitos movimentos de juventude cristã. Outros exemplos poderiam aqui ser citados como o Movimento dos Focolares, o Cursilho de Cristandade, o Encontro de Casais com Cristo, as Equipes de Nossa Senhora, o movimento Pão da Vida, o grupo Toca de Assis etc. A lista poderia ser expandida em muito. O que se quer apontar é que ocorreram muitos movimentos de renovação da espiritualidade da vida cristã. Alguns já tiveram seu ápice e estão talvez em declínio, outros estão surgindo e certamente outros ainda surgirão. Não há como negar uma grande dinâmica espiritual que ocorre via estes grupos ou movimentos.

3) Renovação eclesial – Como sinal da experiência do Espírito Santo se podem classificar igualmente movimentos de renovação eclesial, como, por exemplo, os ocorridos na América Latina. De

um modo especial, se pode apontar aqui o modelo de Igreja que surgiu nas Comunidades Eclesiais de Base, originadas sobretudo a partir da abertura dada pelo Concílio Vaticano II, avaliado como um movimento feito marcadamente sob o signo da ação do Espírito Santo. Diversos elementos podem ser destacados: uma nova maneira de interpretar a Bíblia, uma nova maneira de oração (espontânea, comprometida com o engajamento, com a realidade cotidiana), o ser sujeito na Igreja, a luta pela libertação, a formação de comunidades de solidariedade em nome da fé, a experiência da palavra, a ligação entre fé e vida, os ministérios. Dentro da tradição católica também se pode colocar aqui como exemplo a formação das chamadas "comunidades de vida". Trata-se na maior parte dos casos de grupos de leigos e leigas engajados em favor de causas diversas, seja da educação e cuidado de pessoas especiais, seja em favor de idosos ou no cuidado para com a população de rua. Além da dinâmica interna ocorrida no catolicismo romano-católico (e certamente em muitas outras Igrejas cristãs), não se pode deixar de notar o fato do surgimento de Igrejas a partir da experiência do Espírito Santo. Boa parte das Igrejas pentecostais vê e lê em alguma experiência pneumática específica o momento fundante e inspiracional de sua eclesialidade.

4) O movimento ecumênico – O ecumenismo, nascido timidamente entre Igrejas evangélicas, hoje é uma consciência presente em muitas Igrejas cristãs. A oração conjunta, a capacidade de ouvir e respeitar a alteridade eclesial, os planos de trabalho comuns são experiências de renovação pneumatológicas dentro das Igrejas. O Espírito é que possibilita a unidade, onde a instituição divide. A tradição católica, que por décadas se pronunciou contra o ecumenismo, vai mudar de posição no Concílio Vaticano II, através do documento *Unitatis Redintegratio*, no qual reconhece expressamente que o movimento ecumênico nasceu sob inspiração do Espírito Santo.

5) Outros movimentos ainda mais incipientes poderiam também ser arrolados nessa lista, como o movimento de diálogo inter-religioso – onde se dá, da parte cristã, uma grande importância ao impulso do Espírito que o envia ao outro – ou movimentos de espiritualidade ecológica, movimentos espirituais ou espiritualistas em torno da sacralidade da terra e da importância da comunhão do humano com esta sacralidade, ou ainda o fenômeno já existente da opção por algum tipo de vida espiritual não ligada diretamente a nenhuma instituição religiosa e chamada de opção espiritual.

2.2.2 Redescoberta teológica da ação do Espírito Santo

Há igualmente uma redescoberta teológica que aponta para uma valorização do Espírito Santo. Também, na área da reflexão teológica sistemática, há já algumas décadas se nota sinais de renovação da pneumatologia. Vejamos alguns exemplos desta renovação.

1) Karl Barth (1886-1968) – O teólogo evangélico reformado suíço Karl Barth pode ser considerado um dos precursores da Teologia Sistemática a partir da perspectiva pneumatológica. Sua proposta de estrutura pneumatológica no pensamento teológico tem como ponto de partida a revelação. O Espírito Santo é definido como "possibilidade e realidade subjetivas da revelação". A autorrevelação de Deus constitui-se no Espírito Santo como um acontecimento em busca de relação. Através da realidade do Espírito Santo, Deus alcança o humano e a partir da ação do Espírito se fundamenta a liberdade humana de ir ao encontro de Deus. Ou seja, a estrutura da revelação é determinada pela ação do Espírito Santo. Esta ação do Espírito Santo é considerada também seu atributo específico intratrinitário: "Deus é, como Deus-Espírito Santo, 'primeiro em si mesmo' ato de comunhão, de participação,

de amor, de gratuidade. Por isso, como tal e a partir disso ele se mostra em sua revelação" (BARTH, apud HILBERATH, 1994, p. 163). Deus, em sua estrutura de comunicação com o ser humano e como possibilitador do ser humano em encontrá-lo é Deus-Espírito Santo. Deus-que-se-relaciona (como Trindade e com o ser humano) é Espírito Santo. Ao mesmo tempo, o ser humano que encontra (percebe) Deus, isso também é Espírito Santo. Esta convicção de K. Barth levou-o a sonhar, no final de sua vida, com uma renovação de toda a teologia a partir da profissão de fé no Espírito Santo.

2) Paul Tillich (1886-1965) – Uma outra tentativa de abordagem pneumatológica da teologia foi desenvolvida pelo teólogo evangélico luterano e filósofo da religião P. Tillich. Seu ponto de partida é a filosofia da religião. Para ele, toda a perspectiva de pensamento teológico se modifica a partir do momento em que coloca como categoria central de reflexão o Espírito Santo como a dimensão de vida. "A proposição de que Deus é Espírito significa que a vida como espírito é o símbolo oniabrangente da vida divina" (TILLICH apud HILBERATH, 2008, p. 474). Não a partir da revelação, mas a partir da vida (como Espírito) entende Tillich a relação entre o espírito (vida) divino e o espírito humano. A vida é a presença divina na criatura. Tillich não pensa em Espírito no sentido estritamente trinitário, mas sim em Deus que se manifesta ao humano como vida. E esta manifestação, Tillich a entende não só no âmbito dos viventes. Toda realidade, orgânica ou não, é perpassada pelo Espírito divino. Em Tillich, "surge assim uma espécie de pneumatologia cósmica", afirma L. Boff (2013, p. 153). A presença do Espírito em toda a realidade é uma presença transformadora, assim dela emergirá, pelo esforço humano e os dons do Espírito, o Reino de Deus.

3) Heribert Mühlen (1927-2006) – Este teólogo dogmático católico representa uma outra linha de pensamento a partir

da pneumatologia: a *pneumatologia carismática*. Inicialmente H. Mühlen desenvolve a sua pneumatologia trinitária a partir da categoria ontológica do relacionamento, que entende o Espírito Santo como o *nós* do Pai e do Filho, ou seja, o Espírito Santo como o relacionamento, como a ligação entre Pai e Filho que possibilita o *nós* divino das duas pessoas, bem como também – pela graça – de muitas pessoas, ou seja, o Espírito Santo possibilita – por ser relação – nossa (especialmente como Igreja) experiência, nossa inclusão no relacionamento do Deus trino. Esta categoria da experiência do *nós* em Deus possibilitada pelo Espírito tornou-se cada vez mais uma categoria central no pensamento de Mühlen, influenciado sobretudo por seu engajamento no movimento carismático. Nessa pneumatologia, Mühlen desenvolveu seu pensamento teológico dando espaço aos testemunhos/relatos de experiências do Espírito Santo que ocorrem nesses movimentos.

As tentativas de Barth, Tillich e Mühlen de dar à pneumatologia um lugar de maior destaque dentro da teologia sofreram, porém, a crítica de apresentarem uma pneumatologia "não realista", no sentido de não levar em conta por um lado nem a realidade da experiência do Espírito transmitida pela Bíblia, que é uma experiência muito diversificada e rica, feita e interpretada dentro de diversos conceitos, por outro lado de não levar em conta a experiência do Espírito Santo que ocorre no momento histórico. São três tentativas de reflexão estrutural teológica a partir da pneumatologia como pensamento sistemático, mas não da pneumatologia como linguagem de experiência, como manifestação e ação divina na história.

4) Yves Congar (1904-1995) – Do lado católico, um dos pioneiros da renovação da teologia do Espírito Santo no século XX foi o teólogo dominicano francês Yves Congar. Ele foi um dos grandes influenciadores do pensamento católico que levou ao Concílio Vaticano II. Diversos foram os temas fortes de sua

teologia: a eclesiologia, o ecumenismo, a pneumatologia. E o fez de maneira interligada, dando um destaque especial ao papel do Espírito Santo. A pneumatologia cristã, ao longo da história, havia acentuado uma compreensão cultural grega de espírito, como princípio imaterial. Congar irá recuperar em sua pneumatologia a compreensão da cultura judaica do Espírito, que compreende espírito como força, como energia realizadora. O Espírito de Deus é força realizadora. É o Espírito de Deus que traz a criação à existência. Irá ele entender que é o Espírito o fundador da Igreja, não como iniciador apenas, mas como força permanente na história. A presença do Espírito de Deus na Igreja não é algo a ser entendido como justificadora de sua existência e ação – como a tradição fez reiteradamente – mas como força que a movimenta, que a dinamiza, que cria permanentemente. Agostinho descreve o Espírito Santo como "a alma da Igreja"; Congar vai retomar esta afirmação para dizer que se usou muitas vezes desse pensamento agostiniano de forma errônea para fundamentar com mais segurança as ações da instituição. Assim, entende ele, a Igreja, em sua natureza pneumatológica, precisa estar sempre seguindo o impulso do Espírito na história. Sua reflexão cria uma ligação estreita entre Igreja e Espírito, de modo a se poder falar numa pneumatologia eclesiológica ou numa eclesiologia pneumatológica. Congar faz – em chave de leitura pneumatológica – uma recuperação das chamadas notas teológicas da Igreja: una, santa, católica e apostólica (CONGAR, 1982, p. 167-212). A Igreja una: o Espírito Santo como princípio da comunhão eclesial; a Igreja Católica: o Espírito Santo como impulsionador da catolicidade, isto é, de uma Igreja que vai ao encontro do ser humano, uma Igreja que se deixa catolicizar pelo Espírito Santo ao longo do tempo, uma Igreja que vai para além de suas fronteiras; a Igreja apostólica: o Espírito Santo que mantém a fidelidade da Igreja aos seus princípios; uma Igreja santa: que é templo do Espírito Santo, que luta por ser uma Igreja santa de pecadores. Esta eclesiologia pneumatológica, o teólogo francês vê esquematizada em cinco passos (apud SCHÄFER, 2009, p. 78-79): (1) A Igreja é uma realidade que se encontra em permanente construção, em que cada qual desenvolve sua capacidade criativa (força do Espírito). A perfeita comunhão dos santos só é realizada finalmente pela participação dos carismas de todos. (2) A plenitude do Espírito acontece na totalidade dos diferentes dons. Igreja é *communio*; isto é, comunhão de cada cristão, inclusive com os das Igrejas separadas. (3) O Espírito tem diferentes propriedades: sutilidade e liberdade. De modo que mesmo não se podendo separar de Cristo a ação do Espírito, ela acontece de tal forma que a obra de Cristo se torne presente das maneiras mais diversas possíveis. (4) O reconhecimento da ação do Espírito dá à eclesiologia uma estrutura trinitária: a de uma comunhão de pessoas. (5) A relação entre Cristo e o Espírito se pode comparar à relação entre "o dado" e "o vindouro". O que foi dado em Cristo, realiza-se na história pela ação do Espírito. A ação do Espírito na história garante ao humano a herança do Reino.

5) Jürgen Moltmann (1926) – Em sua assim chamada "pneumatologia integral", o teólogo reformado alemão Jürgen Moltmann propõe que uma pneumatologia atual deve ter quatro pontos de partida: 1º) Uma pneumatologia de âmbito ecumênico, pois o Espírito Santo tanto motiva para a comunhão ecumênica como possibilita a comunidade na diferença; 2º) Superação da falsa alternativa entre revelação divina e experiência humana do Espírito Santo ("O Espírito Santo não é em absoluto apenas uma questão de revelação, mas também uma questão de vida e de fonte de vida". MOLTMANN, 2010, p. 19); 3º) A amplidão cósmica do Espírito de Deus. O Espírito Santo não deve ser visto apenas em âmbito pequeno da salvação humana ou cristã, mas num âmbito amplo do Espírito de Deus que enche todo o cosmos ("A experiência do Espírito vivificante na fé do coração e na comunhão

do amor ultrapassa, pois, por si mesma, os limites da Igreja, levando à redescoberta do mesmo Espírito na natureza, nas plantas, nos animais e nos ecossistemas da Terra", MOLTMANN, 2010, p. 21); e 4º) Uma pneumatologia deve se esforçar para apresentar com clareza a *personalidade* do Espírito Santo, tendo em vista que tradicionalmente esta era sempre apresentada de maneira difusa (MOLTMANN, 2010, p. 15-25).

6) Teologia ecumênica – O ecumenismo foi um movimento iniciado entre as Igrejas evangélicas. Por muito tempo a Igreja Católica ignorou oficialmente o movimento ecumênico. Com o Concílio Vaticano II, a instituição Igreja Católica mudou claramente sua posição diante do movimento ecumênico, vindo – com o documento conciliar *Unitatis Redintegratio* – a assumir o ecumenismo como um de seus objetivos. É interessante notar neste sentido que o próprio Vaticano II reconhece que o surgimento do movimento ecumênico entre os cristãos é obra do Espírito Santo: "E também, por obra do Espírito Santo, surgiu, entre nossos irmãos separados, um movimento sempre mais amplo para restaurar a unidade de todos os cristãos" (*UR* 1). O Espírito Santo tem ocupado um lugar especial na reflexão teológica sobre o Ecumenismo. Eis aqui, pois, um campo da teologia em que ocorreu uma atenção especial à ação do Espírito Santo e em que se renovou não apenas a pneumatologia, mas uma área da teologia a partir da perspectiva pneumatológica. Especialmente caras ao ecumenismo são diversas dimensões advindas da reflexão pneumatológica: (1) Pentecostes como experiência do entendimento. O Espírito promove uma reversão do acontecimento de Babel. Enquanto em Babel há o desentendimento, o falar diversas línguas e não se entenderem mais entre si, em Pentecostes todos se entendem novamente, todos falam uma linguagem compreensível, mesmo falando línguas diferentes ("Estes que estão falando não são todos galileus? Como então todos nós os ouvimos falar, cada um em nossa própria língua

materna?" At 2,8). A ação do Espírito Santo tem esta propriedade de promover a compreensão na diversidade. (2) A unidade procurada pelo ecumenismo não é a imposição estratégica de um grupo, de uma instituição; mas, antes de tudo, é dom do Espírito Santo. A ação do Espírito Santo deve conhecer "traduções concretas" no âmbito ecumênico, como a tolerância, a missão e o testemunho comuns, a oração conjunta (NAVARRO, 1995, p. 106-117). Um sinal de que a oração conjunta deve ser entendida como momento de ação do Espírito Santo fica patente quando se coloca a "Semana de Oração pela Unidade dos Cristãos" justamente ligada à Festa de Pentecostes. (3) Um outro aspecto da reflexão pneumatológica que muito contribui para a reflexão, ação e experiência ecumênica é a consciência de que o Espírito não se prende a uma instituição. A consciência de que o Espírito Santo pode agir (e age) em todas as Igrejas é uma grande impulsionadora no ecumenismo. "O movimento ecumênico entende-se como resultado do Espírito, que não permanece limitado a uma eclesialidade confessional. Daí resultam caminhos nos quais as Igrejas, sob o impulso do Espírito, procuram umas às outras" (BEINERT, 1987, p. 172).

7) Teologia do diálogo inter-religioso – Semelhante ao impulso dado à reflexão ecumênica a partir da perspectiva pneumatológica recebeu a teologia do diálogo inter-religioso, também em diversos aspectos um impulso novo a partir da pneumatologia (BERKEN-BROCK, 1996, p. 36-44). Aqui se trata sobretudo da teologia cristã procurando entender qual o *status* teológico das outras religiões, diferente da teologia ecumênica que acontece no âmbito do diálogo entre cristãos. (1) Ação do Espírito e pluralidade. Se atribuímos ao Espírito o dom da unidade, como citado no parágrafo anterior, o que de modo algum significa unilateralidade. Como "o Espírito Santo não se deixa encampar" (Hilberath), nem mesmo pelos cristãos, a unidade proporcionada pelo Espírito Santo não é fechamento à pluralidade. "O Espírito age de tal modo que todos

sejam um e que a unidade seja pluralidade" diz Y. Congar (1982, p. 171). A ação do Espírito Santo é o princípio da pluralidade na medida em que o Espírito proporciona liberdade, cria espaço de vida, de expansão, de novidade, de novas relações para com Deus e entre as pessoas. A ação do Espírito Santo garante o seguimento de Jesus Cristo, mas é luz para que o cristão não seja cego à realidade em que vive, para que possa perceber, acolher e discernir outras opções, diferentes da sua. (2) O Espírito é abertura, é voltar-se para fora, é busca de comunhão. A experiência do Espírito Santo, por um lado, remete o cristão a Jesus Cristo, por outro, o remete – com sua identidade – para o mundo. Depois de Pentecostes, os apóstolos não mais ficaram trancados, com medo. Pentecostes explode as estruturas fechadas, o medo, o ficar somente no seu mundo. A experiência de Pentecostes é uma experiência que remete ao outro, ao diferente; isso porque o Espírito não se prende em sua ação a nenhum limite, nem ao limite do cristianismo. A diferença (pluralidade) que o cristão pode observar nas outras religiões e tradições de pensamento pode inclusive levá-lo a perguntar até que ponto a comunidade cristã dá espaço e abertura suficientes para a ação do Espírito divino. (3) A ação do Espírito Santo proporciona comunidade para além das fronteiras institucionais. O Espírito Santo é entendido tradicionalmente – a partir da teologia trinitária – como a capacidade de comunhão, de relação. O Espírito é o amor do Pai e do Filho, o Espírito Santo é o princípio da comunidade trinitária, é Deus-em-relação. O Espírito Santo possibilita não apenas a comunidade da Trindade, mas como princípio de relação ele possibilita a comunidade de Deus com o humano. A ação do Espírito rompe a solidão, rompe o isolamento e faz buscar comunidade. Quando se pensa no diálogo inter-religioso a partir desse ponto de vista, a ação do Espírito Santo permite que haja e seja buscada – acima dos limites das instituições, das convicções e das religiões – comunhão, relacionamento, encontro. (4) O Espírito Santo permite caminhar juntos. Como a ação do Espírito de Deus faz buscar comunhão, relacionamento, há a possibilidade de – por causa da ação do Espírito Santo – o cristão ser companheiro de caminhada (estar em relacionamento) de fiéis de outras religiões. É possível caminhar juntos, sem desfazer as diferenças.

8) A ecoteologia – Desenvolve-se, ainda de forma incipiente, mas vigorosa, o que se poderia chamar de ecoteologia, uma forma de pensar a teologia a partir dos conhecimentos que se estão ganhando com os estudos em torno dos ecossistemas e quais consequências teriam estes conhecimentos para a forma de pensar a fé. Neste contexto, a pneumatologia traz uma contribuição interessante por propor a ideia de se poder pensar o todo de nosso planeta e da vida sobre ele como uma totalidade impulsionada por um único espírito, por uma força comum dentro da qual e só a partir da qual a vida subsiste. Esta é uma forma de aproximar a linguagem da teologia à linguagem das ciências da terra, por entender que ambas estão falando da mesma realidade. E, do ponto de vista da fé, poder-se-ia dizer: de uma realidade cheia do Espírito de Deus.

9) Pneumatologia latino-americana – Toda a renovação teológica havida na América Latina, especialmente após o Vaticano II – renovação esta conhecida como Teologia da Libertação – também trouxe renovação na pneumatologia. Seguindo certo "esquecimento do Espírito Santo" na teologia, também a Teologia da Libertação não reservou um lugar central à reflexão sobre o Espírito Santo. Surgiram, contudo, algumas reflexões em torno do Espírito Santo nessa corrente da teologia. Os pontos fortes da reflexão teológica latino-americana foram sem dúvida a cristologia e a eclesiologia. Na área da pneumatologia, gostaria de destacar duas tentativas que caracterizam a pneumatologia feita a partir da América Latina. (1) A reflexão de J. Comblin. Comblin sistematizou sua pneumatologia especialmente em duas obras: *O tempo da ação* (1982) e *O Espírito Santo e a libertação* (1987). Em *O tempo da ação*, Comblin

retoma um tema diversas vezes já relacionado com a pneumatologia: a ação de Deus no mundo. O autor faz uma nova leitura desse tema, sobretudo a partir da América Latina, entendendo a ação de Deus no mundo como uma ação libertadora e ao mesmo tempo incluindo a Igreja na reflexão. A Igreja (re)descobriu sua dimensão de ação no mundo, na sociedade, de responsabilidade de sua ação a partir da fé. Esta ação deve ser entendida como uma ação por causa do Espírito de Deus agindo no mundo.

> A Igreja está conexa ao impulso do Deus que age, do Deus que é Espírito... A Igreja não existe a não ser no Espírito e sob a movimentação do Espírito. É por isso que a volta à ação é também a volta ao Espírito. Voltar ao Espírito é ir para onde o Espírito age e se oferecer ao movimento (COMBLIN, 1982, p. 15-16).

O Espírito tem no mundo um raio de ação muito mais amplo do que a Igreja e o desafio da Igreja é colocar-se à disposição desse Espírito.

> Até o Vaticano II, os cristãos do Ocidente colocavam espontaneamente a questão de sua vocação nos seguintes termos: a Igreja no mundo. Sabemos agora que é preciso subir mais alto. A verdadeira questão é: o Espírito no mundo. E a Igreja, como cada cristão, é colocada diante do desafio de reencontrar seu lugar sob a força do Espírito, no lugar em que o Espírito a chama no mundo (COMBLIN, 1982, p. 17).

A questão principal do livro não é, porém, a ação da Igreja, mas rastrear, a partir do ponto de vista da América Latina, a ação libertadora do Espírito Santo na história. A Igreja é apenas um fator dentro da história. Por isso Comblin faz uma espécie de leitura de toda a história, dos tempos bíblicos (cap. 2) aos desafios do presente (cap. 8), passando pelos grandes períodos da história (especialmente do cristianismo), lendo essa história como o espaço da ação do Espírito Santo. A obra termina (cap. 9) com uma questão inerente à ação do Espírito Santo: o problema do discernimento. O autor vai aqui colocar dois critérios: a doutrina paulina da construção do bem comum e a libertação dos pobres como critérios de discernimento da ação do Espírito Santo. A segunda obra da pneumatologia de J. Comblin (*O Espírito Santo e a libertação*) é de certa forma uma continuação da primeira, no sentido de centrar a reflexão sobre o Espírito como Deus agindo (no mundo, na Igreja, nas pessoas) e de entender a ação do Espírito Santo como uma ação libertadora. Duas perspectivas marcam especialmente este trabalho: (1) A importância da experiência e uma pneumatologia narrativa. A experiência, tida por muito tempo como um fator não importante para a reflexão teológica (sendo inclusive vista de forma negativa a inclusão da experiência na reflexão e descartada como subjetivismo), tem recebido uma atenção sempre maior na elaboração teológica. J. Comblin toma a experiência do Espírito Santo como ponto de partida. Este ponto de partida não é teórico: ele vai desenvolvendo a reflexão sobre a experiência do Espírito Santo a partir de experiências concretas, interpretando-as como experiências do Espírito. Com isso ele foge ao "dogmatismo seco" com o qual se refletia a pneumatologia e faz uma pneumatologia narrativa: faz sua reflexão pneumatológica narrando a ação do Espírito Santo nos diversos âmbitos: no mundo, na Igreja e nas pessoas. (2) A pneumatologia de L. Boff. Outro autor latino-americano que trabalhou o tema do Espírito Santo foi L. Boff. Em primeiro lugar este tema foi trabalhado na perspectiva eclesiológica, na obra *Igreja: carisma e poder* (1981, cap. 12-13). A principal tese defendida aqui é que a Igreja deve ser sacramento do Espírito Santo, isto é, que ela seja guiada e movida pelo Espírito Santo. Esta forma de entender a Igreja como sacramento, quer dizer, subordinada ao Espírito Santo tem consequências para o próprio modelo de Igreja: uma Igreja mais baseada em carismas. O Espírito Santo é dado a todos os membros do povo de Deus, por isso, todos são portadores de carismas. A partir disso, propõe-se uma Igreja que não tenha por base a instituição e sua estrutura hierárquica, mas que seja espelho dos carismas de todos. Com isso a instituição deveria se guiar pelos carismas e não o contrário, subordinar o carisma ao formato da instituição.

> Todas as instituições e linguagens teológicas dentro da Igreja podem e devem ser sacramentos (sinais e instrumentos) a serviço do Espírito, pelos quais o Ressuscitado hoje atua e se faz presente na visibilidade histórica dos homens. Se se enrijecerem demais, se se hipostasiarem sacrossantamente e se se recusarem à funcionalidade da fé e da graça, podem tornar-se contrassinais do Reino e da presença do Senhor vivo no mundo. Elas devem ser como a taça. Sua alegria é servir o vinho precioso do Espírito e não o substituir, recolhê-lo na humildade de um sinal humano para que ele esteja presente e possa ser tragado (BOFF, 1981, p. 233).

L. Boff conclui sua "eclesiologia pneumatológica" com a proposta de que o carisma seja utilizado como princípio de organização da Igreja, pois isso garantiria de forma mais adequada uma Igreja que se deixa mover pelo Espírito Santo. E uma Igreja na qual os carismas do Espírito fossem o princípio de organização, nesta haveria sempre espaço ao novo, ao Espírito que age: "E a história da salvação nos mostra que onde o Espírito está em ação podemos contar como Inesperado e o Novo ainda não acontecido" (BOFF, 1981, p. 249). Em segundo lugar, L. Boff trabalhou o tema da pneumatologia na perspectiva trinitária, na obra *A Trindade e a sociedade* (1987, cap. XI). Aí o Espírito foi caracterizado em sua propriedade como ação e transformação. E L. Boff identifica esta ação transformadora do Espírito Santo como força, como motor da libertação integral.

> Quando os pobres se conscientizam de sua opressão, se reúnem, organizam suas forças, derrubam os tabus que os mantinham submetidos, desmascaram as normas

que os estigmatizavam, denunciam profeticamente os agentes de seus grilhões, quando, obrigados ao uso da força que não desejam, se defrontam com a violência dos opressores e os derrubam de seus privilégios e de seus postos de injustiça, quando se enchem de fantasia criadora e projetam utopias de um mundo reconciliado onde todos possam comer e se abrir à gratuidade da vida, então podemos dizer: aí está o Espírito em ação e em fermentação dentro da história conflitiva (BOFF, 1987, p. 254).

A obra especificamente pneumatológica de L. Boff é *O Espírito Santo – Fogo interior, doador da vida e Pai dos pobres* (2013). Nesta, vale destacar alguns elementos. Um primeiro deles é a compreensão da ação do Espírito como um paradigma para pensar o próprio Deus. Este paradigma não é visto apenas no âmbito teológico, mas de todo o universo: o espírito como Deus agindo no cosmos, na natureza, na vida e na vida humana. A reflexão sobre o Espírito Santo procura aqui o diálogo com outras áreas do conhecimento que não somente a teológica. O elemento a se destacar na obra é a tentativa de um diálogo com as culturas, tentando ver e valorizar as experiências destas e suas leituras da ação do divino/sagrado como ação do Espírito Santo: do *ruah* bíblico ao *axé* do Candomblé. L. Boff dedica um capítulo (cap. X) especialmente para pensar a relação entre pneumatologia e cosmologia, em que vai afirmar que o universo todo é o templo e o campo de ação do Espírito Santo. O universo, como um sistema dinâmico, em contínua expansão e criação é aqui interpretado como o lugar, o templo do Espírito de Deus:

> Ele empurrava para frente e para cima o processo evolucionário, a cosmogênese, quer dizer, a gênese do universo que ainda está se realizando e que não acabou de nascer totalmente. Ele está atrás de tudo como o Propulsor e está à frente como o grande Atrator, fazendo que o universo, apesar dos muitos entrechoques de galáxias e exterminações em massa do capital bió-

> tico, sempre mantivesse uma seta apontada para formas mais complexas e ordenadas dos seres. Ele é vida e gerador de vida, então estava presente na vida das bactérias, nas plantas, nos animais e nos seres humanos nos quais "foi soprado o Espírito" (Gn 2,7) (BOFF, 2013, p. 188).

Um último elemento a destacar aqui é a leitura de que este mesmo Espírito cosmogônico é também o espírito que move o ser humano em seu processo libertário, por isso o humano pode viver segundo o Espírito (cap. XII).

9) A leitura de acontecimentos eclesiásticos à luz da pneumatologia: Concílio Vaticano II, Medellín, Puebla, Santo Domingo, Aparecida, CMI, a eleição do Papa Francisco. Um último ponto seja aqui mencionado nesses indícios de redescoberta do Espírito Santo: numa reflexão a partir de dentro do cristianismo e especificamente da Igreja Católica, se pode atribuir um lugar de destaque ao Espírito Santo em relação a acontecimentos eclesiásticos importantes. Assim, por exemplo, o Concílio Vaticano II, abre a constituição dogmática *Lumen Gentium* – um dos documentos mais importantes do Concílio – afirmando: "Sendo Cristo a luz dos povos, este Sacrossanto Sínodo, congregado no Espírito Santo, deseja..." (*LG* 1). Esta consciência não ficou, porém, apenas nessa declaração, como diz Comblin.

> O Vaticano II abriu as portas. Rompeu com uma velha tradição da Igreja Latina e com o linguajar do Vaticano II ao falar de Deus de modo trinitário. O Vaticano I dizia "Deus", e o Vaticano II diz "o Pai, o Filho e o Espírito Santo". O Concílio não elaborou uma verdadeira doutrina do Espírito Santo; mas, evocando-o a cada momento, orientou a consciência cristã para uma renovação da fé no Espírito. De fato, esta simples mudança de expressão do Concílio já teve consequências profundas na fé do povo cristão (COMBLIN, 1987, p. 10).

Da mesma maneira como o Concílio se interpretou a si mesmo e podemos interpretá-lo como um momento privilegiado da ação do Espírito Santo, se pode ver também outros acontecimentos eclesiais importantes como momentos privilegiados de ação do Espírito Santo. Isso pode ser dito, por exemplo, das conferências do episcopado latino-americano de Medellín, de Puebla, de Santo Domingo ou de Aparecida. Os documentos ali gestados tiveram um grande impulso dinamizador para toda a Igreja Católica da América Latina. A eleição de um papa do Terceiro Mundo, que participou de boa parte desse processo da Igreja latino-americana, com atuação importantíssima no documento resultante da Conferência de Aparecida e que está levando para uma função central no catolicismo uma nova dinâmica também pode ser vista como ação do Espírito Santo. Assim igualmente assembleias como do Conselho Mundial de Igrejas (CMI) têm dado um destaque especial à ação do Espírito Santo. A VII Assembleia Geral do CMI em Canberra (1991) teve como tema: "Vinde Espírito Santo, renovai toda a criação".

De todos estes destaques feitos acima, se pode dizer que de um certo esquecimento do Espírito Santo (que ainda continua de forma estrutural), passou-se a um transbordamento do Espírito Santo. Há uma preocupação em mostrar e destacar sua presença e atuação. De modo que se pode concordar plenamente com J. Comblin que "o Espírito Santo é a grande novidade pós-conciliar" (1987, p. 10).

2.3 O "santo" do Espírito Santo

Na tradição cristã se entende a Trindade como composta de três pessoas: o Pai, o Filho e o Espírito Santo. Enquanto as duas primeiras pessoas são definidas por uma palavra (Pai e Filho), a terceira pessoa é definida por uma expressão (Espírito Santo). "A terceira pessoa da divindade não se chama simplesmente Espírito, senão Espírito Santo. Ainda que o Pai e o Filho sejam santos, ou mais precisamente porque o Pai e o Filho são santos, o Espírito que exalam é santo de um modo muito particular" (SCHEEBEN, 1977, p. 35). Por que chamar então de Espírito *Santo* a terceira pessoa da Trindade? Talvez a expressão "Espírito Santo" pode levar por si própria a alguns equívocos, quando não vista em seu sentido originário. Algumas observações a respeito da expressão em si e seu significado.

a) Não se pode entender o "santo" do Espírito Santo simplesmente como uma adjetivação ao substantivo "espírito" (embora, do ponto de vista gramatical, seja uma adjetivação). Ou seja, não se pode entender que a terceira pessoa da Trindade é Espírito e um espírito que recebe um qualificativo: o de ser *santo* como se a santidade fosse algo a ele agregado, dando-lhe uma qualidade, como um adjetivo é agregado a um substantivo para dar-lhe uma qualificação que originariamente dele não fazia parte. A expressão "Espírito Santo" precisa ser entendida como um único substantivo. Ou seja, a terceira pessoa da Trindade é "Espírito Santo" e não *um* espírito *que é* santo.

b) Pelo fato de a palavra "espírito" ser ambivalente e polissêmica, a expressão "Espírito Santo" pode levar a uma compreensão de que o Espírito Santo seja um espírito, ao lado de outros espíritos. E que este espírito específico se coloca junto de Deus pelo fato de este espírito ser santo. O Espírito Santo não é uma agregação à divindade, pelo fato de ser santo, mas é o Espírito de Deus e, por isso, santo (não como adjetivação, mas como propriedade, não como acidente, mas como substância).

c) A expressão "Espírito Santo" para a terceira pessoa da Trindade quer ser expressão da forma como Deus é experienciado, quer exprimir a experiência de Deus agindo. O qualificativo *santo* diz, pois mais a respeito da experiência humana a respeito da ação de

Deus, do que qualifica de Deus em si. Deus é experimentado em sua ação (autorrevelação) junto ao humano como santidade. Assim, pode-se dizer, que o santo do Espírito Santo é Deus enquanto ação autorreveladora da divindade que se deixa perceber ao ser humano e como tal é pelo ser humano sentido/experimentado e assim expressado. "O que sai do mais íntimo do ser de Deus e se comunica, e penetra no mais íntimo da realidade pessoal do ser humano ('seu coração' cf. Rm 5,5) é 'Espírito Santo'" (MÜLLER, 2015, p. 281). A afirmação de Paulo aos Romanos pode aqui vir em nosso auxílio: "E a esperança não engana, pois o amor de Deus se derramou em nossos corações pelo Espírito Santo, que nos foi dado" (5,5). Não se trata, pois, de uma força separada ou de um ser distinto de Deus. Deus, enquanto criador do universo, possibilitador da criação, é reconhecido e percebido em sua atribuição específica como o Pai, a primeira pessoa da Trindade. Deus, enquanto encarnado e uma única pessoa em duas naturezas em Jesus Cristo, é reconhecido e percebido em sua atribuição específica como o Filho, a segunda pessoa da Trindade. Deus, enquanto é reconhecido e se deixa reconhecer na sua ação de se autorrevelar ao ser humano, de ser reconhecido na pessoa do Pai e na pessoa do Filho, é o Espírito Santo, a terceira pessoa da Trindade.

A expressão "Espírito Santo" para a terceira pessoa da Trindade quiçá não seja a das mais felizes. Quando colocada em seu contexto bíblico, talvez haja mais clareza na expressão e fique mais patente a limitação da expressão para colocar o significado e a experiência para a qual quer apontar. Da Bíblia se poderia tomar outras expressões como praticamente sinônimas do significado da expressão "Espírito Santo": "Espírito de Sabedoria" (Dt 34,9: "Josué filho de Nun ficou cheio do espírito de sabedoria, pois Moisés lhe tinha imposto as mãos. Os israelitas lhe obedeceram e fizeram como o Senhor tinha mandado a Moisés"; Sb 1,6: "Com efeito, a Sabedoria é um espírito que ama os homens, mas não deixa impunes os lábios do blasfemador, pois Deus é testemunha de seus pensamentos, perscrutador veraz do seu coração, e se mantém à escuta de sua língua"; Is 11,2: "Repousará sobre ele o Espírito do Senhor, espírito de sabedoria, e discernimento, espírito de conselho e fortaleza, espírito de conhecimento e temor do Senhor"; Ef 1,17: "Rogo ao Deus de Nosso Senhor Jesus Cristo, o Pai da glória, que vos dê um espírito de sabedoria, que dele vos revele o conhecimento"), ou na expressão predileta de João "Espírito da verdade" (Jo 14,17: "Ele é o espírito da verdade, que o mundo não pode receber porque não o vê nem o conhece. Vós o conheceis porque permanece convosco e está em vós"; 15,26: "Quando vier o Paráclito, que eu vos enviarei da parte do Pai, o Espírito da verdade que procede do Pai, ele dará testemunho de mim"; 16,13: "Quando vier o Espírito da verdade, ele vos guiará em toda a verdade, porque não falará de si mesmo, mas do que ouvir, e vos anunciará as coisas futuras"; 1Jo 4,6: "Nós somos de Deus. Quem conhece a Deus nos escuta; quem não é de Deus não nos escuta. Nisto conhecemos o espírito da verdade e o espírito do erro"), ou ainda em expressões como "Espírito de santidade" (Rm 1,4: "...constituído Filho de Deus, poderoso segundo o Espírito de santidade a partir da ressurreição dos mortos, Jesus Cristo Nosso Senhor"), "Espírito de nosso Deus" (1Cor 6,11: "E alguns de vós éreis isto, mas fostes lavados; mas fostes santificados; mas fostes justificados no nome do Senhor Jesus Cristo e pelo Espírito de nosso Deus"), "Espírito de santificação" (1Pd 1,2: "... eleitos segundo a presciência de Deus Pai na santificação do Espírito, para a obediência e aspersão do sangue de Jesus Cristo: a graça e a paz vos sejam dadas em abundância"). O Espírito Santo é, pois, Espírito de Sabedoria, Espírito de Verdade, Espírito de Santidade, Espírito de Santificação etc., pois tudo isso é identificado como a ação do "Espírito de nosso Deus". Outra questão – e muito mais complexa – é querer distinguir quando, pois, uma ação que quer ser sabedoria, verdade, santidade como sendo Deus em ação.

Mesmo havendo no contexto bíblico muitas expressões que são sinônimas e poderiam ser usadas quase que indistintamente para se referir à terceira pessoa da Trindade, a escolha da expressão Espírito Santo para dizer esta pessoa, se dá já dentro do próprio texto bíblico do Novo Testamento. A expressão Espírito Santo para a terceira pessoa da Trindade, apesar de não ser talvez de todo feliz, remonta ao tempo do cristianismo incipiente, época em que se formou definitivamente e foi recolhida claramente pelo Novo Testamento (HILBERATH, 1994, p. 27-28). Disso não há qualquer dúvida: todas as vezes que o texto neotestamentário enumera a trindade, o faz com a expressão "Pai, Filho e Espírito Santo". A expressão πνεῦμα ἅγιον (pneuma hagion) é desconhecida no grego profano. A Septuaginta usa esta expressão duas vezes: no Salmo 51,13 ("Não me rejeites de tua presença nem retires de mim teu SANTO ESPÍRITO!") e em Is 63,10-11: ("Eles, porém, se rebelaram e magoaram seu Santo Espírito, e então ele se tornou inimigo, ele mesmo lhes fez guerra. Então o povo se lembrou dos dias passados e de Moisés, seu servo. Onde está aquele que os fez sair do mar, onde o pastor do seu rebanho? Onde está aquele que pôs no meio deles seu Santo Espírito?") como tradução para a expressão hebraica *"ruah hakkodäsch"* (Espírito de santidade). Mesmo estando à disposição dos escritores do Novo Testamento ou dos tradutores da septuaginta adjetivos gregos como *hierós* (sagrado) ou *theós* (divino) para se poder compor a expressão "Espírito Santo" com um significado equivalente, essas palavras não foram usadas. Talvez por terem proximidade com o mundo religioso grego.

A experiência cristã originária da ação de Deus em Espírito também foi transposta para a língua latina, surgindo uma nova expressão da qual herdamos o nome da terceira pessoa da Trindade para o português: *spiritus sanctus*. É interessante notar que na língua latina não se tomou uma expressão muito conhecida *spiritus sacer* (espírito sacral, sagrado, não profano, que não pode ser tocado), talvez por esta estar já ligada a pré-conceitos que tendiam a uma identificação entre espírito divino e humano.

A expressão "Espírito Santo" foi, pois, cunhada pelo cristianismo para dizer uma experiência originária de Deus mesmo que se deixa perceber (revela) pelo humano em seu espírito. Certamente por estar ligado originariamente à experiência de Deus, o conceito utilizado para expressá-la é muito menos mordaz que a experiência em si. A expressão Espírito Santo está no final de um processo e não no começo, ou seja, não é assim que há o Deus-Espírito Santo (pensado de maneira factual) e este é experimentado. É preciso pensar que Deus é experimentado (ou melhor, se deixa experimentar, se autorrevela) e para poder expressar, dizer, relatar esta experiência, escolheu-se – dentre muitas possibilidades – a expressão "Espírito Santo". Essa expressão nasce depois da experiência do Espírito Santo e foi como aqueles que a tiveram resolveram chamá-la. Se ela é a melhor, pode-se discutir. Mas é um fato que esta foi a expressão escolhida e assim pareceu bem aos que a escolheram.

A mesma dificuldade que se tem com a expressão "Espírito Santo" também se tem com a sua simbologia. M.J. Scheeben coloca diversas coisas como símbolos do Espírito Santo: fragrância da flor, óleo confortante, vinho restaurador, beijo do amor e a pomba (SCHEEBEN, 1977, p. 37-42). Desses símbolos, o mais conhecido é a pomba. Já na Bíblia, Deus fala em espírito diversas vezes no símbolo da pomba. Segundo o mesmo autor, a pomba é utilizada como símbolo do Espírito Santo tanto por ser sinal de amor fiel, como pelo fato de ser ave, por estar relacionada com o vento, com o ar. Pode haver também alguma relação com o fim do dilúvio, em que é justamente uma pomba o animal utilizado por Noé para saber que há já possibilidade de vida sobre a terra. É pela pomba que Noé recebe o sinal de que a terra já está seca (Gn 8). Mas é no Novo Testamento que o Espírito Santo é mostrado em forma de pomba, como por exemplo, no batismo de Jesus ("E Ele viu o Espírito de Deus descer como uma pomba e pousar sobre Ele". Mt 3,16). Mesmo sendo este símbolo da pomba o mais comum, sendo de origem bíblica e o mais conhecido símbolo do Espírito Santo, a tradição da piedade cristã não tem com ele muita ligação de piedade ou afetiva.

2.4 O Espírito Santo e a importância da subjetividade humana

Cremos que hoje se faz necessário também colocar na reflexão sobre o Espírito Santo um outro aspecto procedente da mudança de comportamento – também religioso – que atinge a sociedade principalmente ocidental já há tempos, mas mais acentuadamente na última metade do século passado e persiste até este. Trata-se da assim chamada emergência do sujeito. Não precisamos historiar aqui este fator, apenas lembrar alguns pontos. A história da sociedade ocidental mostra uma maior tomada de consciência por parte do sujeito de sua autonomia, de sua liberdade, da capacidade (e necessidade) de tomar em suas mãos o rumo da própria história (e da história da comunidade). Questões que dizem respeito à moral, ao comportamento individual, aos costumes, à decisão política, à pertença religiosa ou à orientação sexual tornaram-se cada vez mais claramente assuntos sobre os quais a pessoa mesma decide, questões tidas como de foro individual quando não íntimo e a ninguém diz respeito. Ou seja, o sujeito tornou-se o centro de decisão em muitas questões, sobre as quais anteriormente a decisão cabia a instituições (estado, monarquia, Igreja, família).

Com o fato de o sujeito ter-se tornado em muitos aspectos a instância de decisão, coloca-se, sobretudo a questão das referências para tais decisões. Ou seja, baseado em que, a partir de quais referências o sujeito toma suas decisões. Muitas são as instâncias que fornecem ao sujeito pontos de referência (valores) para a decisão (instituições, família, formação, amigos). Há, porém, um fator que tem uma importância cada vez maior nas decisões tomadas pelos indivíduos: a experiência pessoal. A experiência pessoal é cada vez mais reconhecida como um fator importante a ser levado em conta. Ela é reconhecida como fonte de conhecimento e sobretudo como fator ou critério de discernimento.

Esse mesmo processo ocorreu também na teologia. Se numa época, a experiência pessoal era rejeitada como fonte de conhecimento, não levada em conta como fator importante na reflexão teológica, e descartada pelo fato de ser subjetivista e não objetiva, a mudança ocorrida no comportamento da sociedade no sentido de valorizar a experiência também atingiu a teologia. Aqui a experiência tem recebido uma atenção e importância maior. No último capítulo deste texto veremos isso mais de perto. Aqui é importante notar que há uma mútua implicação entre a emergência do sujeito e a valorização da experiência como fonte de discernimento. Como havíamos colocado acima o Espírito Santo como a experiência do Deus que se deixa conhecer (se autorrevela) em sua ação no humano, temos, pois, que reconhecer que há um maior campo para se dar importância a esta ação à medida que a experiência humana (do sujeito) – e por conseguinte também a experiência religiosa do sujeito – é mais valorizada. Há, pois, a nosso ver uma ligação entre a atual redescoberta do Espírito Santo e uma grande valorização de sua experiência por um lado e, por outro, a importância que se tem dado à experiência humana como instância de discernimento, e, portanto, como critério de verdade.

Como analisar, porém, esse fato? É de se ver primeiramente como positiva a valorização da experiência pessoal do Espírito Santo. A fé não diz mais respeito tanto à afirmação de verdades, mas à experiência da proximidade de Deus, de Deus que é experimentado como presença, como ação, como graça. A valorização da experiência religiosa a partir do sujeito faz sem dúvida parte do processo de veri-ficação (= ficar verdade) da fé. Uma fé não experienciada pelo fiel seria uma fé não vivida, mas apenas afirmada como princípios aprendidos. Entendemos que fé é, antes de tudo, sentimento e não conhecimento ou doxa. É preciso reconhecer a experiência de Deus como critério importante para a decisão de fé. A vitalização do movimento de se dar mais importância à mística dentro do cristianismo e especialmente dentro do mundo ocidental é mais um dos reflexos positivos da importância do lugar da experiência para a fé.

Ao mesmo tempo não podemos deixar de fazer também algumas observações críticas a respeito da relação entre emergência do sujeito e sua experiência e a valorização da experiência do Espírito Santo:

a) Privatização do sentido a partir do sujeito. O sujeito tornou-se a instância de decisão do sentido. É ele que decide, a partir de si mesmo, o que é verdade ou não. O cristianismo, que vem de uma tradição comunitária, entra em crise em sua dimensão de comunidade quando ocorre este fato. Em termos de experiência religiosa, isso levou a uma privatização da interpretação desta experiência. A relação individual – quando não individualista – da pessoa para com Deus passou a se bastar a si mesmo como instância de verdade religiosa. Se por um lado a inclusão da experiência religiosa pessoal como instância de veri-ficação da fé deve ser vista como positiva, não se pode deixar de ver aí o perigo da fragmentação do sentido, de uma inflação de sentidos (cada sujeito tem seu sentido) e, com isso, a uma descaracterização da mensagem cristã e sua implicância com a prática de vida. O cristianismo, em sua tradição histórica, sempre foi uma religião de eclesialidade (de comunidade reunida) e dentro desta comunidade é que as experiências pessoais foram acolhidas e interpretadas pela assembleia. Cria-se uma tensão quando não mais a instância comunitária, mas sim a individual é posta critério. A nosso modo de ver, a questão não está tanto em contrapor as instâncias (subjetiva e comunitária), mas em como conseguir acolher na tradição comunitária a instância individual e dar a ela o devido espaço. Este é o desafio ainda não transposto: como lidar comunitariamente com a experiência pessoal e sua interpretação. No que tange à experiência do Espírito Santo – que é a nossa questão – é fato que esta realidade da experiência pessoal tem levado a tensões. Na tradição evangélica (pentecostal) a tensão se traduz muitas vezes em criação de novas Igrejas, como espaço legítimo de uma determinada interpretação experiencial. No mundo católico, essas tensões convivem – com maior ou menor facilidade – dentro da mesma instituição, o que a obriga a tornar-se mais capaz de acolher (e administrar) as diversidades. Um desafio que não deixa de torná-la mais católica, isto é, todo-abrangente.

b) Experiência e sensação – Uma segunda observação crítica diz respeito a um fenômeno social cada vez mais forte: a valorização exagerada da sensação (a chamada sociedade-da-sensação ou sociedade da satisfação instantânea). Há sem dúvida uma ligação entre sensação e experiência. O que as difere, porém, é o fato do compromisso, ou seja, estamos aqui entendendo como sensação algo vivido em algum instante, passageiro, mas que não deixou nenhuma marca maior para esta pessoa e como experiência estamos entendendo as vivências que deixaram marcas decisórias ou de mudança. A experiência gera um compromisso com o fato (deixa uma marca), enquanto a sensação é apenas momentânea, sem que haja um compromisso com o experimentado. Esta diferenciação, à qual aqui se aponta, é muito tênue e de difícil enquadramento *a priori*. Se por um lado é importante dar espaço à subjetividade da vivência religiosa como lugar onde se pode perceber (sentir) o Deus-em-nós, por outro lado há a dificuldade de se acolher qualquer coisa como experiência de Deus. Isso, pelo menos, em nossa tradição eclesial que sempre foi comunitária e vê na comunidade a instância maior de discernimento.

c) Experiência religiosa pessoal e fuga. O voltar-se acentuadamente para uma experiência religiosa apenas na instância individual, ficando tudo só no nível pessoal, no nível do "entre Deus e mim" pode também ser sintoma de fuga de outros problemas, ou – como se costuma dizer – sinal de alienação. Neste contexto a experiência religiosa (pessoal e individualista) busca muitas vezes sua legitimação na ação do Espírito Santo. Sem dúvida se deve ver a fuga para a esfera espiritual para não se confrontar com a realidade como algo problemático. Mas muitas vezes ela tem sua razão de ser. Em muitas ocasiões tudo já está penetrado pelos problemas, pela angústia, pelas dificuldades, de modo que um lugar de refúgio último, no qual se possa respirar aliviado, onde apenas Deus como Espírito tem acesso, se faz extremamente necessário. O lugar da experiência religiosa espiritual é por vezes o último espaço ainda não violado pela violência, pelas dificuldades, pelo desespero. É no fundo o último refúgio de liberdade. Se este último refúgio proporcionar alento e forças para um enfrentamento da realidade, tem ele sua razão de ser e não pode ser descartado apenas como sendo alienação.

Concluindo: A nosso ver, o acento forte na experiência do Espírito Santo que se tem dado nos últimos tempos, está também ligado à emergência do sujeito, à valorização de sua experiência pessoal como critério de discernimento. Este fenômeno, se por um lado traz consigo diversos problemas e questionamentos, por outro, não pode deixar de ser reconhecido como uma experiência de libertação: libertação do jugo da instituição, do dirigismo clerical na esfera religiosa, libertação da oração rotineira, libertação da pressão advinda dos problemas do dia a dia, libertação das próprias ideias religiosas incutidas no decorrer da vida, seja por qual instância for. E como experiência de libertação não podemos deixar de reconhecer também aí a ação do Espírito de Deus.

3
O Espírito na tradição judaico-cristã

Havia já sido acentuado anteriormente – quando foi comentada a origem da expressão "Espírito Santo" – o fato de ela querer traduzir uma experiência originária da ação de Deus percebida pelo humano. Na Bíblia há várias outras expressões que tentam colocar em palavras esta experiência: Espírito de Sabedoria, Espírito da Verdade, Espírito de nosso Deus, Espírito de Santificação etc. Pretende-se olhar agora mais de perto como foi compreendida a experiência do Espírito de Deus na tradição judaico-cristã, examinando sobretudo os testemunhos textuais do Antigo e do Novo Testamento.

A própria expressão "Espírito Santo" a temos do relato bíblico, especialmente como se impôs no Novo Testamento. A experiência que está por detrás da expressão é de Deus que se faz perceber pelo coração[6] humano (Gl 4,6; Jo 14,26), que o Espírito de Deus é derramado no humano (Is 29,10; 32,15; 44,3; At 2,17.33; 10,45; Rm 5,5). A presença desse Espírito enche, inflama, com sua força profetas e reis, ungidos e fiéis (Ex 31,3; Dt 34,9; Mq 3,8; Mc 12,36; Lc 1,15.41.67; 2,25; 4,1; 10,21; At 2,4; 7,55; 13,52). O Espírito de Deus tem a capacidade de movimentar, arrebatar, encher, repousar sobre, iluminar, embeber aqueles no quais age

---

6. O coração, no modo de entender bíblico, não é apenas a sede do sentimento, mas também da razão, da decisão humana.

(Nm 24,4; Jz 3,10; 6,34; 1Sm 10,6; 16,13; Is 11,2; 42,1; 61,1; Ez 11,5; Mt 22,43; Lc 1,35; 2,25; Jo 1,32; 1Cor 12,13; 1Pd 4,14). Esta experiência na Bíblia não é colocada como experiência de uma criatura ou de um dom de Deus, mas sim como a experiência da ação de Deus mesmo em pessoa e realidade. "Deus está com a pessoa" – esta é uma forma comum de expressar a ação do seu Espírito em alguém ("Deus está contigo", 1Sm 10,7).

3.1 O Antigo Testamento: a longa experiência da manifestação de Deus como força

A experiência de Deus ou o encontro com Deus no Antigo Testamento parece estar ligada originariamente com a experiência de uma força ou poder de Deus que age em favor do humano, que salva. Essa quase total identificação entre espírito ($\pi\nu\epsilon\upsilon\mu\alpha$) e força/dinâmica ($\delta\upsilon\nu\alpha\mu\iota\zeta$) de Deus ainda se conservou presente mesmo no Novo Testamento ("Nosso Evangelho vos foi pregado não somente com palavras mas também com poder, com o Espírito Santo e com plena convicção", 1Ts 1,5; "O Espírito Santo virá sobre ti e o poder do Altíssimo te cobrirá com sua sombra", Lc 1,35; "Com a força do Espírito, Jesus voltou para a Galileia", Lc 4,14; "E o poder do Senhor o levava a curar", Lc 5,17; "Toda a multidão procurava tocá-lo porque dele saía uma força que sarava a todos", Lc 6,19; "Por isso, permanecei na cidade até que sejais revestidos da força do alto", Lc 24,49; "Mas recebereis uma força, o Espírito Santo que virá sobre vós", At 1,8; "Como Deus ungiu Jesus de Nazaré com o Espírito Santo e com poder", At 10,38; "Que o Deus da esperança vos encha de completa alegria e paz na fé, para que transborde em vós a esperança pela foça do Espírito Santo", Rm 15,13).

Essa força de Deus age e se mostra presente de diversas maneiras, mas especialmente através de figuras intermediárias, que impulsionadas por ela agem em nome de Deus: juízes (Jz 3,10;

6,34; 11,29; 13,19.25), sacerdotes (2Cr 24,20), artesãos (Ex 32,4) e reis (1Sm 10,6-13; 16,13; 2Cr 20,14). Mas são as figuras dos profetas no Antigo Testamento as que por excelência demonstram estar e agir sob o impulso da força de Deus ("Eu, contudo, estou cheio de força, do Espírito do Senhor, de direito e de coragem para anunciar a Jacó sua rebeldia e a Israel seu pecado", Mq 3,8; cf. tb. 1Rs 22,21; 2Rs 2,9; Os 9,7; Ez 2,2; Zc 7,12). Além disso, a esperança da vinda do Messias está ligada com a certeza de que Ele agirá possuído do Espírito de Deus. Isaías colocou esta esperança num dos mais belos textos do Antigo Testamento: "O Espírito do Senhor Deus repousa sobre mim, porque ele me ungiu. Enviou-me para levar uma boa-nova aos pobres, medicar os homens descoroçoados, proclamar aos cativos a libertação e aos prisioneiros a abertura do cárcere, para proclamar o ano da mercê do Senhor e o dia da vingança para nosso Deus; para dar conforto a todos os que estão de luto, para entregar aos enlutados de Sião um turbante festivo em lugar do pó, óleo de alegria em lugar de luto, vestido de festa em lugar de espírito deprimido, de modo que sejam chamados "carvalhos de justiça, plantados para a glória do Senhor" (Is 61,1-3).

O intento será agora tentar observar mais de perto esta experiência que tem o povo de Israel de ser tocado, impulsionado, arrebatado por uma força identificada como Espírito do próprio Deus.

3.1.1 A palavra "ruah" e suas múltiplas acepções

A palavra "espírito" que se encontra nas versões em língua portuguesa do Antigo Testamento, traduz geralmente a palavra hebraica "*ruah*". No Antigo Testamento essa palavra ocorre 378 vezes. Esse termo pode ter diversas traduções como vento, sopro, espírito, hálito, dinamismo, força, energia misteriosa, respiração etc. É uma palavra de difícil e múltipla tradução pelo fato de ter diversas acepções e seu significado poder talvez ser mais bem lido quando a palavra é observada em seu contexto. Diversos são estes contextos de uso (HILBERATH, 1994, p. 36-37; STUBENRAUCH, 1995, p. 13; CONGAR, 1982, p. 19-21):

a) Provável utilização originária no contexto da vida: ofegar, respirar quando do nascimento, primeira respiração.

b) Significado básico comum às acepções: experiência de vitalidade ou força percebida no movimento forte que o ar faz de criar espaço (respiração, vento).

c) Significado físico, como elemento da natureza: o vento, a brisa, o furacão, o ar em movimento.

d) Significado cósmico: os quatro cantos do universo ou quatro pontos cardeais do mundo: leste, oeste, norte e sul (como ocorre em 1Cr 9,24; Ez 37,9).

e) Significado ligado aos seres vivos, como princípio de vitalidade: respiração, hálito.

f) Acepção antropológica: força de vida, ânimo, vontade, capacidade, *ego*, temperamento, coração (como centro de decisão), consciência, o interior do ser humano.

g) Significado psicológico: inteligência, razão, origem ou fonte do conhecimento.

h) Significado esotérico: espíritos, demônios, anjos (nos escritos tardios do Antigo Testamento).

i) Acepção ligada aos profetas: arrebatamento, inspiração, êxtase.

j) Acepção escatológica: força de renovação (recriação) da existência e de ligação consistente entre divino e humano.

k) Significado religioso-teológico: força espiritual divina, força divina de ação, força transcendente, Espírito de Deus.

Nesse significado religioso-teológico a palavra *"ruah"* se encontra de 60 a 70 vezes no Antigo Testamento (ou seja, menos de um quinto das ocorrências do termo). Sua importância teológica está ligada a este significado e não a todos os outros que são inclusive maioria em termos numéricos de ocorrência no texto sagrado. Aqui é particularmente importante a ligação entre força e vida. A cultura semítica não pensa o espírito nos termos como o faz a cultura grega. Esta pensa em categorias de substância e assim espírito é algo imaterial. A cultura semítica vê em *ruah*-espírito o sentido de força, princípio de ação, princípio de energia[7].

Do ponto de vista gramatical, *ruah* é um substantivo feminino, podendo, porém, algumas vezes ser usado como masculino, dependendo do contexto. Para esta mudança de gênero não se encontrou até hoje uma explicação clara; parece estar ligado com a ocasião: é usado no masculino toda vez que *ruah* significa algo com violência (vento impetuoso, força que pode arrastar o profeta). Toda vez que estiver ligado à força criadora, força de vida, vitalidade, inspiração, força profética, o substantivo é usado no feminino – em seu gênero original (HILBERATH, 1994, p. 36-37).

> Diferentemente do modo de pensar grego, o modo de pensar judaico entende *ruah* como um elemento de impulso. "Enquanto o mundo cultural grego pensa em categorias de substância, o judeu pensa em força, em energia, em um princípio de ação. O espírito-sopro é aquilo que age e faz agir, e quando se trata do sopro de Deus, ele anima e impulsiona à ação que

---

7. "Quando falamos em 'Espírito', quando dizemos que 'Deus é espírito', o que queremos dizer? Falamos de forma grega ou de forma hebraica? Se estamos falando de forma grega, então estamos dizendo: Deus é imaterial e assim por diante. Se falamos de forma hebraica, então estamos dizendo: Deus é furacão, tempestade, poder irresistível. Por isso o grande número de acepções quando se fala em espiritualidade. Consiste por acaso espiritualidade em tornar-se imaterial, ou em deixar-se animar pelo Espírito Santo? (J. Daniélou)" (CONGAR, 1982, p. 20).

realiza o plano divino. Ele é sempre energia de vida (CONGAR, 1982, p. 20).

É interessante notar ainda que a palavra "*ruah*" não é usada no Antigo Testamento em contraposição a corpo ou a matéria; também não é usada como se fosse uma parte do humano, mas como capacidade. A palavra que geralmente se contrapõe a *ruah* no texto hebraico é "carne", que não tem o significado de corpo, mas sim de fraqueza, de algo passageiro, terreno, caducável (exemplo: "Meu espírito não ficará para sempre no homem, porque ele é apenas carne. Não viverá mais do que 120 anos", Gn 6,3).

O próprio Antigo Testamento mostra em sua riqueza de significados, que a palavra "*ruah*-espírito" não pode ser usada sem contexto. Só dentro de um determinado contexto se pode precisar o que se está querendo exprimir com ela. A nós interessa ver o significado dessa palavra em seu contexto teológico, ou seja, quando *ruah* é usada para expressar a experiência da força de Deus agindo das mais diversas maneiras.

3.1.2 *A experiência por trás do termo* "ruah"

A palavra "*ruah*" quando utilizada em sentido teológico, expressa a experiência de uma força identificada como procedente de Deus. A percepção desta experiência se dá de diversas formas e em diversos âmbitos:

a) Como uma força imprevisível, estranha (sempre diferente), arrebatadora, irresistível. Não é possível prever, nem suscitar o acontecimento desta força. Ela se apodera ou se manifesta de forma imprevisível e, ligado a isso, é sempre entranha; ou seja, diferente, sempre nova e inovadora. Sempre suscita algo que está fora do decorrer normal do cotidiano. Um caso típico desta força imprevisível e estranha que se apodera das pessoas é relatado em 1Sm 19,19-24: Davi, fugindo da perseguição de Saul, busca refúgio junto à comunidade profética presidida por Samuel. Por três vezes Saul envia mensageiros para prender Davi e por três vezes estes entram em transe ao chegar junto à comunidade que estava profetizando. O próprio Saul vai ao encalço de Davi, mas o Espírito de Deus não poupa nem Saul: "Quando se pôs a caminho para lá, para Naiot em Ramá, baixou também sobre ele o Espírito de Deus, de modo que durante todo o caminho até chegar a Naiot em Ramá, estava em transe profético. Também ele tirou a roupa e ficou em transe diante de Samuel; caiu no chão e ficou sem roupa todo este dia e toda a noite" (v. 23-24). Outros exemplos do mesmo fenômeno podem ser encontrados em 1Sm 10,10; Nm 11,25-29; Nm 24,2-3. Muitas das vezes o Antigo Testamento relata que a força de Deus, ao apossar-se de uma pessoa, a arrebata (Ez 3,12) – mesmo contra sua vontade ("O espírito me arrebatou e me levou, e eu fui com ânimo amargurado e excitado, enquanto a mão do Senhor pesava sobre mim", Ez 3,14) –, a envia para uma determinada missão, possibilita coisas incríveis (Sansão mata mil homens usando uma queixada de burro: Jz 15,14-16) ou – o que é mais comum – coloca em sua boca palavras, mensagens a serem ditas. Esta força age mesmo contra a vontade da pessoa, ela é irresistível, ela supera a capacidade física do arrebatado ("Caí prostrado, mas o espírito entrou dentro de mim e me pôs de pé", Ez 3,24). Este espírito arrebatador não é necessariamente sempre experimentado como positivo, benévolo e muito menos harmonizador. Ele tanto pode promover a vida, como ser experimentado como destruidor (HILBERATH, 1994, p. 33). Sansão, sob a ação do Espírito, esquartejou um leãozinho e matou trinta homens (Jz 14,6.19). O Espírito de Deus tanto pode ser bom, como pode ser mau, como o diz claramente o Antigo Testamento: "Deus enviou um mau espírito e semeou discórdia entre Abimelec e os cidadãos de Siquém, que se rebelaram contra ele" (Jz 9,23; outros exemplos em: 1Sm 16,14; 18,10; 19,9). Ambos são, no entanto, identificados como procedentes de Deus. Uma característica parece, porém, ser constante: o Espírito do Senhor é uma força inquieta, que muda a situação em que age, que causa transformação.

b) O espírito como força criadora, de vitalidade, de vida, de libertação na ação percebida em acontecimentos da natureza ou da história. A experiência da ação do Espírito de Deus não é sentida apenas em forças que agem sobre as pessoas. Em acontecimentos históricos ou da natureza também pode ser identificada a ação do Espírito de Deus. Os acontecimentos em torno da libertação do Egito são vistos como sinais da ação desse espírito divino: é ele que amontoa as águas, é ele que faz elas voltarem ao lugar e engolir os egípcios (Ex 14 e 15). Também é o espírito (sopro) que faz as águas do dilúvio baixarem (Gn 8), é ele que faz o gelo derreter na primavera (Sl 147,18). O próprio advento da criação está sob o signo da força do espírito que pairava sobre a terra quando tudo ainda estava vazio ("A terra estava deserta e vazia, as trevas cobriam o Oceano e um vento impetuoso soprava sobre as águas", Gn 1,2). A menção da presença do "vento impetuoso" (*ruah*) parece indicar no Gênesis a condição de possibilidade de criação, de vida. A presença do Espírito de Deus é vida em todos os animais da terra, do mar, inclusive do Leviatã: Sl 104 ("Se retiras o seu alento [*ruah*], morrem e voltam ao pó. Envias o teu alento, e são recriados e renovas a face da terra" v. 29-30). A mesma ideia vale para o ser humano: se Deus tirar dele seu alento, volta ao pó (Jó 27,3; 34,14-15). Nestas passagens espírito, alento ou hálito de Deus são praticamente sinônimos de vida e isso leva a crer que a vida era entendida não como pertencente aos seres (pessoas e animais), mas sim como dom (SCHWEIZER, 1993, p. 26). Sem este dom de Deus tanto o humano como os animais não se sustêm. Uma das descrições mais plásticas do Espírito de Deus que dá alento, vida ao humano é a de Ezequiel na visão dos ossos secos (Ez 37). Nesta descrição fica também claro que o espírito não apenas dá a vida individual, mas também dá vida, ânimo ao povo como um todo: "Eu vos farei sair de vossas sepulturas e vos conduzirei para a terra de Israel" (v. 12).

c) O espírito como fonte de sabedoria. Como já afirmado anteriormente, na Bíblia o contraposto para o termo "espírito" é carne. Na visão semítica, *carne* designa o que é passageiro, o que não é elevado nem perspicaz. Nesta contraposição, *espírito* é utilizado também como sabedoria, inteligência, perspicácia. Os livros sapienciais fazem esta utilização ("Com efeito, a sabedoria é um espírito que ama o ser humano [...] Porque o espírito do Senhor enche a terra: ele, que a tudo dá consistência, tem conhecimento de tudo que se diz", Sb 1,6-7; cf. tb. 7,22-27)[8]. Trata-se tanto de inteligência e sabedoria individual, como também do povo em seus atos coletivos (mesmo políticos): "Ai dos filhos rebeldes – oráculo do Senhor! Executam um plano que não é meu, contraem um pacto que não é conforme o meu espírito, para amontoar pecado sobre pecado" (Is 30,1). Ligada a esta acepção de espírito como sabedoria, fala o Antigo Testamento também no espírito que inspira palavras, que fala de modo sábio pela boca das pessoas: "Meu espírito que repousa sobre ti, e minhas palavras que pus na tua boca, não se apartarão da tua boca nem da boca de teus filhos e netos, desde agora e para sempre" (Is 59,21); "O Espírito do Senhor falou por mim e sua palavra está sobre minha língua" (2Sm 23,2). Da mesma forma, o Messias esperado será conduzido pelo Espírito do Senhor: "Sobre ele repousará o Espírito do Senhor, espírito de sabedoria e entendimento, espírito de conselho e fortaleza, espírito de conhecimento e temor do Senhor" (Is 11,2; cf. tb. Is 42,1-7).

---

8. Essa utilização do termo "espírito" no sentido de razão, inteligência, sabedoria é nos livros sapienciais uma clara influência helenística sobre o judaísmo. Na filosofia grega, espírito é colocado em ligação com a capacidade humana de entender, de captar o sentido das coisas. O espírito é a fonte, a sede do conhecimento.

d) O espírito como força que tudo renova e leva ao seu termo. A ação do Espírito de Deus está também ligada com a novidade, com a renovação. É uma constante o fato de se entender o Espírito de Deus como portador do novo. Desta relação com o novo, há a ligação da ação do Espírito com o aparecimento de uma nova condição, de uma condição futura. Assim a ação do Espírito proporcionará uma "nova aliança" (Jr 31,31), "um novo coração e um novo espírito" (Ez 11,19; 18,31; 36,26), "novas coisas", um "nome novo", um "novo céu e uma nova terra" (Is 43,19; 48,6; 62,2; 65,15.17; 66,22). É a ação do Espírito que irá "renovar a face da terra" (Sl 104). Com isso a ação do Espírito liga-se ao fim dos tempos, à criação escatológica do sentido pleno em Deus.

3.1.3 *As interpretações da ação do Espírito: um breve recorte histórico*

Mesmo sendo a compreensão da ação e da experiência do espírito no Antigo Testamento bastante variada em todos os tempos, parece haver uma evolução na compreensão. Esta evolução dá-se em dois níveis: do particular para o universal e do concreto-pessoal para o abstrato-conceitual. As experiências mais antigas da ação do Espírito são experiências de ação particular. Ou seja, o espírito não age no todo, mas neste ou naquele caso particular, nesta ou naquela situação, nesta ou naquela pessoa (ou pessoas). A experiência mais tardia interpreta já a possibilidade de uma ação mais universal do espírito: em toda a criação, em toda a comunidade. Do mesmo modo há uma evolução no sentido de se entender primeiramente a ação do Espírito em casos concretos, em pessoas concretas. Passa-se a compreendê-lo como o Espírito que age em situações específicas ou pessoas concretas e a ação é sua prova, sua veri-ficação. A interpretação mais tardia da ação do Espírito tende a pensar o espírito de forma mais abstrata, como princípio. São exemplos disso as compreensões de espírito como ânimo ou como princípio de vida, que já são elaborações abstratas. Ou seja, a tendência da reflexão é apresentar o espírito em um conceito e não mais apenas observar ou constatar sua ação em casos especiais e, sobretudo, em pessoas concretas.

Essa mudança na forma de perceber e interpretar a ação do Espírito dá-se com o tempo. A experiência do exílio é aqui, porém, um marco divisor. Pode-se dizer que na experiência pré-exílica há uma interpretação mais particular e concreta da ação do Espírito e no pós-exílio ela tende a ser mais universal e abstrata.

a) A compreensão pré-exílica da ação do Espírito

Nos textos do Antigo Testamento oriundos do período anterior ao exílio babilônico, isto é, anteriores a 586 a.C., se pode perceber descrições de experiências mais concretas nas quais se identifica a ação do Espírito:

Ação do espírito na liderança carismática de juízes. Na história antiga de Israel, principalmente a narrada em Juízes e 1 Samuel pode-se perceber uma utilização determinada da palavra "*ruah*", como uma força tempestuosa e irresistível que advém sobre as pessoas e as impulsiona a cometer certos atos. Assim o espírito "vem sobre" Otoniel ("O Espírito do Senhor veio sobre Otoniel que foi juiz de Israel", Jz 3,10) e Jefté ("O Espírito do Senhor veio sobre Jefté", Jz 11,29), "impele" Sansão ("O Espírito do Senhor começou a impelir Sansão...", Jz 13,25), "baixa sobre" os mensageiros de Saul ("Então o Espírito de Deus baixou sobre os mensageiros de Saul, de modo que também eles entraram em transe profético", 1Sm 19,20) e depois sobre o próprio Rei Saul (1Sm 19,23), "apodera-se" de Gedeão (Jz 6,34) e de Sansão (Jz 14,6.19; 15,14), "toma conta" de Saul (1Sm 10,6.10; 11,6). Em muitos desses casos, o Espírito do Senhor toma conta das pessoas para as impelir para a guerra, para atos de violência (p. ex., Jz 6,34;

11,29; 1Sm 11,6), muitos deles atos de salvação e libertação para Israel diante de seus inimigos. Trata-se do que se poderia chamar de liderança carismática: Tanto no caso de juízes como também do Rei Saul, foram posições de condução de alguma ação tomadas a partir de alguma força que os impulsionou. O texto chama esse fenômeno de Espírito de Deus ou Espírito do Senhor. É de se supor que os escritores desses textos estão muito mais recolhendo a interpretação e compreensão de seus contextos, do que expressando suas opiniões pessoais. E, desta forma, fica evidente que há à época a compreensão da ação do Espírito divino sobre pessoas que tomam determinadas atitudes. E, nos casos aqui apontados, a compreensão de que o que se poderia talvez chamar de "espírito de liderança" é entendido ou sentido como força divina (sem que necessariamente haja contradição entre liderança e força divina). O que se está querendo apontar é a presença desta interpretação naquele contexto e isso foi recolhido pelos autores dos textos. E esta ação do Espírito do Senhor sobre essas pessoas é expressa com termos fortes e até impositivos: vir sobre, baixar sobre, impelir, apoderar-se, tomar conta. Estes termos deixam claro que as ações realizadas nessas ocasiões pelos juízes não são simplesmente fruto de desejo pessoal, mas de uma força maior que os tange, denominada por quem escreve o texto de "Espírito do Senhor".

Ação do espírito e sua rejeição no êxtase de profetas. Na ação dos profetas antigos, sobretudo aqueles do período pré-monarquia ou durante a sua instalação, já se identificava o Espírito do Senhor em ação, individualmente ou em grupo. Essa ação do Espírito é vista entretanto de uma forma um pouco diferente daquela posterior, do período em torno do exílio (antes, durante e depois), onde a ação do Espírito era vista especialmente na palavra profética e no gesto profético. A manifestação do Espírito do Senhor, neste período mais antigo se apresenta, por exemplo, em forma de êxtase. No Primeiro Livro de Samuel, temos uma passagem assim: "Em seguida irás a Gabaá de Deus, onde há uma guarnição filisteia. E quando chegares à cidade, encontrarás com um bando de profetas que descem do santuário da colina. Precedidos pelo toque de harpa, tamborim, flauta e cítara, eles estão em transe profético. E o Espírito do Senhor tomará conta de ti, de modo que entrarás em transe com eles, sendo transformado num outro homem" (1Sm 10,5-6). Algo semelhante se narra sobre três grupos de mensageiros de Saul e sobre o próprio Saul (1Sm 19,20-24), mas nada se diz sobre alguma ação ou palavra emanados deste êxtase. Esta parece ser uma situação passageira (1Sm 19,24). Este fenômeno de êxtase podia ser provocado em algumas circunstâncias (1Sm 10,10-13; 19,8-24) e nem sempre era identificado como sendo uma situação boa, pois há duas passagens nas quais se usa inclusive a expressão "o espírito mau de Deus" (1Sm 18,10; 19,9). Estes grupos de profetas extáticos não gozavam necessariamente de boa fama e isso pode estar ligado ao fato de serem de influência cananeia (1Sm 10,5-6). Assim, mesmo que no texto de Samuel se use a expressão "Espírito do Senhor", o autor não adota uma posição tal de ver essas situações como pertencentes à sua ação religiosa. São manifestações conhecidas e, embora reconhecidas como produzidas por origem transcendente, o texto toma uma posição de distanciamento delas, diferentemente do que ocorrera com as manifestações do espírito tomando conta de lideranças carismáticas, como no caso dos juízes. Esta passagem do Livro de Samuel, com a presença de profetas em transe e uma certa atitude de distanciamento por parte do autor, mostra um elemento interessante a ser aqui apontado: a história religiosa do povo de Israel não é composta somente por elementos internos. Ela também recolhe influências múltiplas das religiões de povos vizinhos. No que diz respeito à compreensão da ação do Espírito não poderia ser diferente. Assim, se os textos mais antigos trazem um distanciamento da ação do Espírito, com o tempo o povo de Israel irá acolher manifestações do espírito e as interpretar como testemunho da manifestação de seu Deus-Javé. Assim, por exemplo, no Livro de Ezequiel há diversas passagens de êxtase (Ez 2,2; 3,12.14; 8,3; 11,24), interpretadas como ação do Espírito do Senhor: "Ele estendeu algo em forma de mão que me agarrou pelos cabelos. Então o espírito me arrebatou pelos ares e me levou em êxtase a Jerusalém, até a entrada da porta interna, que dá para o norte, local onde se acha a estátua rival que provoca ciúme" (Ez 8,3). Embora Ezequiel descreva o arrebatamento pelo Espírito do Senhor como uma situação desagradável, de modo algum ele entende ser algum outro espírito que não o de seu Deus.

Ação do espírito nas ações do rei – A ligação entre a ação do Espírito em líderes carismáticos ou de profetas extáticos é algo passageiro. O espírito "toma conta" dessas pessoas por um curto espaço de tempo e legitima ou impulsiona suas ações neste período ou então as faz entrar em transe, como no caso dos profetas, mas também por período determinado. Essa situação muda quando se analisa a ligação entre ação do Espírito e o rei. Esta mudança fica clara especialmente em Davi, de quem se diz após a unção com óleo feita por Samuel: "Em consequência, o Espírito do Senhor tomou conta de Davi desde este dia e também em seguida" (1Sm 16,13). Não se trata mais de um momento passageiro e sim de uma ação permanente do Espírito do Senhor em Davi. A ação do Espírito é interpretada como uma dádiva permanente para seu ungido. Há aqui o início de uma ligação que será importante para a história de Israel: a ligação entre a ação do rei e sua legitimidade a partir de Deus. Os reis procuram legitimar suas atuações a partir do próprio impulso divino. Também há em Davi uma importante ligação entre a ação de Deus e a unção, ligação esta que tem um papel importante na teologia messiânica. O Messias é o ungido de Deus, aquele sobre o qual irá agir seu espírito.

O Espírito de Deus e os profetas – É interessante observar que tanto nos profetas clássicos como também nos escritos proféticos, de Amós a Jeremias, falta praticamente toda referência à ação do Espírito. Os motivos para isso devem ser procurados tanto no distanciamento dos movimentos de profecia de êxtase (transe) como na discussão com os falsos profetas, cujo espírito é o espírito da mentira (1Rs 22; 2Cr 18). Uma passagem interessante de ser examinada se encontra em 1Rs 18, no encontro entre o Profeta Elias e Rei Acab. O rei de Israel havia colocado a seu serviço 450 profetas de Baal e 450 profetas de Aserá (1Rs 18,19). Elias faz um desafio aos profetas de Baal para que invoquem o seu deus e este venha queimar o novilho posto em oferenda sobre a lenha. No decorrer da cena se afirma que "passado o meio-dia, eles [os profetas de Baal] entraram em transe profético até a hora da oblação, mas não se ouviu nenhuma voz nem resposta alguma; não houve qualquer reação [da parte de Baal]" (1Rs 18,29). No desenlace da cena, o culto a Baal foi desmascarado como falso e seus profetas degolados (1Rs 18,40). A manifestação do transe profético era, pois, relacionada a outras tradições religiosas e à falsa profecia nos tempos em que estes textos foram compostos. Disso resulta certamente o fato de que nesses relatos haja uma desconfiança diante desses fenômenos e o consequente distanciamento. No texto do Profeta Jeremias falta a palavra "*ruah*" no sentido de espírito. Essa situação começa a mudar somente a partir do texto de Ezequiel. Esse profeta se sente impelido pelo Espírito do Senhor, até contra a sua própria vontade ("O espírito me arrebatou e me levou, e eu fui com ânimo amargurado e irritado, enquanto a mão do Senhor pesava sobre mim" – Ez 3,14; cf. tb. 8,3; 11,24). O anúncio feito pelo profeta ainda não é entendido como anúncio impulsionado pelo Espírito do Senhor. Esta compreensão muda radicalmente durante o exílio e após este, especialmente no círculo do Dêutero- e Trito-Isaías. Ali se irá entender que Javé coloca seu espírito sobre seu servo (Is 42,1), seu espírito repousa sobre seu ungido

(Is 61,1), é espírito de santidade (63,10). A partir daí, profecia e dom do espírito estão intimamente ligados.

b) A experiência da ação do Espírito no exílio e pós-exílio

O exílio marca a religião de Israel em muitos aspectos. O aspecto geral principal de mudança observado é a elaboração de uma teologia mais universal. O exílio alarga os horizontes, desnacionaliza, de modo que o povo de Israel não se vê mais apenas em sua relação particular para com Deus, mas elabora uma teologia da história como um todo e da atuação de Deus no todo, seja o todo humano, seja o todo chamado de criação. O interesse aqui é observar em que medida essas mudanças geraram também deslocamentos na compreensão do Espírito de Deus, seja no modo de entendê-lo, seja na forma de perceber a sua ação. De início, já se pode afirmar que em termos de espírito, no exílio há maior precisão no uso do termo *"ruah"*, no sentido de colocar de forma mais clara e universal a ação do Espírito de Javé. Alguns pontos desta reelaboração pneumatológica:

O espírito na ação criadora. Uma das grandes elaborações do exílio é a teologia da criação. Na ideia da criação universal, a *ruah* de Javé permite a vida na criação: "Escondes a face e estremecem; se retiras o seu alento, morrem e voltam ao pó. Envias o teu alento, e são recriados, e renovas a face da terra" (Sl 104,29-30). Também em Gn 1,2 fica clara a ação da *ruah* de Javé como agente, possibilitador da criação. O "vento impetuoso" soprava sobre as águas. O verbo usado no texto é *rahaf* que pode significar também *chocar*, dando a clara ideia de *ruah* como feminino (HILBERATH, 1994, p. 44). Mas no relato do Gênesis ainda não se coloca claramente o espírito como atuante na criação, ideia esta que se diz expressamente no Sl 33,6: "Pela palavra do Senhor foram feitos os céus, e todos os seus exércitos pelo alento (*ruah*) de sua boca". A "palavra do Senhor" é quem tem no Gênesis o poder de criar. Cada um dos seis dias da criação se inicia com um "Deus disse". E da palavra de Deus surgem as criaturas. Esta força da palavra divina irá tornar-se na teologia do exílio praticamente sinônimo de espírito ou sopro do Senhor. Essa ligação aparece com clareza no Salmo 33, no qual tanto a palavra do Senhor é criadora como o alento de sua boca.

O espírito e o hálito de vida no ser humano – Na teologia do exílio e pós-exílio passa a haver uma ligação muito mais explícita entre Espírito do Senhor e o ser humano enquanto ser vivente. É o Espírito do Senhor que mantém o ser humano vivo: "E o Senhor disse: 'Meu espírito não ficará para sempre com os seres humanos, porque eles são apenas carne. Não viverão mais do que cento e vinte anos'" (Gn 6,3). O Espírito de Deus é praticamente sinônimo de vida. Mas ele também passa a ser entendido com acepções mais específicas, como por exemplo no sentido de capacidade: "Poderíamos por acaso encontrar outro homem como este, dotado do Espírito de Deus?" (Gn 41,38) ou como talento: "Enchi-o do Espírito de Deus: sabedoria, habilidade e conhecimento para qualquer trabalho como fazer projetos, trabalhar com ouro, prata e bronze, lapidar pedras e engastá-las, entalhar madeira e executar qualquer tipo de trabalho" (Ex 31,3-5; cf. tb. 28,3; 35,31) que provém do Senhor. Outra compreensão específica é a de espírito como o hálito vital, como sopro de vida que está dentro de cada ser humano ("Então o Senhor Deus formou o ser humano do pó da terra, soprou-lhe nas narinas o sopro de vida e ele tornou-se um ser vivo", Gn 2,7; "Se decidisse por sua conta recolher para si o espírito e o alento, todas as criaturas morreriam no mesmo instante e o ser humano voltaria a ser pó", Jó 34,14). Nessas acepções todas, fica claro que o espírito pelo qual o ser humano tem talentos, capacidades ou o hálito vital não é posse sua, no sentido de não estar disponível à manipulação do humano. É o Espírito do Senhor.

O Espírito do Senhor faz uma nova aliança com o povo – O Espírito do Senhor não apenas mantém a vida dos seres individuais (também dos humanos) mas é igualmente a vitalidade do povo de Israel. Os reveses da história, principalmente o exílio, são como momentos em que se esvai a *ruah* do povo. Morre a vitalidade do povo como um todo. Nessas situações, a *ruah* do Senhor é invocada como a força que restaura e renova Israel. Aqui se pode recordar especialmente o Livro de Ezequiel: Enquanto nos capítulos 11 a 13 há morte, destruição, dispersão do povo e a própria glória de Deus abandona Jerusalém, nos capítulos 36 e 37 se narra a volta do Espírito de Deus ao povo de Israel, culminando com a visão do reavivamento dos ossos secos que termina afirmando: "Quando incutir em vós o meu espírito para que revivais, quando vos estabelecer em vossa terra, sabereis que eu, o Senhor, digo e faço" (Ez 37,14). As promessas de terra e descendência são agora colocadas em ligação com uma nova forma de vida, com uma conversão: "Eu vos tomarei dentre as nações, recolhendo-vos de todos os países, e vos conduzirei à vossa terra. Derramarei sobre vós água pura e sereis purificados. Eu vos purificarei de todas as impurezas e de todos os ídolos. Dar-vos-ei um coração novo e incutirei um espírito novo dentro de vós. Removerei de vosso corpo o coração de pedra e vos darei um coração de carne. Incutirei o meu espírito dentro de vós e farei com que andeis segundo minhas leis e cuideis de observar os meus preceitos. Habitareis no país que dei a vossos pais. Sereis o meu povo e eu serei o vosso Deus" (Ez 36,24-28). Esta afirmação de que "sereis o meu povo e eu serei o vosso Deus" é a fórmula da aliança de Deus com o seu povo escolhido, junto com a renovação da promessa da terra. Trata-se aqui então da formulação de uma nova aliança. E esta é agora garantida pela presença do Espírito do Senhor a ser incutido no coração do povo. O termo "coração", repetido diversas vezes no texto de Ezequiel, tem um significado muito próprio na antropologia judaica antiga: o coração é aquilo que caracteriza o ser humano como humano. Coração é o termo para indicar a capacidade de decisão, de pensamento, de emoção, de percepção da realidade, de devotamento etc. É um termo bastante ligado à compreensão do ser humano em sua individualidade e faculdades de raciocínio e decisão (incluindo racionalidade e emoção). O uso deste termo de forma simbólica para o coletivo (coração do povo) indica uma mudança no sentido de que a aliança com Deus é entendida mais claramente como algo a ser levado pela força interna do povo (o coração). E nesta força interna é que se entende a ação do Espírito de Deus. No coração do povo agirá o Espírito de Deus. Assim a fidelidade à aliança deverá ser alimentada por uma força interna e que é divina. Esta mesma promessa de derramar o espírito sobre todo o povo é repetida de forma mais clara ainda em Joel: "Depois derramarei o meu espírito sobre toda carne. Vossos filhos e filhas profetizarão, vossos anciãos terão sonhos, vossos jovens terão visões. Mesmo sobre os escravos e sobre as escravas derramarei o meu espírito naqueles dias" (3,1-2). O texto de Joel deixa claro que até sobre o que é passageiro (a carne) estará agindo o Espírito de Deus, independentemente de sua condição: jovens e anciãos, homens e mulheres, escravos ou livres. A presença do Espírito de Deus não é apenas uma característica ou condição, mas uma força interna a conduzir as decisões (das pessoas e do povo). Começa a aparecer aqui um outro tema, importante para a pneumatologia: a força divina a conduzir a existência, não apenas em situações de exceção (juízes, profetas, reis), mas como condição permanente, seja do ponto de vista individual, seja do ponto de vista coletivo.

O Espírito de Deus e o ungido – Uma relação especial entre a ação do Espírito de Deus e uma figura especial na história teológico-religiosa do povo de Israel é a que ocorre na ideia do Messias. Os textos antigos mostram que seus autores veem o Espírito de Deus agir em algumas pessoas, em situações extraordinárias. É o que se passa com a figura dos juízes, que agiam impelidos, tomados, impulsionados pelo Espírito do Senhor. No período pré-monárquico, isso é bastante comum, como já demonstrado. A ação do Espírito de Deus é vista em alguma atuação, especialmente as realizadas em defesa do povo, e é comum que sejam ações violentas. O povo de Israel não tem ainda uma figura de liderança política aceita em comum. Os juízes são lideranças políticas aceitas em vista de ações específicas. Com o passar dos anos, nasce o desejo de o povo ter um rei. É o que consta no texto do Primeiro Livro de Samuel, quando os anciãos de Israel vão ter com o profeta e dizem: "Olha, tu estás velho e os teus filhos não seguem teu exemplo. Portanto, estabelece-nos um rei, para que nos julgue a exemplo de todos os povos" (1Sm 8,5). Mesmo contrariado, Samuel irá ceder ao desejo do povo e o sinal de estabelecimento da monarquia será pelo gesto da unção: "Samuel tomou o frasco de azeite, derramou o óleo sobre a cabeça de Saul e o beijou com estas palavras: 'Com isso, o Senhor te ungiu como chefe de seu povo Israel; tu governarás o povo do Senhor e o libertarás da mão de todos os seus inimigos'" (1Sm 10,1a). Este gesto de unção em alguém – inicialmente sinal de escolha para uma função – irá com o tempo ter um significado muito importante para a religião judaica: disso nascerá a teologia da messianidade. Essa ideia de que há alguém escolhido para libertar o povo passa a ser uma espécie de esperança comum, algo que se acentua sobremaneira no pós-exílio. Esta esperança está ligada tradicionalmente com o ungido, o Messias. E com uma clareza sempre maior se entenderá que este, sim, agirá impelido e imbuído pelo Espírito de Deus: "Sairá um rebento do tronco de Jessé, e de suas raízes brotará um renovo. Repousará sobre ele o Espírito do Senhor, espírito de sabedoria e discernimento, espírito de conselho e fortaleza, espírito de conhecimento e temor do Senhor (Is 11,1-2); "O Espírito do Senhor Deus repousa sobre mim, porque ele me ungiu. Enviou-me para levar uma boa-nova aos pobres, medicar os homens descoroçoados, proclamar aos cativos a libertação e aos prisioneiros a abertura do cárcere, para proclamar o ano da mercê do Senhor e o dia da vingança para nosso Deus; para dar conforto a todos os que estão de luto, para entregar aos enlutados de Sião um turbante festivo em lugar do pó, óleo de alegria em lugar de luto, vestido de festa em lugar de espírito deprimido, de modo que sejam chamados 'carvalhos de justiça, plantados para a glória do Senhor'" (Is 61,1-3). Há, pois, uma idealização da pessoa e da ação daquele que estiver imbuído do Espírito do Senhor. Com isso a ação do Espírito do Senhor sobre uma pessoa é algo projetado para o futuro e não mais lido no passado da história do povo. A era vindoura é a era da ação do Espírito do Senhor que estará sobre o Messias e o conduzirá. E este conduzirá o povo, impelido pelo Espírito do Senhor.

Resumindo, pode-se dizer que o uso da palavra *"ruah"* no Antigo Testamento para designar a ação do Senhor não tem apenas um significado. Há com a evolução histórica a tendência de se perceber a ação deste espírito de forma mais universal, ligando-o mais estreitamente a Deus. Se nos textos antigos a ação do Espírito era vista com uma certa desconfiança, principalmente em manifestações como o transe, com o passar do tempo a religião de Israel irá incorporar e assumir a ideia do Espírito de Deus agindo em alguma situação. Na figura do Messias e seu desenvolvimento teológico, isso aparece de forma transparente: nos inícios não se fala de ação do Espírito sobre o Ungido, mas no período pós-exílico cresce a esperança da ação do Messias como alguém sobre o qual estará "o Espírito do Senhor". Ao mesmo tempo fica claro no Antigo Testamento que não se pode limitar a ação do Espírito: ele age nas pessoas, na criação, nas atividades humanas, nas decisões do povo, na renovação e conversão. Mas é sempre indisponível ao humano, isto é, o humano não dispõe da sua ação.

Outro desenvolvimento a que se pode chamar a atenção nos textos do Antigo Testamento é sobre os vocábulos que foram sendo colocados juntos ao termo "espírito". Nos textos mais antigos, há a tendência de se utilizar a indicação "do Senhor", "de Deus", junto ao termo "espírito", deixando bem claro do que se tratava. Já nos textos em torno do período do exílio e posterior, embora ainda se use as indicações como feitas no período anterior, o termo "espírito" passa a ser utilizado muitas vezes como sinônimo para Deus mesmo, ou não se sente a necessidade de acrescentar um "do Senhor" ("Então o espírito me arrebatou pelos ares e me levou..." – Ez 8,3), por ser claro aos leitores que se está falando de Deus. Num terceiro momento, tende-se a acrescentar à palavra "espírito" termos que eram também atribuídos a Deus: espírito de sabedoria, espírito de conhecimento, espírito de fortaleza. É nesse contexto que surgem também os termos "santo" ou "santidade", relacionados ao termo "espírito". Assim, no Salmo 51 se lê: "Não me afastes de tua presença, nem retires de mim teu santo Espírito" (v. 13); ou então no texto do Trito-Isaías: "Eles, porém, se rebelaram e magoaram seu santo Espírito. Então ele se tornou inimigo, ele mesmo lhes fez guerra. Então o povo se lembrou dos dias passados e de Moisés seu servo. Onde está aquele que os fez sair do mar, onde está o pastor do seu rebanho? Onde está aquele que pôs no meio deles seu santo Espírito?" (Is 63,10-11).

c) A influência helênica no pensamento judaico

O exílio babilônico irá se encerrar com a queda do Império Babilônico frente aos persas. Ciro, rei da Pérsia, irá então permitir que os judeus voltem à sua terra. Segundo o texto de Esdras (1,1-4), Ciro mesmo teria incentivado não só a volta dos judeus, mas também a reconstrução do Tempo de Jerusalém. Nem todos os judeus voltam da Babilônia. A comunidade judaica que lá permanece conhece um grande florescimento nos séculos seguintes. O grupo que volta, entretanto, se empenha na reconstrução não só do Templo de Jerusalém, mas também da religião como um todo. A religião não era mais, entretanto, a mesma. O tempo na Babilônia a iria marcar para todo o sempre. Desse modo, a religião que se reorganiza após o exílio é que passa a ser chamada de judaísmo, na qual ao lado do Templo, os livros (sobretudo a Torá) passam a ter uma importância central. Jerusalém e a região continuam ainda um bom tempo sob o império persa, mas do ponto de vista cultural, Israel entra cada vez mais sob a influência do mundo grego: tanto do ponto de vista político, como especialmente do pensamento grego. Os próprios textos tardios do Antigo Testamento já deixam clara esta influência. Além disso, os livros – chamados deuterocanônicos na tradição cristã católica – são já escritos em grego e não mais em hebraico[9].

Aqui interessa observar alguns pontos desta influência no que concerne à compreensão do termo "espírito". Essa ascendência grega no mundo judaico também teria sido reforçada pela Septuaginta, a tradução do texto hebraico para o grego, que segundo a tradição teria sido feita em Alexandria por setenta rabinos (daí ser chamada Septuaginta) entre os séculos III e I a.C. Neste texto o termo "*ruah*" é traduzido por "*pneuma*", termo que já tinha um significado específico na cultura grega. Há aqui especialmente três conotações do termo no modo de pensar grego: (a) No já conhecido dualismo grego (corpo-alma), *pneuma* é a alma humana, o elemento que diferencia o ser humano dos outros animais. (b) O sistema de pensamento grego muito ligado à questão da substância e a não existência de um monoteísmo, davam a *pneuma* o significado de substância imaterial autônoma ou cósmica (também

---

9. Mesmo que o judaísmo não aceite esses livros como canônicos, não há como negar que eles nasceram no mundo judaico e expressam seu modo de pensar.

chamada por vezes de divina) e por isso pré-existente. (c) O termo "*pneuma*", usado no sentido de inspiração, tinha a ver com êxtase, com uma situação de desligamento da razão em que o *espírito*, como nível de conhecimento superior, tomava conta do ser.

Essa forma de pensar advinda do mundo grego se faz notar no judaísmo intertestamentário (entre o séc. II a.C. e o séc. I d.C.). *Ruah* continua a significar sopro, hálito, mas já começa a ser utilizado também no sentido de espírito/alma em contraposição a corpo. A conjugação de três fatores irá influenciar muito o uso do termo "espírito": a literatura apocalíptica, a expectativa escatológica (incluindo a messiânica) e a ideia da ressurreição. A conjugação desses três fatores possibilita diversas formas de pensamento: no final dos tempos o corpo juntar-se-á novamente ao espírito (pré-existente); o Espírito de Deus será enviado novamente ao mundo para completar os tempos; a alma não morre junto com o corpo, mas continua em algum lugar; o espírito que age sobre os profetas dá a eles um conhecimento superior, ligado principalmente à capacidade de prever acontecimentos futuros. Nos círculos rabínicos desenvolveu-se a "teologia do fim do espírito", ou seja, o Espírito de Deus não mais age sobre os profetas desde a primeira destruição do templo. O Espírito de Deus só voltará a agir no fim dos tempos em Israel, levando à consumação da história. Nestas acepções praticamente desaparece o sentido semítico de *ruah* como força criadora de Deus, como hálito de vida.

Um outro aspecto começa nessa época a ganhar corpo: a relação entre ação do Espírito e atitude moral ou ética, segundo a Lei. O Espírito de Deus age, quase que como uma recompensa, naqueles que procedem em sua vida conforme a Lei prevê. Uma vida correta e no cumprimento da Lei religiosa garantirá a ação do Espírito. Nota-se aqui já traços da teologia farisaica nascente, a corrente do judaísmo com forte acento na vivência da Lei, no cumprimento dos mandamentos, na forma piedosa de vida.

É exatamente neste período intertestamentário que surge a expressão "espírito santo". Tanto a expressão hebraica *"ruah hakodesh"* (espírito de santidade) como a grega πνευμα αγιον (*pneuma agion*) são de significado dúbio. No entanto, o atributo *santo* marca, porém claramente a diferença entre humano e divino. Deus é santo. A expressão "Espírito Santo" está também ligada ao esforço do judeu de dizer Deus, sem poder falar o seu nome JHWH. Há aqui também a ligação que não pode deixar ser apontada entre santo e santuário, o lugar privilegiado da presença, manifestação e revelação de Deus. Segundo P. Schäfer, a expressão "Espírito Santo" (πνευμα αγιον) não traduz exatamente o que *ruah hakodesh* queria dizer. Uma descrição mais adequada desta expressão seria: "Espírito de Deus que se está revelando no santuário como lugar do encontro entre Deus e o humano" (apud HILBERATH, 1994, p. 59). Apesar de ser uma descrição à primeira vista um tanto obscura, ela tem elementos interessantes, por um lado a ideia de que espírito é necessariamente dinâmico ("está revelando") e, principalmente, por outro lado, se levarmos em conta o significado de "santuário", termo que designava inicialmente povo profético, e somente mais tarde *terra* (prometida), depois Jerusalém e depois o Templo, como o lugar da ação/presença de Deus. Não deixa de ser um aspecto importante recuperar para a pneumatologia a ideia de que o espírito é a presença de Deus em ação e o lugar próprio da ação do Espírito é o lugar do povo em seu contato com Deus.

Há um termo na literatura rabínica que designa este lugar próprio da presença ativa de Deus em seu encontro com o povo: *shekiná*. A palavra significa em si "o habitar", mas na literatura rabínica significa "Deus que mora no meio de seu povo". Pode-se, pois, estabelecer uma clara ligação entre a expressão "espírito santo" e *"shekiná"*. Dessa ligação, J. Moltmann tira as seguintes conclusões (2010, p. 59):

1) A doutrina da *shekiná* torna claro o caráter pessoal do espírito: o espírito é a presença atuante do próprio Deus. O espírito é a presença de Deus em pessoa. O espírito é mais que uma qualidade de Deus e mais que um dom de Deus à criatura, ele é a *empatia* de Deus.

2) A ideia da *shekiná* chama a atenção, além disso, para a *sensibilidade* do espírito *para Deus*: O espírito inabita, o espírito participa do sofrimento, o espírito se entristece e se enfraquece, o espírito se alegra, em sua estabelecer-se e inabitar na criatura errante e sofredora o espírito é cheio de impulso e de ansiedade pela união com Deus e suspira por seu repouso na nova e perfeita criação.

3) A ideia de *shekiná* aponta para a *quenose do espírito*. Em sua *shekiná*, Deus renuncia à sua invulnerabilidade e se torna capaz de sofrer, porque ele quer o amor. A *teopatia* do espírito não é nenhum antropomorfismo, mas se torna possível por sua inabitação nas criaturas.

O lugar onde Deus habita é o lugar da percepção do espírito Deus, para o judaísmo. Por isso, há uma ligação muito forte entre o Templo e a ideia da presença de Deus em espírito, aqui já pensado com influência grega, isto é, há no Templo uma presença densa de Deus, mas ao mesmo tempo, uma presença imaterial. Na festa judaica das tendas (*shavuot*) criara-se um ritual no qual se aspergia o povo com água. Esta aspersão não era feita em qualquer lugar, mas sim no átrio do Templo, onde a água aspergida era a dádiva do espírito de santidade de Deus. E isso recordava exatamente a teologia da *shekiná*, da inabitação de Deus em espírito no meio do povo. E desta inabitação – assim demostrava o ritual – se aspergia pela água o Espírito de Deus, operando a santificação do povo. Quem era tocado pela água, era atingido pelo espírito santo de Deus.

Essa teologia do espírito santo de Deus não aparece nos textos canônicos judaicos, pois ela se desenvolve no judaísmo tardio, no período chamado de intertestamentário. Há, porém, testemunhos escritos deste tempo advindos sobretudo de quatro fontes: os chamados *apócrifos judaicos*, dos quais muitos têm certa tonalidade apocalíptica; conjuntos de *textos rabínicos*, que tiveram uma grande influência dentro do judaísmo à época e posteriormente, de modo especial na interpretação da Torá; a obra de *Fílon de Alexandria* († 45/50 d.C.), um judeu culto que deixou muitos textos nos quais estabelece um diálogo entre a filosofia grega e o pensamento judaico, cuja influência foi bastante grande; e a doutrina da comunidade dos *essênios*, conhecidos atualmente pelos textos achados em Qumran. Para a pneumatologia, é interessante observar a influência helenística no que tange à compreensão do termo "espírito". Alguns elementos são aqui de destaque (STUBENRAUCH, 1995, p. 20-22):

A compreensão semita de ser humano, presente nos textos do Antigo Testamento, o vê como uma unidade. Quando se afirma, por exemplo, que a *ruah* divina está no humano, entende-se nele como um todo. Nos textos rabínicos do período intertestamentário se percebe uma compreensão dualista de ser humano: o corpo humano é entendido como parte da terra, enquanto o espírito seria imagem do céu. O espírito diz respeito à alma, um elemento preexistente e imortal para o pensamento grego. Este imaginário será adaptado ao pensamento judaico, no qual se entende que, no fim dos tempos, ocorrerá a ressurreição e nela haverá uma reunificação de corpo e alma. Fílon de Alexandria interpreta a dupla descrição da criação do ser humano no Gênesis como o surgimento de um ser humano terreno e um ser humano celeste. Este é o que foi feito à imagem de Deus e é cheio de seu espírito. O ser humano terreno foi apenas tocado pelo Espírito de Deus em seu juízo. Fora isso, nada há de Espírito de Deus nele. Em seus escritos há também a ideia de um espírito universal, totalmente incorpóreo e transcendente, que se contrapõe ao mundo. Esse espírito universal teria a tarefa de revelar Deus ao mundo e influenciar o ser humano de tal forma que este o consiga reconhecer.

Outro tema presente sobretudo na literatura rabínica é a ligação entre o Espírito Santo – usa-se esta expressão – e a inspiração profética. Esta não é vista apenas sobre as figuras dos profetas que aparecem nos escritos, mas também em muitas outras figuras, sobretudo as que compuseram os textos. Estes foram compostos pela ação do Espírito Santo sobre seus escritores, de tal forma que aquilo que foi escrito é inspirado pelo Espírito de Deus. Essa ideia teve uma influência tal que se passou a afirmar que qualquer palavra ou instrução da Torá deve ser vista como do próprio Espírito Santo. Quem se ocupava em estudar as palavras da Torá era também alguém sobre o qual agia o Espírito Santo. Por outro, na mesma literatura rabínica, há também o pensamento de que a inspiração do Espírito Santo se extinguira depois dos últimos profetas (Ageu, Zacarias e Malaquias) e só iria voltar no fim dos tempos. A comunidade dos essênios reclamava para si este derramamento do Espírito no fim dos tempos. Havia nela uma série de rituais de purificação, nos quais as pessoas se lavavam repetidamente para lembrar sempre novamente a purificação esperada pela vinda do espírito no fim dos tempos. Esta vinda final do Espírito iria colocar toda a história em ordem.

Por fim, há que se apontar também que nesses escritos se percebe uma certa antropomorfização da atuação do Espírito: ele fala, grita, alegra-se, consola etc. Mas se trata claramente de um recurso de linguagem para descrever retoricamente a realidade do espírito que age no ser humano. Este espírito é sempre entendido como representante de Deus e nunca como seu substituto. Neste sentido fica claro que estes textos permanecem na compreensão judaica do monoteísmo veterotestamentário.

3.2 O Novo Testamento: Jesus e a ação do Espírito

A experiência da presença de Deus descrita por diversas expressões com o termo "espírito" ao longo dos textos do Antigo Testamento, irá se concentrar nos textos do Novo Testamento cada vez mais numa expressão: Espírito Santo. A escolha desta expressão, que a tradição cristã mais tarde irá chamar de terceira pessoa da Santíssima Trindade, acontece claramente no Novo Testamento, onde aparece destacadamente na fórmula batismal: "Ide [...] batizai em nome do Pai, do Filho e do Espírito Santo" (Mt 28,19).

Se a percepção da presença de Deus agindo no povo não é no Novo Testamento uma novidade absoluta e pode ser vista em continuidade com a percepção desta realidade já descrita no Antigo Testamento, há que se reconhecer, por outro lado, que esta experiência será percebida e interpretada agora com dois vieses muito especiais: a relação entre Jesus e o Espírito Santo e a consequência desta relação para a compreensão do significado de Jesus e do ser humano na história, gerando inclusive uma compreensão própria da história. Os primeiros cristãos – todos aliás de fé judaica – não teriam nem vocabulário para descrever a sua experiência da forma como o fizeram, não fosse a sua tradição de fé. Como afirma Stubenrauch: "Sem a experiência do espírito da comunidade da primeira aliança, teria sido impensável interpretar os acontecimentos em torno de Jesus de Nazaré e ele mesmo de forma pneumatológica" (1995, p. 23). Se é imprescindível esta continuidade, é também de se constatar que a percepção do Espírito agindo em Jesus e nos acontecimentos em torno dele são reinterpretados de uma forma tão radical que fazem surgir uma nova comunidade e uma nova religião. Esta experiência vai fazer com que os discípulos de Jesus, o Cristo, reinterpretem inclusive a própria compreensão de divindade, de modo que o monoteísmo veterotestamentário irá dar lugar à compreensão trinitária de Deus no cristianismo. E não se trata primeiramente de uma mudança ou desenvolvimento de compreensão. Esta acontece, sim, mas em decorrência da experiência com Jesus. Aqui, a experiência é decisiva.

E este é o elemento central para se pensar a pneumatologia a partir do Novo Testamento: o que está em sua base é uma experiência, a experiência que os discípulos tiveram com o Ressuscitado, a experiência pascal. Ela é o elemento que desencadeia a virada de compreensão, mesmo que a narrativa se dê com o vocabulário advindo do primeiro testamento, que era conhecido por esses judeus. E essa nova realidade agora vivida só pôde assim ser entendida quando da dádiva do Espírito Santo. Como diz o Evangelho de João: "Referia-se ao Espírito que haviam de receber aqueles que cressem nele. De fato, ainda não tinha sido dado o Espírito, pois Jesus ainda não tinha sido glorificado" (Jo 7,39). Ou então na passagem da promessa do Paráclito: "Quando vier o Paráclito, que eu vos enviarei da parte do Pai, o Espírito da verdade que procede do Pai, ele dará testemunho de mim" (Jo 15,26). E é então, no escrito de João, o que o ressuscitado faz em sua primeira aparição aos discípulos: "Após essas palavras, soprou sobre eles e disse: 'Recebei o Espírito Santo'" (Jo 20,22). Ao receberem o Espírito Santo, que se lhes foi soprado, na linguagem de João – pois espírito é vento, ar em movimento – instaura-se uma nova compreensão. A experiência religiosa tem esta capacidade: a de fundar, instaurar, uma nova compreensão, uma compreensão que se torna agora o centro, o ponto de referência a partir do qual a realidade irá ser vista e interpretada. Assim, pois, o Jesus que com eles vivera, que compartilhara ideias e ideais, com o qual eles tinham dividido ações e vivências, não é mais somente Jesus. Ele é agora experienciado como o Cristo. Esta é a experiência fundante do cristianismo. E – assim eles o entenderam – isso foi possibilitado pela ação do Espírito Santo.

A descrição do Evangelho de João – de que o Ressuscitado soprou o Espírito Santo sobre os discípulos – é uma maneira didática de demonstrar que, naquele momento, houve a experiência central, a partir da qual tudo o que eles tinham vivido com Jesus passou a ser percebido e reinterpretado na realidade, embora o texto tenha sido todo redigido após o impacto deste acontecimento experiencial. E fato é, que todos os textos neotestamentários surgem já dentro desta nova compreensão que a experiência do (assim chamado) Espírito Santo proporcionou. Desse modo, não se trata de algo presente apenas no texto de João, mas em todos os outros evangelhos. Mas não se pode dizer que haja uma reflexão sistemática sobre o Espírito Santo nos evangelhos. O que há, é que eles são escritos a partir desta experiência, mas não se ocupam tanto com uma reflexão mais sistematizada sobre o assunto.

Quem vai impulsionar sobremaneira esta forma de pensar é Paulo, cujos textos, aliás, são os primeiros a serem redigidos no cânon do Novo Testamento e recolhem uma espécie de compreensão originária, uma interpretação primeva do fenômeno da experiência da presença de Deus em espírito. E nos escritos paulinos, o tema da experiência do Espírito Santo é bem mais abundante, se comparado aos evangelhos.

A apresentação dos relatos textuais sobre a experiência do Espírito Santo, sua percepção e interpretação no Novo Testamento será aqui feita em três blocos: a reflexão a partir dos textos de Paulo, a reflexão a partir dos sinóticos e atos, e por último a reflexão a partir de João. Esta divisão tem primeiramente um caráter didático. Mas é preciso reconhecer que há nesses três blocos acentos característicos próprios sobre a experiência do Espírito Santo e a isso também se quer chamar a atenção. E, por fim, esta ordem reflete também uma certa cronologia na qual os respectivos textos surgiram, carregando com isso um pouco da evolução sobre o tema no Novo Testamento.

3.2.1 Paulo: a experiência do Espírito Santo e a reinterpretação da existência

O tema da presença e ação do Espírito Santo nos escritos de Paulo é bastante complexo e múltiplo. Em suas cartas, ele muitas vezes reage a acontecimentos ou dúvidas que lhe são relatados sobre as comunidades que haviam surgido por sua ação. E nessas respostas aparecem instruções, mas sobretudo sua reflexão teológica advinda claramente de sua experiência de fé. No que tange entretanto à sua condição para elaborar uma reflexão teológica mais complexa, temos que reconhecer que Paulo está claramente em vantagem se comparado aos apóstolos, bem como aos outros escritores do Novo Testamento. Aqueles eram em sua maioria homens simples do povo, com grande fé e experiência, mas não necessariamente com grande conhecimento da tradição judaica e seus meandros. Paulo, ao contrário, era "instruído aos pés de Gamaliel" (At 22,3), um escriba fariseu com alto reconhecimento. Isso lhe deu uma grande vantagem no linguajar e na elaboração de sua experiência religiosa através de conceitos teológicos.

Paulo nunca encontrou o Jesus histórico, pelo menos que nos conste. Ele era inclusive, assim se narra, um perseguidor dos discípulos de Jesus. Seu encontro com Jesus se dá numa experiência a caminho de Damasco, experiência esta que lhe muda completamente a vida. O encontro com Jesus – que Paulo faz – é uma experiência espiritual com o Ressuscitado. E este é o centro do anúncio de Paulo: Jesus Cristo morto e ressuscitado. Mas é claro que Paulo, mesmo não citando a vida histórica de Jesus, nem qualquer relato de sua pregação ou ação, entende Jesus como nascido de uma mulher e sob a Lei (Gl 4,4), ou seja, ele tem plena consciência da historicidade da vida de Jesus. Mas este não é apenas o nascido de mulher. Ele é o Ressuscitado! Ele é, pois, um ser espiritual, "o último Adão, um espírito que dá vida" (1Cor 15,45). Essa expressão deixa transparecer que Paulo interpreta sua experiência com Jesus não apenas como algo de âmbito particular, nem somente como algo do âmbito da compreensão de sua tradição religiosa judaica. Não! A experiência em espírito pela qual passa Paulo o leva a reinterpretar todo o gênero humano e sua história a partir dela.

Essa interpretação de Paulo aparece com um esquema semelhante em diversos de seus escritos. Um deles está em Gl 3,26–4,7. A estrutura de pensamento é composta de diversos elementos: (1) A fé em Jesus Cristo dá ao ser humano o acesso à realidade de sua nova condição de filiação divina, expressa pelo batismo ("Todos vós sois filhos de Deus pela fé em Cristo Jesus, pois todos vós, que fostes batizados em Cristo, vos revestistes de Cristo" – Gl 3,26-27). (2) Nessa situação, é claro que todos os batizados estão numa única condição de base ("Já não há judeu nem grego, nem escravo nem livre, nem homem nem mulher, pois todos vós sois um só em Cristo Jesus" – Gl 3,28). (3) E essa condição a partir de Cristo esclarece e reafirma o humano em sua relação com o divino ("Ora, se sois de Cristo, então sois descendência de Abraão, herdeiros segundo a promessa" – Gl 3,29). (4) Essa condição é inerente ao ser humano, mas não manifesta ("Explico-me: enquanto o herdeiro é menor, em nada se diferencia do escravo, ainda que seja senhor de tudo, pois está sob tutores e administradores, até o tempo determinado pelo pai. Assim também nós, quando menores estávamos escravizados aos elementos do mundo" – Gl 4,1-3). (5) E quando então esta condição se torna manifesta? No tempo determinado por Deus. E como esta manifestação efetivamente ocorre? Pelo envio do Filho de Deus ("Mas quando chegou a plenitude dos tempos, Deus enviou seu Filho nascido de uma mulher e sob a Lei" – Gl 4,4). (6) E qual a consequência para o ser humano desta iniciativa divina? Receber a adoção divina ("Para resgatar os que estavam sob a Lei, a fim de que recebêssemos a adoção de filhos" – Gl 4,5). (7) E esta condição humana de intimidade filial com Deus se instaura como realidade pelo envio do Espírito ("Porque sois filhos, Deus enviou aos nossos corações o Espírito de seu Filho que clama: *Abba*, Pai!" – Gl 4,6). (8) De modo que pela presença do Espírito no humano, este, através do Filho, é agora de fato herdeiro do divino e sapiente desta herança ("De maneira que já não és escravo, mas filho e, se filho, também herdeiro por Deus" – Gl 4,7).

Paulo faz, assim, a proposta de uma nova antropologia teológica a partir de sua experiência com o Ressuscitado. Nesta compreensão ele margeia tanto a sua tradição judaica, ao fazer referência à herança da promessa a Abraão, como a compreensão gnóstica de ser humano, com a ideia de igualdade de base ("não há mais judeu, nem grego..."), explanando o que ele entende pela verdadeira condição humana (a filiação divina) que mesmo sendo inerente a cada pessoa, ela se torna realidade no batismo em Cristo e a consciência desta realidade só se a tem pelo Espírito. Este modo de compreender o ser humano não é para Paulo, entretanto, fruto de alguma reflexão ou conclusão: impõe-se pela experiência com o ressuscitado. E para ele, a chave de leitura desta experiência é inerente a ela: é o Espírito Santo que foi – como vai ele dizer na Carta aos Romanos (5,5) – derramado em nossos corações. A nova realidade que se lhe deu a perceber o encontro com o Ressuscitado (o novo humano) e a possibilidade de compreender esta realidade (o Espírito Santo) não são momentos distintos, mas uma única e mesma experiência.

Todos os escritos de Paulo se dão sob o impacto desta experiência. Poder-se-ia dizer então, que tudo o que Paulo escreve, o faz impulsionado pelo Espírito. Qual era o pensamento deste judeu antes desta experiência? A isso não temos mais acesso. Ele deixa transparecer alguns poucos elementos, como por exemplo, que tinha uma formação na tradição dos fariseus, que tinha uma profissão (fabricante de tendas), que sua família vivia na cidade de Tarso. Mas nada tão amplo sobre o seu pensamento. Sobre este, só o temos a partir da experiência do Espírito.

> Este é o centro da teologia paulina: o crucificado, ressuscitado em sua existência pneumatológica, que foi enviado do Pai em forma de carne para quebrar o

poder do pecado, possibilita uma vida nova, que não mais está sob as condições da carne, sob a qual está também a fraqueza da Lei, mas sob o poder da "Lei do espírito da vida em Cristo Jesus" (Rm 8,2) (HILBE-RATH, 1994, p. 67).

Paulo usa muitas vezes a palavra em seus escritos. Mais de cem vezes se trata do Espírito de Deus. Irá lançar mão também muitas vezes da expressão Espírito Santo. Irá usar apenas duas vezes a expressão Espírito de (Jesus) Cristo (Rm 8,9; Fp 1,19) e irá falar em Espírito de seu Filho em Gl 4,6. A fórmula batismal de Mateus (batizar em nome do Pai, do Filho e do Espírito Santo) não é utilizada por Paulo. Embora ele ligue o Espírito, o Filho e o Pai (cf. Gl 4,6) e faça uma espécie de fórmula trinitária, por exemplo, na saudação final da 2Cor: "A graça do Senhor Jesus Cristo, o amor de Deus e a comunhão do Espírito Santo estejam com todos vós" (13,13). Em diversas outras passagens há uma certa alusão a Pai, Filho e Espírito, mas não é algo tão explícito (Rm 5,1-5; 1Cor 12,4-6; Gl 4,4-6), e nem há comentários dele sobre este conceito. Em Paulo, "o que o Espírito Santo é, só pode ser definido a partir daquilo que ele faz. No Espírito, os fiéis experimentam o cuidado de Deus que dá uma nova possibilidade de vida (liberdade) e capacidade de relação (amor). Pelo Espírito, como dom escatológico de Deus, o crucificado ressuscitado liga a si e entre si os irmãos e irmãs" (HILBERATH, 1994, p. 79).

"Mas quem se une ao Senhor, faz-se um só espírito" (1Cor 1,17). Por isso, para Paulo, viver em Cristo e viver no Espírito são praticamente sinônimos. E a ligação com Cristo só é possibilitada pelo Espírito Santo, que foi "derramado em nossos corações" (Rm 5,5). Esta presença é que cria inclusive a consciência de que Jesus é o Senhor (tanto para cada pessoa como para toda a história), pois "ninguém pode dizer 'Jesus é o Senhor' senão no Espírito Santo" (1Cor 12,3). Assim, na compreensão de Paulo, fica manifesta a nova realidade tanto divina quanto humana e a realidade da relação divino-humana. Este entendimento só é possível pela presença e ação do Espírito Santo. Disso podemos inferir que não há como entender este pensamento paulino, senão em chave pneumatológica.

Neste pensamento de Paulo, há também uma compreensão própria de história e seu desenvolver pela ação do Espírito de Deus. A virada começa com o Pai enviando o Filho, pelo qual nós também somos filhos livres (não mais sob o jugo da Lei). Esta experiência a temos no espírito, que é o Espírito do Filho pelo qual também somos filhos. A filiação divina pelo Espírito (o Espírito de Deus no humano) se diferencia, pois, do entendimento tradicional judaico da relação com Deus, que era vista no pertencimento ao povo e com a consequente Aliança. O pensamento de Paulo é de certa forma uma continuidade da esperança exílica de que Deus enviará o Messias. E Jesus é o Messias. Mas ungido pelo Espírito. E dado que este Espírito é dom aos batizados, todo aquele que se reveste de Cristo é agora parte desta história da relação filial com Deus. Paulo chega a ser poético em sua nova compreensão de ser humano na história: "Vós sois uma carta de Cristo, redigida por nosso ministério e escrita, não com tinta, mas com o Espírito do Deus vivo, não em tábuas de pedra, mas em tábuas de carne, isto é, em vossos corações" (2Cor 3,3).

A presença do Espírito irá também – para Paulo – criar um novo corpo comum: "Pois todos fomos batizados num só Espírito para sermos um só corpo: judeus ou gregos, escravos ou livres; e todos bebemos do mesmo Espírito" (1Cor 12,13). O corpo único é o corpo do qual Cristo é a cabeça e no Espírito todos são membros. E este corpo é templo de Deus onde o Espírito habita. "Não sabeis que sois templos de Deus e que o Espírito de Deus habita em vós?" (1Cor 3,16).

O Espírito nos é dado em vista de nossa condição de filhos. Se filhos também libertos. Se libertos, também salvos. Então para Paulo o dom do Espírito aponta tanto para a condição humana atual (de sermos filhos), como para a condição futura. Assim, a pneumatologia paulina é também construída em vista da escatologia, do fim ao qual o ser humano é destinado. E no tocante à escatologia, Paulo vai fazer mais uma ampliação em seu modo de pensar: ele irá incluir toda a criação. Assim, se pelo Filho nós nos tornamos filhos, herdeiros da história da promessa divina, formando um único corpo com as pessoas mais diversas, libertos no Ressuscitado da condição de escravos da limitação (pecado) e assim salvos, Paulo entende que neste processo nos encontramos juntos com o todo da criação: "Pois sabemos que toda a criação até agora geme e sente dores de parto. E não somente ela, mas também nós que possuímos os primeiros frutos do Espírito gememos dentro de nós mesmos, aguardando a adoção, a redenção de nosso corpo" (Rm 8,22-23). Mas tanto esta consciência de nossa condição, como a capacitação para sairmos desses gemidos e chegarmos àquilo que sequer conseguimos expressar, nos é dado pelo Espírito: "Também o Espírito vem em auxílio de nossa fraqueza, porque não sabemos pedir o que nos convém. O próprio Espírito é que intercede por nós com gemidos inefáveis. E aquele que esquadrinha o coração sabe qual é o desejo do Espírito, porque ele intercede pelos santos segundo Deus" (Rm 8,26-27).

Fica assim claro que a experiência do Ressuscitado e da presença do Espírito irá fundar o pensamento de Paulo. O Espírito tudo transpassa, tudo conduz, tudo possibilita. Paulo vive nesta certeza, vive na certeza de que é envolvido pelo Espírito que o fez encontrar o Ressuscitado e não apenas ser consciente desta condição, mas a tornou real em sua existência.

Isso, entretanto, não é tudo o que Paulo expressa sobre o Espírito em seus escritos. Há muitos outros temas, mas eles dependem desta compreensão de fundo: o divino, o humano, a história, a criação – tudo isso relacionado pelo Espírito. Sem intenção de exaustão, passemos a outros desdobramentos dentro da pneumatologia paulina.

Os dons e carismas do Espírito: Um dos temas muito comuns nos escritos paulinos são os fenômenos extraordinários (ou não) entendidos pelos apóstolos e pela comunidade como manifestações do Espírito Santo. Como diz Paulo na Epístola aos Romanos: "pelo poder dos sinais e prodígios, pelo poder do Espírito de Deus" (Rm 15,19). Sua própria ação entende Paulo nesta linha: "Minha palavra e minha pregação não consistiam na persuasão do discurso da sabedoria humana, mas na manifestação e no poder do Espírito" (1Cor 2,4). E muitos são os elementos descritos por Paulo como manifestação e poder do Espírito. Costuma-se colocar tudo isso sob a descrição ampla de dons e carismas. Paulo, mais que uma teologia ou doutrina sobre dons e carismas, recolhe descrições dessas manifestações e procura dar orientações aos fiéis a respeito.

As manifestações do Espírito descritas nos textos de Paulo poderiam ser classificadas em quatro tipos (STUBENRAUCH, 1995 p. 45). Num primeiro tipo podemos incluir aquelas manifestações que estão ligadas à fala. No capítulo 12 da Primeira Epístola aos Coríntios são apontadas, por exemplo, diversas manifestações da fala pelo Espírito: "palavra de sabedoria", "palavra de ciência", "a profecia", "o dom de interpretar" e, aquele que talvez tenha ficado mais conhecido e trouxe controvérsias que é o "falar em línguas estranhas" (a chamada glossolalia). Sobre este fenômeno há diversas passagens nos textos paulinos. Ocorre no âmbito da fala também a palavra de consolo, a palavra de exortação, o ensinamento, a pregação, a descrição de visões e revelações. Há, pois, uma ampla descrição de manifestações de falas que são entendidas na comunidade como provenientes da ação do Espírito. Algumas delas em situação de êxtase, outras não, de modo que a manifestação extática não é tida como indicativa para a ação do Espírito.

Um segundo grupo de manifestações do Espírito relatado por Paulo pode ser descrito como atividades extraordinárias, como "o dom da cura", "o poder de fazer milagres", coisas que têm a ver com sinais, milagres, forças especiais. Como já mencionado acima, Paulo descreve isso como "sinais e prodígios" (Rm 15,19).

Num terceiro grupo se pode classificar as atividades que talvez não chamem tanto a atenção, mas Paulo as entende como dons do Espírito: o dom de assistência aos pobres, o dom de governo, o ministério para servir, o dom de distribuir esmolas, o dom de presidir, o de exercer misericórdia (cf. 1Cor 12,28; Rm 12,6-8). Essas atividades, que talvez não apareçam com aspecto extraordinário e façam parte do dia a dia das comunidades, Paulo as entende igualmente como provenientes do Espírito.

Num quarto tipo de atividades do Espírito descritas por Paulo está o que se poderia chamar de ministérios. Pode-se listar aqui, de seus escritos: apóstolos, profetas, doutores, evangelistas, pastores (cf. 1Cor 12,27-29; Ef 4,11). Estes são dons que de alguma maneira estão ligados a funções dentro da comunidade.

No mais das vezes, o texto de Paulo recolhe estes dons e carismas, dando a entender que eram comuns – ou pelo menos ocorriam – nas comunidades. Não se trata, pois, em princípio, de algum ensinamento de Paulo de que existem dons e carismas do Espírito, mas sim de reação dele ao que se manifestava. Isso não quer dizer, entretanto, que ele não expresse sua posição diante desses temas. Há textos nos quais Paulo descreve com um certo entusiasmo as manifestações entendidas como suscitadas pelo Espírito: depois de citar diversos tipos de dons, ele afirma que "todas essas coisas as realiza o mesmo e único Espírito, que as distribui a cada um conforme quer" (1Cor 12,11). Ou seja, há aqui a ideia de equanimidade entre os dons.

Logo adiante, no mesmo capítulo 12, Paulo faz uma espécie de lista hierárquica dos carismas: "em primeiro lugar, alguns como apóstolos, em segundo lugar, outros como profetas, em terceiro lugar, outros como doutores; depois o dom dos milagres, o dom de curar, de assistência aos pobres, de governar, de falar em línguas estranhas" (1Cor 12,28-29). Não é claro no texto, por quais critérios faz Paulo essa hierarquização, nem se os últimos listados estariam em pé de igualdade. Em Ef 4,11 ele irá fazer uma lista, sem que esteja clara alguma hierarquia, mas irá colocar o carisma de apóstolos e profetas primeiramente, depois, antes de citar doutores, irá interpor evangelistas e pastores.

No capítulo 14 da Primeira Epístola aos Coríntios, Paulo irá fazer uma contraposição entre o dom da profecia e o dom de falar em línguas: "Aquele que fala em línguas, não fala para as pessoas e sim para Deus. Ninguém o entende, pois fala coisas misteriosas sob a ação do Espírito. Aquele, porém, que profetiza, fala para as pessoas, para edificá-las, exortá-las e consolá-las. Aquele que fala em língua, edifica-se a si mesmo, mas quem profetiza, edifica a comunidade. Desejo que todos faleis em línguas, porém desejo muito mais que profetizeis. Quem profetiza é superior a quem fala em línguas, a não ser que as interprete para que a comunidade seja edificada" (1Cor 14,2-5). Neste texto, é muito claro o critério de hierarquia dos dons: a edificação da comunidade.

Há também em Paulo uma preocupação disciplinar na questão dos dons de profetizar e de falar em línguas. Ele se ocupa disso num texto relativamente longo (1Cor 14,6-40), que mostra que se, por um lado, os dons de falar em línguas, de profecias e revelações eram entendidos como manifestação do Espírito; por outro lado, eles causavam confusão na ordem da comunidade. Após tecer diversos comentários sobre essas confusões, Paulo tenta colocar critérios, num tom até certo ponto irritado: "Em suma, o que dizer, irmãos? [...] se houver quem fale em línguas, não falem senão dois ou três, quando muito, e cada um por sua vez, e que haja um intérprete. Se não houver intérprete, fiquem calados na reunião e falem consigo mesmos e com Deus. Quanto aos profetas, falem dois ou três e os outros julguem. Se algum dos assistentes receber uma revelação, cale-se aquele que está falando" (1Cor 14,26-30). Paulo encerra o assunto reconhecendo a importância dos dons, mas num tom disciplinar: "Assim, meus irmãos, aspirai ao dom da profecia sem impedir que se fale em línguas. Mas tudo se faça com decência e ordem (1Cor 14,39-40).

O Espírito é dado. Nos textos de Paulo, o Espírito é doado. Gratuitamente. O Espírito é dom e não recompensa ou consequência de algum ato humano, nem resultado de alguma precondição. Ele não pode ser suscitado. Assim, há nos textos paulinos muitas passagens em que se afirma que os fiéis receberam o Espírito e outras afirmando que o Espírito foi dado. Há neles diversas nuances interessantes. Uma passagem importante no tocante a esta temática é o início do terceiro capítulo da Epístola aos Gálatas. O contexto é a discussão de Paulo com os chamados judaizantes, isto é, aqueles cristãos que entendiam ser necessário passar pelas leis do judaísmo para se tornar cristão. Ao que tudo indica, esta comunidade teria sido influenciada por esta ideia e o conhecimento disso é que enseja a carta, escrita aliás, num tom bastante incisivo e até irado. Para Paulo, exigir que os convertidos a Jesus Cristo tivessem que se submeter à Lei judaica, distorce toda a sua compreensão de que a adoção filial vem pelo batismo em Jesus Cristo, com o dom do Espírito. Esta é a certeza de Paulo, a partir de sua experiência. Não se trata, pois, de uma pequena divergência de opinião: trata-se de um dos elementos centrais do anúncio de Paulo. Por isso, talvez, a linguagem dura: "Ó insensatos gálatas! Quem vos enfeitiçou?" (Gl 3,1). E expõe então a questão central de sua argumentação: "Uma coisa quero saber de vós: recebestes o Espírito por causa das obras da Lei ou pela pregação da fé? [...] Quem vos dá o Espírito e realiza milagres entre vós, ele o faz por causa da prática da Lei ou pela aceitação da fé? [...] Todos os que se apegam às práticas da Lei estão sob a maldição. [...] Cristo resgatou-nos da maldição da Lei [...] Assim, a bênção de Abraão se estendeu aos pagãos em Cristo Jesus, para que pela fé recebêssemos a promessa do Espírito" (Gl 3,2.5.10.13a.14). O Espírito é dado! Ele não é resultado de estar sob a Lei. E foi pela fé em Jesus Cristo que todos receberam o Espírito e não por qualquer outro meio. Pela ação do Espírito receberam os fiéis a fé em Jesus Cristo e esta os coloca na condição de bênção. Não mais a Lei é, pois, mediadora para a proximidade com Deus. Isso acontece pela presença do Espírito, a partir da fé no Ressuscitado.

Paulo também se preocupa em afirmar ou esclarecer que o Espírito recebido é de Deus. "E nós recebemos, não o espírito do mundo, mas o Espírito que vem de Deus, para que conheçamos os dons que Deus nos concedeu" (1Cor 2,12); "ou recebeis outro Espírito, diferente do que recebestes" (2Cor 11,4); "Vós não recebestes um espírito de escravos para recair no medo, mas recebestes um espírito de filhos adotivos pelo qual clamamos: *Abba*, Pai!" (Rm 8,15). Essas precisões que Paulo faz, afirmando a origem divina do Espírito, não sabemos se é para contrapor acusações ou interpretações diferentes, mas fato é que o texto revela haver outras compreensões de espírito naquele contexto para o qual ele se dirige.

Além das passagens citadas, há muitas outras nos textos paulinos afirmando que o Espírito foi dado. Alguns exemplos: 1Ts 4,8; 1Cor 12,7s.; 2Cor 1,22; 5,5; Rm 12,6. E, talvez uma das passagens mais citadas quando se trata de afirmar que o Espírito foi dado: "E a esperança não engana, pois o amor de Deus se derramou em nossos corações pelo Espírito Santo que nos foi dado" (Rm 5,5). Lembrando que para a tradição judaica à qual Paulo pertence, o coração é a representação do humano, da capacidade de sentir e decidir. Assim, o que caracteriza o humano está, pois, preenchido (se derramou) pelo Espírito de Deus. Ou então, na expressão usada aos coríntios, selado: Deus "nos marcou com seu selo e colocou em nossos corações como um primeiro sinal, o Espírito" (2Cor 1,22). Isso marca ou caracteriza o humano de tal forma pelo divino, que "quem despreza estes preceitos, não despreza uma pessoa humana, mas a Deus que vos deu o Espírito Santo" (1Ts 4,8).

Diversos são os elementos citados por Paulo que são suscitados pelo Espírito derramado nos fiéis. Entre eles, a liberdade frente à lei do pecado e da morte é especialmente apontada: "a lei do espírito da vida em Cristo Jesus te libertou da lei do pecado e da morte" (Rm 8,2); ou então a mudança que a presença do Espírito provoca: após citar uma longa lista de desvios humanos (imorais, idólatras, adúlteros, efeminados, pederastas, ladrões, avarentos, beberrões, caluniadores, assaltantes), Paulo arremata: "E alguns de vós éreis isto, mas fostes lavados; mas fostes santificados, mas fostes justificados no nome do Senhor Jesus Cristo e pelo Espírito de nosso Deus" (1Cor 6,11). É, pois, benfazeja a presença do Espírito, não no sentido mundano, mas do reino de Deus pregado por Jesus e recordado por Paulo: "porque o reino de Deus não é comida nem bebida, senão justiça, paz e alegria no Espírito Santo" (Rm 14,17).

Mudança de vida a partir do Espírito. Paulo insiste no reconhecimento de que a partir de Cristo há uma vida no Espírito. Entender a nova condição (seres com o Espírito derramado nos corações) implica também um novo modo de vida. Não se pode voltar atrás! "Depois de ter começado pelo Espírito, quereis agora acabar pela carne?" (Gl 3,3). Consequências desta nova compreensão precisam ser também atitudes. "Os que são de Cristo Jesus crucificaram a carne com as paixões e concupiscências. Se vivemos do Espírito, andemos também segundo o Espírito" (Gl 5,24-25). Paulo faz então todo um esforço para distinguir o que é andar segundo o Espírito: para isso ele irá fazer uma série de contraposições, como por exemplo, entre vida e morte, espírito e carne, espírito e lei ou letra, libertação e escravidão, salvação e perdição, bênção e maldição. Irá para isto igualar a compreensão judaica de carne (tudo o que é corruptível, caducável, passageiro, temporal) à noção de Lei, pois para ele a fé em Jesus Cristo libertou do jugo da Lei. Os nascidos sob a Lei são nascidos sob a carne; os nascidos do batismo e da fé em Jesus Cristo, são libertos pelo Espírito. Mas iguala a isso também as práticas dos chamados pagãos, dos quais chama atenção: "Em outro tempo, não conhecendo a Deus, servistes aos deuses que por natureza não o são. Mas agora que conheceis a Deus, ou melhor, que sois conhecidos de Deus, como é que voltais a estes elementos fracos e miseráveis aos quais quereis servir outra vez?" (Gl 4,8-9). Para deixar bem claro a sua contraposição, Paulo irá fazer uma longa lista do que ele considera obras da carne: prostituição, impureza, libertinagem, idolatria, feitiçarias, ódios, discórdias, ciúmes etc. (cf. Gl 5,19-21). A esta lista, Paulo contrapõe: "Os frutos do Espírito são: amor, alegria, paz, paciência, afabilidade, bondade, fidelidade, mansidão, continência" (Gl 5,22-23). E conclui: "Se vivemos do Espírito, andemos também segundo o Espírito" (Gl 5,25). Assim, o ser humano que aparece em sua genuinidade não está ligado a uma compreensão religiosa ou de origem (quer a judaica, quer a pagã), mas a uma nova compreensão do próprio ser humano: nascido no Espírito em Cristo, habitado pelo Espírito, destinado a uma existência espiritual em Deus (1Cor 15). Esta existência espiritual Paulo a entende ora como uma existência vindoura, seguindo "Cristo como primeiro fruto, em seguida os que forem de Cristo por ocasião de sua vinda", mas ora também como uma realidade já instalada, pois "já não sou eu que vivo, é Cristo que vive em mim" (Gl 2,20). E esta compreensão ele a estende a todos os que vivem segundo o Espírito: "Vós, porém, não viveis segundo a carne, mas segundo o espírito, se o Espírito de Deus habita deveras em vós" (Rm 8,9).

Discernimento do Espírito de Deus. Muitas eram as manifestações nas comunidades paulinas que podiam ser vistas como provindas do Espírito. Muitas delas o próprio Paulo irá de certa forma chancelar, reconhecendo que "há diversidade de dons, mas o Espírito é o mesmo" (1Cor 12,4). Embora Paulo vá disciplinar, tentar organizar, hierarquizar as manifestações do Espírito, não irá de forma alguma duvidar delas. Mas, tudo seria manifestação do Espírito? Ele coloca claramente dois critérios pelos quais se pode perceber o Espírito de Deus agindo: a confissão de fé em Jesus Cristo ("Por isso, faço-vos saber que ninguém falando no Espírito de Deus, pode dizer 'maldito seja Jesus' e ninguém pode dizer 'Jesus é o Senhor' senão pelo Espírito Santo" 1Cor 12,3) e o bem comum ("A cada um é dada a manifestação do Espírito em vista do bem comum" – 1Cor 12,7). Volta-se com isso ao fundamento da pneumatologia paulina: a presença do Espírito faz perceber a realidade de Jesus (e disso decorre a fé) e esta presença é força transformadora da realidade (em vista do bem comum). Paulo não distingue tanto a ação do Espírito, a ação do Senhor e as consequências. Para ele, isso acontece num só movimento: "O Senhor é o Espírito, e onde está o Espírito do Senhor, há liberdade" (2Cor 3,17).

3.2.2 *Os sinóticos e Atos dos Apóstolos: Jesus repleto do Espírito Santo*

O Espírito Santo e sua ação ocupa um espaço relativamente pequeno nos evangelhos sinóticos, com uma importância um pouco maior no texto de Lucas e bem mais marcante nos Atos dos Apóstolos. A apresentação de Atos aqui junto aos sinóticos se deve ao fato de ser considerado uma obra única do autor Lucas. O foco central dos sinóticos é a ação e pregação de Jesus, o Messias. Com exceção de Lucas (Evangelho e Atos dos Apóstolos), nos textos sinóticos não têm muitas passagens sobre o Espírito Santo. Neles, se pode dizer que o Espírito aparece em quatro momentos distintos, embora não em todos os textos e nem com a mesma intensidade: em torno do nascimento de Jesus, na cena do batismo de Jesus, em momentos de sua missão e na narrativa da ascensão (que em Atos se estende para a narrativa de Pentecostes). Destes, a presença do Espírito na cena do batismo de Jesus é a que mais chama a atenção.

O nascimento de Jesus por obra do Espírito Santo. No que tange à ligação entre o nascimento de Jesus e a ação do Espírito Santo, os textos sinóticos são bem diferentes entre si. O texto do Evangelho de Marcos se inicia com a ação de João Batista e o batismo de Jesus, sem qualquer menção ao nascimento ou infância de Jesus. O evangelista Mateus traz uma narrativa do nascimento e infância de Jesus e nela há duas citações sobre Espírito Santo, ambas no mesmo sentido e contexto em que se descreve a situação de José com a gravidez de Maria, pois "antes de morarem juntos, ficou grávida do Espírito Santo" (Mt 1,18b). O texto introduz então a cena do anjo no sonho de José: "Mas enquanto assim pensava (abandonar Maria), eis que um anjo do Senhor lhe apareceu em sonho e disse: 'José filho de Davi não tenhas medo de receber Maria, tua esposa, pois o que nela foi gerado vem do Espírito Santo'" (Mt 1,20). O texto traz dois elementos comuns à tradição judaica pelos quais Deus se comunica: o anjo e o sonho. Mas a afirmação central é o poder gerador de Deus, através do Espírito que suscita vida, recordando de certa maneira a própria afirmação do Gênesis.

No texto de Lucas, a presença do Espírito Santo no nascimento e infância de Jesus é já bem mais abundante. O Espírito Santo é a força que conduz o acontecimento como um todo e aparece já no anúncio do nascimento de João Batista, na cena do diálogo do anjo com Zacarias. Este está no Templo de Jerusalém, e mais precisamente, "no santuário do Senhor", ou seja, na parte entendida como o lugar central da representação da presença da divindade para o judaísmo. E é ali que acontece o encontro com o anjo que anuncia a Zacarias o nascimento de seu filho João, e entre outros atributos, o anjo diz a respeito do menino que irá nascer: "Ele será grande diante do Senhor. Não beberá vinho nem licor e desde o ventre de sua mãe estará cheio do Espírito Santo" (Lc 1,15). Para Lucas, pois, Deus mesmo (através do anjo) anuncia de seu lugar simbólico o nascimento do precursor de Jesus. Portanto, o Espírito Santo já precede o próprio nascimento, plenificando a ação de uma pessoa e a preenchendo (cheio do Espírito Santo) desde o ventre de sua mãe. Esta pessoa irá se dedicar à missão religiosa (não beber vinho, nem licor era sinal de cumprir um voto a Deus, segundo Nm 6,3). A menção seguinte ao Espírito Santo é novamente um diálogo com o anjo, desta vez com Maria, à qual é anunciado que conceberá. Esta cena, aliás, do diálogo entre o Anjo Gabriel e Maria, é um texto composto por Lucas com extrema delicadeza: Maria tem dúvidas sobre o que ocorrerá e o anjo a esclarece. E "Maria perguntou ao anjo: 'Como acontecerá isso, pois não conheço homem?' Em resposta o anjo lhe disse: 'O Espírito Santo virá sobre e ti e o poder do Altíssimo te cobrirá com a sua sombra; é por isso que o menino santo que vai nascer será chamado Filho de Deus" (Lc 1,34-35). Se na cena anterior o precursor, João, estará cheio do Espírito Santo, aqui é sobre Maria que virá o Espírito Santo e a cobrirá. Novamente, no caminho da vinda de Jesus, alguém sobre a qual estará o Espírito Santo. Assim, a cada passo, o texto de Lucas vai mostrando que o ambiente que prepara a vinda de Jesus está cheio com a presença do Espírito Santo. E esta mesma plenitude da presença do Espírito Santo irá aparecer no contexto da visita de Maria a Isabel: "Aconteceu que, mal Isabel ouviu a saudação de Maria, a criança saltou em seu ventre; e Isabel, cheia do Espírito Santo, exclamou em voz alta: 'Bendita és tu entre as mulheres e bendito é o fruto do teu ventre [...]'" (Lc 1,41-42). Isabel, grávida de João, que será alguém "cheio do Espírito Santo", também aparece como "cheia do Espírito Santo". É o mesmo movimento de Lucas: os espaços dentro em que Jesus irá nascer, ele os anuncia como "cheios do Espírito Santo". A seguinte cena em que o Espírito Santo é nomeado no Evangelho de Lucas acontece no contexto da apresentação de Jesus ao Templo. "Havia em Jerusalém um homem chamado Simeão. Justo e piedoso, ele esperava a consolação de Israel, e o Espírito Santo estava com ele. Pelo Espírito Santo lhe fora revelado que não morreria sem primeiro ver o Cristo do Senhor. Movido pelo Espírito, veio ao Templo" (Lc 2,25-27). Agora já temos Jesus menino. E quem é posto em seu caminho? Novamente alguém com quem o Espírito Santo estava e se manifestava. E o encontro com Jesus acontece, porque Simeão "movido pelo Espírito" foi ao seu encontro no Templo. Novamente, os acontecimentos são envolvidos pela força do Espírito Santo. Desse modo, se pode ver que a pneumatologia lucana que aparece em torno do nascimento e infância de Jesus é marcada pela ideia de que o Espírito Santo enche as pessoas e o ambiente no qual Jesus adentra. E isso acontece não de forma unilateral ou impositiva: o Espírito é a comunicação do divino ao ser humano, bem dentro da teologia paulina, da qual bebe Lucas. Assim não deixa de ser interessante apontar que todas as quatro cenas em que ele nomeia o Espírito Santo em torno do nascimento e infância de Jesus, são cenas de diálogo: diálogo do anjo com Zacarias, diálogo do anjo com Maria, diálogo entre Isabel e Maria, diálogo de Simeão com a família de Jesus (ele tomou o menino em seus braços, cf. Lc 2,28). É no Espírito Santo que o humano percebe, experimenta a presença de Deus. E, para Lucas, o nascimento de Jesus é grande diálogo divino-humano, humano-divino: "Aconteça comigo segundo tua palavra" (Lc 1,38).

O Espírito desceu sobre ele. Nos três textos sinóticos, a passagem onde há maior similaridade na narrativa da presença do Espírito Santo é a do batismo de Jesus. Nos três há a afirmação de João Batista de que batiza com água, mas Jesus batizará no Espírito Santo (Mt 3,11b; Mc 1,8; Lc 3,16b) e também nos três a manifestação do Espírito Santo após o batismo de Jesus. E depois, os três textos afirmam que Jesus foi levado pelo Espírito ao deserto para ser tentado. Mas em meio a esta similaridade, há alguns elementos distintos entre os textos. A primeira afirmação de que Jesus batizará no Espírito Santo é a compreensão comum da comunidade cristã primitiva de que o batismo incorpora o fiel a Cristo pela ação do Espírito Santo. A fé e a adesão a Cristo acontecem pelo Espírito. Sem a ação dele, não há fé. Mateus e Lucas irão acrescentar à afirmação do Batista de que Jesus batizará no Espírito Santo um "e no fogo". Não há nenhuma precisão a este acréscimo e ele pode estar ligado tanto à ideia da vinda do Espírito Santo em fogo (Pentecostes), como à ideia da purificação pelo fogo ou então apontar para o sentido escatológico do batismo.

Na cena seguinte, Jesus é batizado por João e acontece a manifestação do Espírito logo após o batismo. A narrativa aparece com alguma diferença entre os textos sinóticos. Para Marcos: "E logo que saiu da água, viu os céus abertos e o Espírito descendo sobre ele como uma pomba. E do céu vinha uma voz que dizia: 'Tu és o meu filho amado, de ti eu me agrado'" (Mc 1,9-11). Para Mateus: "Depois de batizado, Jesus saiu logo da água. Nisso os céus se abriram, e ele viu o Espírito de Deus descer como uma pomba e pousar sobre ele. E do céu veio uma voz que dizia: 'Este é o meu Filho amado, de quem eu me agrado'" (Mt 3,16-17). Para Lucas: "Ao ser batizado todo o povo, e quando Jesus, depois de batizado, estava orando, o céu se abriu e o Espírito Santo desceu sobre ele em forma corpórea, como uma pomba. E do céu ouviu-se uma voz: 'Tu és meu Filho amado, de ti eu me agrado'" (Lc 3,21-22). Para Marcos e Mateus, a manifestação do Espírito ocorre quando Jesus sai da água. Parece uma alusão à afirmação de João, pois há o batismo com água e o batismo no Espírito Santo. Jesus saiu da água e acontece então a manifestação do Espírito Santo. É uma espécie de passagem de uma situação à outra: do batismo pelo Batista (com água) ao batismo no Espírito Santo. Lucas não traz este detalhe, mas traz outros dois elementos: diz que Jesus foi batizado junto com o povo e que orou após o batismo. Embora Marcos e Mateus suponham no contexto que mais pessoas eram batizadas, a cena do batismo de Jesus em si parece mais individualizada. E Lucas intercala ainda um momento entre o batismo e a manifestação do Espírito: Jesus "estava orando". No texto de Marcos se afirma que Jesus viu os céus abertos, indicando uma experiência pessoal, enquanto em Mateus e Lucas esta afirmação é impessoal. Em Marcos e Mateus é Jesus quem viu o Espírito descer, apontando novamente uma subjetividade da experiência, enquanto esta afirmação é impessoal em Lucas. Os três textos irão afirmar que o Espírito desceu como uma pomba, mas Lucas irá precisar: "em forma corpórea". Quanto à voz ouvida do céu, esta se dirige diretamente a Jesus ("Tu és") em Marcos e Lucas, mostrando uma subjetividade na apresentação, enquanto em Mateus a voz aponta para ele ("Este é"), como apresentando Jesus aos presentes (aos discípulos?). Ao colocarem a descida do Espírito Santo após o céu se abrir, os três evangelistas fazem uma separação entre o ato do batismo e a presença do Espírito. Esta não é decorrência direta do batismo, mas sim do céu que se abre. Trata-se claramente de uma coerência com a afirmação do Batista: o batismo com água e o batismo no Espírito Santo. Este é apresentado como vindo do céu aberto e não do ato de João. E o Espírito desce como uma pomba: é um símbolo. Qual seria a origem deste símbolo? Isso é controverso. Na tradição rabínica, o Espírito que pairava sobre as águas (no Gênesis) era representado como pomba. E há a pomba na cena de Noé, ao final do dilúvio (Gn 8,8-12). Mas não é claro de onde advém este simbolismo. Por outro lado, o "descer sobre" pode ser uma referência aos profetas do Antigo Testamento, sobre os quais também descia o Espírito de Deus. E sobre a voz "que do céu vinha", o texto não afirma ser do Espírito, mas o céu falando é uma confirmação do que é dito com autoridade divina (tu és o meu filho amado). A grande lição pneumatológica do batismo de Jesus, é apontar que ele é alguém sobre o qual está o Espírito Santo. Esta é a certeza de Mateus, Marcos e Lucas. E isso é importante afirmar neste lugar da narrativa, pois após o batismo, começa a chamada vida pública de Jesus. Ele passa a anunciar sua mensagem e fazer sua ação e o faz tendo o Espírito Santo sobre ele. Impulsionado pelo Espírito, Jesus irá enfrentar as dificuldades. É exatamente o que mostram os sinóticos ao dar sequência na narrativa após o batismo. Marcos afirma: "Logo depois, o Espírito o levou para o deserto" (Mc 1,12); Mateus diz: "Em seguida, Jesus foi levado pelo Espírito ao deserto para ser tentado pelo diabo" (Mt 4,1); e em Lucas: "Cheio do Espírito Santo, Jesus voltou do rio Jordão e foi levado pelo Espírito para o deserto, onde foi tentado pelo diabo durante quarenta dias" (Lc 4,1). Jesus é, pois, alguém "levado pelo Espírito", em tudo o que faz e diz.

O Espírito do Senhor está sobre mim. Durante o tempo da vida pública de Jesus, os textos sinóticos irão mencionar diversas vezes o Espírito Santo. Entre os evangelistas sinóticos, Marcos é o que menos faz referências ao Espírito Santo e Lucas é o mais pródigo. Duas menções são comuns nos três textos: a afirmação de que o pecado contra o Espírito Santo não será perdoado (Mc 3,28-30: "Eu vos asseguro que tudo será perdoado às pessoas, os pecados e até as blasfêmias que tiverem dito. Mas quem blasfemar contra o Espírito Santo jamais será perdoado, será réu de um pecado eterno. Falou assim porque diziam que ele estava possuído de espírito impuro"; Mt 12,31-32: "Por isso eu vos digo: As pessoas serão perdoadas por todo pecado e blasfêmia. Só não lhes será perdoada a blasfêmia contra o Espírito Santo. Se alguém disser uma palavra contra o Filho do homem, será perdoado. Mas se alguém falar contra o Espírito Santo não será perdoado, nem neste mundo, nem no futuro"; Lc 12,10: "Todo aquele que disser uma palavra contra o Filho do homem, será perdoado, mas quem blasfemar contra o Espírito Santo não será perdoado") e a afirmação da assistência do Espírito Santo que inspirará os discípulos a se defenderem em caso de serem entregues (Mc 13,11: "E quando vos levarem para entregar, não vos preocupeis com o que haveis de falar. Dizei o que na hora vos for inspirado, pois não sereis vós que falareis e sim o Espírito Santo"; Mt 10,19-20: "Quando vos entregarem, não vos preocupeis em saber como ou o que haveis de falar; porque naquela hora vos será inspirado o que deveis dizer. Não sereis vós que falareis, e sim o Espírito do Pai que falará por vós"; Lc 12,11-12: "Quando vos levarem diante das sinagogas, dos magistrados e das autoridades, não vos preocupeis com o como ou com o que haveis de responder ou com o que haveis de dizer, porque nessa hora o Espírito Santo vos ensinará o que deveis dizer"). O pecado contra o Espírito Santo não é interpretado como resultante de algum ato específico, mas sim a falta de fé ou a não aceitação da presença do Espírito Santo. Quem, pois, estiver nessas condições, o não perdão não é um castigo ou represália, mas sim estar (ou colocar-se) fora da ação do Espírito Santo por não crer. E, então, não é possível o perdão, pois não se está a seu alcance. A inspiração aos discípulos diante das autoridades é exatamente o inverso: quem está em Cristo, pela ação do Espírito Santo, este o irá conduzir e inspirar. Como Jesus agia pelo Espírito Santo, assim também as ações dos discípulos não são pessoais, mas sim conduzidas e inspiradas pelo Espírito Santo. Quanto a isso, os discípulos não precisam duvidar. Em uma passagem de Mateus, fica também claro que à época havia quem acusasse Jesus de estar agindo sob influência de um espírito espúrio (Belzebu). Ou seja, há uma tentativa de desautorizar Jesus de estar agindo impulsionado pelo Espírito de Deus. A eles, Jesus responde: "Se eu expulso os demônios por Belzebu, por quem os expulsam vossos filhos? Por isso, eles mesmos serão os vossos juízes. Mas, se é pelo Espírito de Deus que eu expulso os demônios, então o reino de Deus chegou até vós" (Mt 12,27-28).

A certeza de que Jesus age conduzido pelo Espírito Santo, quem mais claramente a explicita é o texto de Lucas. Se os três textos sinóticos mostram Jesus sendo levado pelo Espírito para o deserto, somente Lucas – após descrição da tentação – expressa a presença do Espírito na continuidade da missão de Jesus: "Com a força do Espírito, Jesus voltou para a Galileia, e sua fama correu por toda a região. Ensinava nas sinagogas deles e era elogiado por todos" (Lc 4,14-15). E é justamente na sinagoga da cidade de Nazaré, onde Jesus havia se criado, que ocorre a cena em que Jesus expressa sua consciência sobre estar imbuído pelo Espírito em sua missão. Jesus se levanta para ler e lhe foi dado o texto do Profeta Isaías. E lê: "O Espírito do Senhor está sobre mim, porque ele me ungiu para anunciar a boa-nova aos pobres; enviou-me para proclamar aos aprisionados a libertação, aos cegos a recuperação da vista, para pôr em liberdade os oprimidos e para anunciar um ano da graça do Senhor" (Lc 4,18-19). Os elementos deste texto de Isaías apresentam as características do Reino de Deus. Após a leitura, todos os presentes esperam dele algum comentário. "Então começou a falar-lhes: 'Hoje se cumpriu essa passagem da Escritura que acabais de ouvir'" (Lc 4,21). O anúncio e a ação em favor do Reino de Deus – tema central da pregação e atuação e Jesus – vêm aqui acompanhados da consciência do próprio Jesus de que é o Espírito do Senhor que o impele. Após mostrar como o Espírito enche o espaço onde Jesus vai nascer e se manifesta ou o acompanha em momentos decisivos, Lucas finalmente mostra a consciência de Jesus sobre a presença do Espírito nele. Não se trata de alguma manifestação pontual do Espírito: para Lucas, Jesus é cheio do Espírito (4,1), uma condição de ser e não uma exceção. E essa é a experiência manifestada por Jesus: "Hoje se cumpriu esta passagem". Para Lucas, Jesus expressa esta experiência e a respectiva consciência de ser um sujeito pneumatológico. Isso marca inclusive seus sentimentos, como aparece na passagem em que os 72 discípulos voltam da missão e relatam os prodígios que operaram. Lucas narra a reação de Jesus: "Naquela mesma hora, Jesus sentiu-se inundado de alegria no Espírito Santo e disse: 'Eu te louvo, Pai, Senhor do céu e da terra [...]'" (Lc 10,21). E, uma passagem que pode ser considerada uma verdadeira pérola na narrativa de Lucas, está no contexto em que Jesus ensina os discípulos a pedir a Deus com confiança, pois até os homens maus sabem dar coisas boas a seus filhos quando estes o pedem. E Jesus arremata: "Se, pois, vós que sois maus, sabeis dar coisas boas aos vossos filhos, quanto mais o Pai do céu saberá dar o Espírito Santo aos que pedirem" (Lc 11,13). Na versão de Mateus, o pai "dará coisas boas aos que pedirem" (Mt 7,11). Na narrativa lucana, a plenitude que o Pai dará é o Espírito Santo.

Ide ... batizando-os. Nos textos sinóticos, as últimas referências ao Espírito Santo aparecem na descrição da ascensão ou no envio dos discípulos à missão. O texto de Marcos não faz nenhuma referência ao Espírito. Mateus não tem uma cena da ascensão como Marcos e Lucas. Ele encerra o seu Evangelho com a promessa de que permanece com os discípulos "até o fim do mundo" (Mt 28,20). Mas antes aparece o envio e a ordem de batizar: "Ide, pois, fazei discípulos meus todos os povos, batizando-os em nome do Pai e do Filho e do Espírito Santo" (Mt 28,19). Essa fórmula, que não aparecera até então no texto, irá se consagrar na tradição cristã especialmente como a fórmula batismal, mas irá transcender isso, tornando-se uma expressão utilizada em muitos contextos. Nela não há nenhuma separação: o batismo acontece "em nome do Pai e do Filho e do Espírito Santo". Não se batiza "em nome de Jesus" e nem se alude ao "batismo no Espírito Santo", expressão que ocorre em outros lugares do Novo Testamento. No texto de Lucas, ao final do seu Evangelho, não aparece diretamente a expressão Espírito Santo, mas uma alusão a ele. "Eu vos mandarei aquele que meu Pai prometeu. Por isso, permanecei na cidade até que sejais revestidos da força do alto" (Lc 24,49). Mas Lucas continua seu texto em Atos dos Apóstolos: "Escrevi, o primeiro livro, ó Teófilo, sobre tudo o que Jesus começou a fazer e ensinar, até o dia em que, depois de ter dado ordens pelo Espírito Santo aos apóstolos que escolhera, foi elevado ao alto" (At 1,1-2). E se o Evangelho de Lucas é entre os sinóticos o texto onde mais claramente se explicita que Jesus age cheio do Espírito Santo, nos Atos dos Apóstolos essa profusão da experiência do Espírito irá se mostrar agindo na comunidade dos discípulos.

Atos dos Apóstolos ou Atos do Espírito. No início de seu segundo livro, após dizer que Jesus dera ordens aos apóstolos pelo Espírito Santo (At 1,2), no texto de Atos, Lucas apresenta Jesus recordando a promessa do Batista: "Porque João batizava com água, mas vós sereis batizados com o Espírito Santo daqui a poucos dias" (At 1,5). O texto de Atos é claramente uma continuação do texto do Evangelho. Nele, o Ressuscitado ainda está entre os seus e na narrativa da ascensão há então a passagem do tempo da ação de Jesus, para o tempo da ação dos discípulos. E, nas palavras do próprio Jesus, essa passagem é possibilitada pelo Espírito Santo. Na ascensão, em Atos dos Apóstolos, Jesus afirma: "Mas recebereis uma força, o Espírito Santo que virá sobre vós, e sereis minhas testemunhas em Jerusalém, em toda a Judeia e Samaria, até os confins da terra" (At 1,8). Jesus repete aqui praticamente o texto do anjo a Maria na anunciação ("O Espírito Santo virá sobre ti". Lc 1,35): "O Espírito Santo que virá sobre vós". É um anúncio de nascimento. É como se a comunidade dos discípulos pudesse então fazer Jesus nascer (na Judeia, Samaria e até os confins da terra). E ela o fará por estar com o Espírito Santo sobre ela. Se no começo do Evangelho de Lucas há vários anúncios da presença do Espírito Santo conduzindo os acontecimentos, isso se repete no início do texto de Atos dos Apóstolos. Aqui, entretanto, conduzindo o nascimento da comunidade de discípulos. Para Lucas, nada está fora da ação do Espírito. Até o destino trágico de Judas é visto como algo que havia sido já anunciado pelo Espírito Santo (At 1,16: "Irmãos, era preciso que se cumprisse a Escritura que, pela boa de Davi, o Espírito Santo tinha anunciado sobre Judas, o guia dos que prenderam Jesus").

A certeza de fé de Lucas na ação do Espírito conduzindo os acontecimentos aparece inclusive na grande frequência em que a palavra "*pneuma*" ocorre no texto de Atos. O texto usará 68 vezes o termo, sendo 37 delas nos primeiros 12 capítulos (HILBERATH, 2000, p. 432). Em nenhum outro texto do Novo Testamento há uma presença tão densa. A frequência com que uma palavra ocorre não fala por si mesma, mas mostra claramente como a ideia da presença do Espírito estava viva na memória de Lucas ao redigir os Atos dos Apóstolos.

Após um texto introdutório (o primeiro capítulo), Lucas irá apresentar a narrativa que se tornou o maior símbolo da manifestação pneumática no texto bíblico: A vinda do Espírito Santo no dia de Pentecostes: "Chegado o dia de Pentecostes, estavam todos reunidos no mesmo lugar. De repente veio do céu um ruído, como de um vento impetuoso, que encheu toda a casa onde estavam sentados. Viram aparecer, então, uma espécie de línguas de fogo, que se repartiram e foram pousar sobre cada um deles. Todos ficaram cheios do Espírito Santo e começaram a falar em outras línguas, conforme o Espírito Santo lhes concedia que falassem. Ora, em Jerusalém moravam judeus, homens piedosos de todas as nações que há debaixo do céu. Ouvindo aquele ruído, acorreu muita gente e se maravilhava de que cada um ouvisse falar em sua própria língua. Profundamente impressionados, manifestavam a sua admiração e diziam: 'Estes que estão falando não são todos galileus? Como, então, todos nós os ouvimos falar, cada um em nossa própria língua materna? Partos, medos, elamitas, os que habitam a Mesopotâmia, a Judeia, a Capadócia, o Ponto, a Ásia, a Frígia, a Panfília, o Egito e as províncias da Líbia, próximas de Cirene, peregrinos romanos, judeus ou convertidos ao judaísmo, cretenses e árabes – todos os ouvimos falar as grandezas de Deus em nossas próprias línguas'. Atônitos e fora de si, diziam uns para os outros: 'O que quer dizer isso?' Outros, zombando, diziam: 'Eles estão cheios de vinho'" (At 2,1-13).

O texto construído com esmero por Lucas é cheio de teologia simbólica e paralelismos com outras passagens bíblicas. Alguns elementos de sua construção: (a) O dia de Pentecostes. A festa judaica de Pentecostes (*shavuot*) era inicialmente uma festa agrária (da colheita), mas que com o tempo se tornara a festa da dádiva da Torá. No texto de Êxodo (34,29-35) Moisés desce do Sinai, onde se encontrara com Deus, com as placas da aliança. E fala a toda a comunidade reunida (Ex 35,4). No texto lucano, todos estavam reunidos e do céu é que veio a manifestação divina. (b) O vento impetuoso e as línguas de fogo. Diferentemente das descrições dos sinóticos (inclusive de Lucas) por ocasião do batismo de Jesus, em que o Espírito Santo é descrito em forma de pomba, no texto de Pentecostes este simbolismo não é utilizado. Ao invés disso, aparece o vento impetuoso e as línguas de fogo. O simbolismo do vento remonta ao fato de que tanto no hebraico (*ruah*) quanto no grego (*pneuma*), os termos para espírito significam também vento. Já as línguas de fogo têm um aspecto simbólico bastante amplo: o fogo é purificador, entendido como elemento de conversão; no texto do batismo de Jesus, tanto em Mateus quanto em Lucas, o Batista anuncia que após ele virá alguém que batizará no Espírito "e no fogo", o que pode ter feito com que Lucas retome aqui este simbolismo; as línguas estão aqui relacionadas à fala, à capacidade de se comunicar, sendo que esta foi dada a cada qual ("foram pousar sobre cada um deles"); as línguas de fogo também podem estar relacionadas à purificação da fala que permite profetizar, seguindo o texto de Isaías (6,6-7), onde após ter tido os lábios tocados por brasa, ele está pronto para a missão: "Aqui estou, envia-me" (Is 6,8b). (c) O batismo da comunidade. Na descrição do evento de Pentecostes, acontece uma espécie de confirmação do batismo da comunidade. Após Jesus ter sido batizado, desceu sobre Ele o Espírito Santo. A comunidade, agora testemunha do Senhor ressuscitado, também recebe o Espírito, confirmando-a. (d) O Espírito Santo enche os espaços e as pessoas. Lucas irá utilizar duas vezes na descrição uma ideia que lhe é muito cara e à qual recorre muitas vezes quando se refere à manifestação do Espírito: os espaços de manifestação ficam cheios do Espírito Santo, as pessoas nas quais o Espírito se manifesta ficam cheias de sua presença. Assim o vento impetuoso "encheu toda a casa onde estavam" e "todos ficaram cheios do Espírito Santo". Para Lucas é muito claro que o Espírito toma, preenche, inunda a realidade toda (seja o espaço, seja a pessoa). Não há como ser tomado somente em parte pelo Espírito. (e) E começaram a falar. A manifestação do Espírito Santo é comunicação de Deus. O Espírito faz acontecer, ele movimenta. A presença do Espírito não gera uma qualidade estática na pessoa que o recebe: ele impulsiona, movimenta, leva a algo. E uma ação comum da manifestação do Espírito é a fala, a comunicação. Assim já no batismo: após a manifestação do Espírito, veio a fala: "Tu és o meu filho amado, de ti eu me agrado" (Lc 3,22). Cheios do Espírito Santo, os discípulos começam a falar. (f) O entendimento em muitas línguas. O texto de Lucas irá descrever com diversos detalhes o fato de que o que era anunciado pelos que estavam "cheios do Espírito Santo" era entendido por pessoas de origens e línguas diversas. Um paralelismo muito comum aqui evocado é que a manifestação do Espírito Santo sobre os discípulos de Jesus reverte o que acontecera na Torre de Babel (Gn 11). No texto do Gênesis, o povo falava uma única língua, mas no afã de querer construir uma torre que chegasse até o céu e ficasse assim famoso, o próprio Senhor desceu e confundiu a língua de todos, de modo que não mais se entendiam. Com a ressurreição de Jesus, o curso da história é retomado: ele é o novo Adão, diz Paulo (de quem Lucas era discípulo). A confusão de Babel é desfeita e todos passam a se entender. Todos, na verdade não, pois àqueles a quem o Espírito não se manifestou, não foram capazes de entender o acontecimento ("Outros, zombando, diziam: 'Eles estão cheios de vinho'". At 2,13). Mas a descrição de que todos entendiam o que era falado, aponta também para a universalização da mensagem de Jesus ("até os confins da terra"). Na tradição paulina – da qual Lucas compartilha – é muito claro o destino universal da mensagem. A fala e o entendimento em muitas línguas, descrito por Lucas na cena de Pentecostes, é também uma forma de dizer que a mensagem ultrapassa a língua dos judeus e atinge muitas outras linguagens.

O que segue, no texto de Atos dos Apóstolos, ao relato da experiência do Espírito Santo, descreve claramente a pneumatologia de Lucas. Quando começa a manifestação do vento impetuoso, todos "estavam sentados" (At 2,2). Ao final da narrativa da experiência de Pentecostes, afirma Lucas que "em companhia dos Onze, Pedro se pôs de pé e lhes falou em voz alta" (At 2,14a). É o que opera a presença do Espírito: de calados, eles começam a falar; de sentados, eles se põem de pé. O Espírito Santo é para Lucas o impulsionador da comunidade cristã. Este impulso do Espírito não está limitado àqueles sobre os quais pousaram as línguas de fogo. A presença do Espírito faz com que a missão seja transmitida adiante. Assim, ao terminar o discurso de Pedro, os que o ouviram, "perguntaram a Pedro e aos outros apóstolos: 'Irmãos, o que devemos fazer?' Pedro respondeu: 'Arrependei-vos e cada um de vós seja batizado em nome de Jesus Cristo para o perdão dos pecados, e recebereis o dom o Espírito Santo" (At 2,37-38). "Em 'Pentecostes' discípulas e discípulos de Jesus foram dominados por um poder que interpretavam como o Espírito Santo prometido. Este lhes deu a força de anunciar o Evangelho do Senhor Jesus Cristo a todos os povos" (HILBERATH, 2000, p. 433). Nisso se pode ver claramente o paradigma pneumatológico de Lucas: o Espírito Santo vai fazendo as ações acontecerem. É o Espírito Santo o verdadeiro sujeito da ação dos discípulos.

O fenômeno de Pentecostes não é um acontecimento fechado em si: ele suscita consequências. A pregação de Pedro é a primeira coisa mostrada por Lucas. Na própria pregação, Pedro afirma que o Espírito Santo foi "derramado sobre nós" (At 2,33). É o gesto da unção: não ungidos com óleo, mas ungidos pelo Espírito derramado. Essa unção no Espírito, que expande a comunidade dos fiéis, Lucas mostra que age não só pelas falas: ela opera conversões, curas; ela age inclusive pela imposição das mãos por parte tanto de Pedro (At 8,14-18), como de Paulo (19,1-7).

O Espírito Santo é a força determinante na condução da Igreja (At 5,1-11; 15,28). A atuação missionária é especialmente vista pelos Atos como conduzida pelo Espírito Santo (At 9,17; 13,4; 16,6; 20,22; 21,11; 28,22) e a Igreja aumentava em número pelo impulso do Espírito Santo (At 9,31). Há, pois, uma ligação intrínseca entre eclesiologia e pneumatologia nos Atos dos Apóstolos. A Igreja é a comunidade impulsionada pelo Espírito Santo mais do que pelas questões individuais. A ação da Igreja é sempre ação do Espírito.

Se nos evangelhos o Espírito Santo é sempre visto com Jesus, no texto de Atos dos Apóstolos há uma certa ação entendida como autônoma, por parte do Espírito. Um exemplo interessante disso é o texto do chamado decreto apostólico, decorrente do Concílio de Jerusalém, no qual se discutiu a controvérsia sobre a circuncisão. Nesse texto se afirma: "Pareceu bem ao Espírito Santo e a nós..." (At 15,28). O Espírito Santo é aqui invocado como uma espécie de autoridade independente, que aprovara inclusive o decreto conciliar. Nesta forma de conduzir o seu texto, Lucas deixa claro que não entende a ação do Espírito Santo como algo que acontece em momentos extraordinários. Lucas até conhece momentos assim. Mas não fixa e não discute a ação do Espírito Santo neles. Para ele, a grande ação do Espírito Santo é a condução da comunidade, da Igreja. Por sua ação, a comunidade se expande, por sua ação os fiéis operam conversões e fazem os batismos, por sua ação acontecem os serviços, por sua ação a salvação se realiza, se concretiza na história.

O segundo texto de Lucas, que a tradição convencionou chamar de Atos dos Apóstolos, poderia talvez mais apropriadamente ser chamado de Atos do Espírito, pois Lucas descreve como a mensagem de Jesus se expande, por feitos daqueles que foram batizados e receberam o Espírito Santo. Estes são os apóstolos para Lucas: os que agem impulsionados pelo Espírito Santo. Assim, se no início do texto, Lucas está interessado na escolha de um sucessor de Judas, para que se recompusesse o número de doze apóstolos, aos poucos essa palavra não mais irá ser usada para os Doze, mas sim para os que anunciam a mensagem do Ressuscitado. Desta forma, Paulo e Barnabé, por exemplo, serão chamados também de Apóstolos. Mas o texto de Lucas não está interessado no destino dos Apóstolos, seja dos Doze – que aliás desaparecem logo do texto – seja de Paulo, que irá ter um papel importante na narrativa. Lucas está interessado no destino da mensagem. Por isso sua obra termina quando Paulo – por dois anos inteiros – ficou em Roma "pregando o reino de Deus e ensinando com toda liberdade e sem obstáculo as coisas a respeito do Senhor Jesus Cristo (At 28,31). Ou seja, a mensagem chegara ao centro do império, que controlava "até os confins da terra", e ali chegara porque se cumpriu a promessa de Jesus: "Recebereis uma força, o Espírito Santo que virá sobre vós; e sereis minhas testemunhas em Jerusalém, em toda a Judeia e Samaria, até os confins da terra" (At 1,8).

3.2.3 *O Espírito da verdade como presença divina nos textos de João*

O último bloco que se quer abordar aqui como reflexão sobre o Espírito Santo a partir do Novo Testamento é o testemunho do chamado Quarto Evangelho, que a tradição atribui a João. Os evangelhos de Mateus, Marcos e Lucas são chamados de sinóticos, por terem uma óptica comum em apresentar Jesus, o Messias. No que tange à pneumatologia, como já apresentado, nesses textos o Espírito Santo é quem aponta para a messianidade de Jesus, ao mesmo tempo que apresentam e possibilitam a ação do Filho de Deus. Jesus é alguém sobre o qual está o Espírito. Lucas (Evangelho e Atos) é quem com mais clareza irá mostrar a ação do Espírito Santo como ação propiciadora da manifestação de Jesus e sua mensagem. É a chamada cristologia ascendente: Jesus vai sendo reconhecido como o Messias prometido. O Quarto Evangelho difere da lógica dos sinóticos – entre outros elementos – pelo fato de não haver o segredo messiânico, de Jesus ser percebido aos poucos pelos seus ouvintes como o Ungido de Deus. O Evangelho de João adota o que se chama de cristologia descendente: é claro desde o início que Jesus é a Palavra de Deus encarnada. E a obra de João é então testemunha disso. Aliás, esta é uma expressão que sempre retorna no texto do Quarto Evangelho: testemunha, dar testemunho, ser testemunha [da verdade]. João usa essa expressão como uma espécie de chancela do anúncio feito no início do texto: "Era esta a luz verdadeira que, vindo ao mundo, ilumina todas as pessoas" (Jo 1,9).

O Espírito testemunha e faz testemunhar... e o testemunho é verdadeiro. No Evangelho de João não há propriamente uma descrição do batismo de Jesus. Mas pelo contexto (Jo 1,19-34), se entende que Jesus teria sido batizado, embora isso não fique tão explícito. Para o evangelista, entretanto, não é necessária uma descrição da cena do batismo. Central é o testemunho sobre Jesus: "No dia seguinte, João viu Jesus aproximar-se e disse: 'Eis o Cordeiro de Deus que tira o pecado do mundo [...]'. E João deu testemunho, dizendo: 'Eu vi o Espírito descer do céu em forma de pomba e permanecer sobre ele. Eu não o conhecia, mas quem me enviou para batizar com água me disse: Aquele sobre quem vires descer o Espírito e permanecer, esse é que batiza no Espírito Santo. Eu vi e dou testemunho que este é o Filho de Deus'" (Jo 1,29.32-34). Jesus é o Filho de Deus: esta é a afirmação central. Quem dá testemunho disso é o Batista. Mas ele só pode fazê-lo porque viu "o Espírito descer do céu em forma de pomba e permanecer sobre ele". A presença do Espírito faz a verdade sobre Jesus ficar às claras. E isso por si só, ou seja, pela percepção ou experiência do Espírito Santo e não por dedução ou informação ou convencimento, dado que "eu não o conhecia". O Espírito Santo é o sinal da verdade, que garante a João Batista poder testemunhar. E o que ele testemunha, pelo Espírito Santo, é verdadeiro. O evangelista João faz uma espécie de inversão: nos sinóticos o Espírito se manifesta depois da ação do Batista; no Quarto Evangelho, o Batista fala sobre Jesus a partir da experiência do Espírito Santo. Há uma ligação entre a messianidade em Jesus e o Espírito estar com ele. Os atos que o acompanham dão testemunho desta ação do Espírito em Jesus. A pessoa de Jesus e tudo o que ele faz é repleto do Espírito. A relação entre Jesus e o Espírito Santo é algo intrínseco. Para o evangelista João, a questão decisiva é a percepção desta relação. Assim, em muitos momentos, o texto mostra Jesus em diálogo com pessoas que não percebem isso e então não entendem o que Ele diz. Um dos exemplos é o encontro de Jesus com Nicodemos e o texto que segue (todo o cap. 3 de João). Ele era, como anota o Evangelho, "um judeu importante" (Jo 3,1) e procurou Jesus à noite (sinal da não percepção) para dialogar sobre a ação de Deus. Jesus lhe afirma que para ver o reino de Deus, é preciso nascer do alto. Nicodemos não entende: "Como pode nascer alguém que já é velho?"

(3,4). Jesus retoma: "Na verdade, eu te digo: 'quem não nascer da água e do Espírito Santo não pode entrar no reino de Deus. O que nasceu da carne é carne, o que nasceu do Espírito é espírito" (3,5-6). Quem não percebeu ou não experimentou a presença do Espírito Santo, não apenas não consegue alcançar o que Jesus diz, mas também não estará na situação da qual ele fala. E Nicodemos continua não entendendo (3,9). Ao que Jesus retruca: "Na verdade eu te digo: falamos do que sabemos e testemunhamos o que vimos, mas não aceitais o nosso testemunho" (3,11). Não se trata, pois, de conhecimento adquirido de instrução (pois Nicodemos era mestre em Israel), mas sim de testemunhar o que se vê. E o que se vê é a presença do Espírito. O texto de João tem, pois, dois momentos de apresentação do batismo e sua relação com a presença do Espírito: o momento de Jesus com o Batista e a discussão de Jesus com Nicodemos. São contextos diferentes, mas é a mesma pneumatologia. O batismo como sinal pneumatológico (e não eclesiológico, como será entendido mais tarde). O batismo é para o Evangelho de João um acontecimento pneumatológico. Em ambas as passagens não há a descrição do ato externo do batismo. Para João, o batismo é um acontecimento do Espírito. Nele há um novo nascimento: o nascimento para o Reino de Deus (Jo 3,5). O que nasce do Espírito é espírito (v. 8). Nisso a argumentação de João coincide com a pneumatologia paulina do novo nascimento.

Após o diálogo com Nicodemos – que aliás parece ter sido infrutífero – o evangelista traz um diálogo entre os discípulos do Batista e um judeu (3,22-30). Nesse diálogo, João Batista reconfirma o seu testemunho. E o capítulo se encerra com a afirmação da origem divina de Jesus: "Quem vem do céu está acima de todos. Dá testemunho do que viu e ouviu, mas ninguém aceita o seu testemunho. Quem aceita o seu testemunho confirma que Deus é verdadeiro. Aquele que Deus enviou fala as palavras de Deus, pois Deus lhe deu o Espírito sem medida. O Pai ama o Filho e lhe pôs todas as coisas na mão" (3,31b-35). Pelo Espírito que foi dado por Deus (sem medida), é que o testemunho sobre o verdadeiro Deus é possível. A afirmação de dar testemunho e o testemunho ser verdadeiro se estende por todo o texto do Quarto Evangelho e alcança inclusive as cartas de João: "E é o Espírito que dá testemunho, porque o Espírito é a verdade" (1Jo 5,6b). Aqui aparece outra expressão cara aos textos de João: Espírito e verdade. A percepção da presença do Espírito é sinônimo de percepção da verdade. E a verdade para a qual o Espírito abre a percepção é sempre aquela anunciada no início do Evangelho: "E a Palavra se fez carne e habitou entre nós; vimos a sua glória, a glória de Filho único do Pai, cheio de graça e verdade" (Jo 1,14). Um dos textos exemplares desta percepção do Espírito e verdade em Jesus é o seu encontro e diálogo com a samaritana, no poço de Jacó (Jo 4,1-42). No início do diálogo, a samaritana reage até com certa irritação para com Jesus pelo fato de um judeu dirigir a palavra a ela ("Pois os judeus não se dão com os samaritanos" – Jo 4,9b). Na continuidade do diálogo, a mulher também não entende o que Jesus fala. Mas, diferentemente de Nicodemos, a samaritana vê ("Senhor vejo que és um profeta" – Jo 4,19). A partir deste reconhecer, é a samaritana quem deseja então receber mais da verdade e passa a perguntar a Jesus sobre o lugar correto de adoração a Deus. E Jesus encerra a explanação dizendo: "Mas vem a hora, e já chegou, em que os verdadeiros adoradores hão de adorar o Pai em espírito e verdade; estes são os adoradores que o pai deseja. Deus é espírito, e quem o adora deve adorá-lo em espírito e verdade" (Jo 4,23-24). E Jesus se dá a conhecer à samaritana como "o Messias". E ela passa então a anunciar essa verdade de tal forma que muitos samaritanos creram em Jesus (Jo 4,39). Mas isso só ocorreu porque a samaritana viu, ou seja, para ela se tornou clara a presença do Espírito; e quem percebe isso, percebe a verdade e dá testemunho de sua percepção e seu testemunho é verdadeiro.

A simbologia pneumatológica em João. Os sinóticos são unânimes em utilizar a pomba como símbolo do Espírito Santo na cena do batismo de Jesus. Além disso, Lucas irá usar o vento e as línguas de fogo como símbolos da manifestação do Espírito Santo quando da descrição de Pentecostes em Atos dos Apóstolos. João irá mencionar a pomba como símbolo do Espírito Santo no testemunho do Batista ("Eu vi o Espírito descer do céu em forma de pomba e permanecer sobre ele" – Jo 1,32), mas seus símbolos preferidos são o vento ou o sopro – o que coincide com Lucas em Atos – e a água. Assim, no encontro, a Nicodemos Jesus dirá que "o vento sopra para onde bem entende; tu ouves o barulho, mas não sabes de onde vem nem para onde vai. Assim é todo aquele que nasceu do Espírito" (Jo 3,8). Um segundo momento em que o Espírito Santo é relacionado com o sopro aparece quando o Ressuscitado aparece aos discípulos, lhes deseja paz e os envia. "Após essas palavras, soprou sobre eles e disse: 'Recebei o Espírito Santo. A quem perdoardes os pecados serão perdoados. A quem não perdoardes os pecados não serão perdoados" (Jo 20,22-23). Na linguagem simbólica de João, o sopro é por assim dizer quem faz o Espírito passar de Jesus aos discípulos. O símbolo da água aparece notadamente em três textos de João: no diálogo com Nicodemos ("Quem não nascer da água e dos Espírito Santo não pode entrar no reino de Deus" – Jo 3,50), no diálogo com a samaritana ("Quem bebe dessa água tornará a ter sede; mas quem beber da água que eu lhe der jamais terá sede. A água que eu lhe der será nele uma fonte que jorra para a vida eterna" – Jo 4,13-14) e com mais expressividade quando Jesus está em Jerusalém para a Festa judaica das Tendas (*sucot*) ("No último dia, o mais importante da festa, Jesus falou de pé, em voz alta: 'Se alguém tiver sede, venha a mim e beba. Quem crê em mim, como diz a Escritura, do seu interior correrão rios de água viva'. Referia-se ao Espírito que haviam de receber aqueles que cressem nele. De fato, ainda não tinha sido dado o Espírito, pois Jesus ainda não tinha sido glorificado" – Jo 7,37-39). A Festa das Tendas lembra o tempo de 40 anos que o povo de Israel passou no deserto, saindo do Egito em busca da Terra Prometida. Nesse período – narrado no Livro do Êxodo – uma das dificuldades era justamente a escassez de água. Faltou água e o Senhor ordenou a Moisés: "Pega a vara com que feriste o rio Nilo e caminha. Eu estarei na tua frente sobre o rochedo, lá no monte Horeb. Baterás no rochedo, e sairá água para que o povo possa beber" (Ex 17,5-6). Para recordar que o Senhor providenciara água ao seu povo, um dos rituais de *sucot* era a chamada oferenda da água. Jesus se apresenta como o rochedo do qual brota água para quem tem sede. Mas não a água igual à do deserto, mas sim a água viva. E desta só poderá experimentar quem receber o Espírito. E quem recebe o Espírito se tornará também fonte de água viva. Mas, como afirma o texto, isso só ocorrerá quando o Espírito for dado, algo que acontecerá somente após a glorificação de Jesus. Essa promessa do dom e ação do Espírito no futuro tem um nome no texto de João: o Paráclito.

O Paráclito: aquele que será enviado. João não tem uma descrição da vinda do Espírito Santo como o faz Lucas nos Atos, com a manifestação de Pentecostes. Mas tem, entretanto, de certa forma uma descrição pós-pascal semelhante: O Ressuscitado aparece aos discípulos, faz a saudação da paz, mostra-lhes as mãos e os lados, faz novamente a saudação da paz e os envia. E segue ao envio: "Após essas palavras, soprou sobre eles e disse: 'Recebei o Espírito Santo. A quem perdoardes os pecados serão perdoados. A quem não perdoardes os pecados não serão perdoados'" (Jo 20,22-23). Ou seja, no Evangelho de João, o reconhecimento do Ressuscitado é ao mesmo tempo manifestação do Espírito Santo, um Pentecostes portanto. As duas coisas se dão num único momento. Reconhecer o ressuscitado e receber o Espírito Santo são um único e mesmo movimento. Mas como o Ressuscitado continua a ser reconhecido ou experienciado? É aí que entra um elemento específico da pneumatologia de João: a figura do Paráclito. Os sinóticos não usam este termo, mas no Quarto Evangelho ele ocorre em cinco passagens: em quatro, de forma explícita, e na última implicitamente:

> Se me amais, guardareis meus mandamentos. Eu pedirei ao Pai, e Ele vos dará outro Paráclito, que estará convosco para sempre. Ele é o Espírito da verdade, que o mundo não pode receber porque não o vê nem o conhece. Vós o conheceis porque permanece convosco e está em vós. Não vos deixarei órfãos. Voltarei para vós (Jo 14,15-18).

> Mas o Paráclito, o Espírito Santo que o Pai enviará em meu nome, ele vos ensinará tudo e vos trará à memória tudo quanto eu vos disse (Jo 14,26).

> Quando vier o Paráclito, que eu vos enviarei da parte do Pai, o Espírito da verdade, que procede do Pai, ele dará testemunho de mim (Jo 15,26).

> No entanto, eu vos digo a verdade: convém a vós que eu vá. Pois, se eu não for, o Paráclito não virá a vós. Mas se eu for, eu o enviarei a vós. Quando ele vier, convencerá o mundo do que é pecado, justiça e julgamento (Jo 16,7-8).

> Muitas coisas ainda tenho para dizer-vos, mas não as podeis compreender agora. Quando vier o Espírito da verdade, ele vos guiará em toda a verdade, porque não falará de si mesmo, mas do que ouvir, e vos anunciará coisas futuras. Ele me glorificará porque receberá do que é meu e vos anunciará. Tudo que o Pai tem é meu. É por isso que eu disse: receberá do que é meu e vos anunciará (Jo 16,12-15).

A palavra "paráclito" é oriunda do verbo grego *parakalein*, que significa chamar junto, convidar. Mas também está ligado a consolar (*parakaleistai*). O substantivo *parakletos* (usado no texto de João) pode significar então "aquele que foi chamado para estar junto", ou também o consolador. O termo latino usado em algumas traduções pode talvez ajudar a indicar o sentido: *advocatus* (literalmente: chamado para estar junto). Com essas diversas nuanças, a palavra poderia ser traduzida de muitas formas para o português: o advogado, o consolador, o intercessor, o mediador, o defensor, o ajudador, o conselheiro, o encorajador, o animador. Mas nem toda essa profusão de possibilidades é utilizada nas traduções dos textos bíblicos para a língua portuguesa. Mesmo assim, foi encontrada uma relativa diversidade de termos nas múltiplas traduções portuguesas: consolador, conselheiro, advogado, ajudador e – o que tem sido opção de muitas versões – conservar o termo original "paráclito".

Para além da palavra e seu significado, o Evangelho de João usa o termo com alguns sentidos específicos sempre presentes: (a) o Paráclito virá. Em todas as cinco passagens os verbos estão em tempo futuro. É uma realidade posta para além do momento presente. Mas não se trata de um futuro absoluto ou escatológico e sim de um futuro em relação ao Filho, pois "se eu não for, o Paráclito não virá a vós. Mas se eu for, eu o enviarei a vós", diz Jesus. (b) O Paráclito será enviado. Outro elemento claramente presente é a ideia de que o Paráclito será enviado, será dado. O Paráclito não virá por si só; sua vinda subentende uma ação de envio ou de dádiva. (c) O Paráclito é o Espírito. Quatro das cinco passagens sobre o Paráclito em João o relacionam com o Espírito (três vezes com o Espírito da verdade e uma com o Espírito Santo). (d) O Paráclito é relacional. O termo "Paráclito" é escrito por João sempre em relação a: em relação ao Pai, em relação ao Filho e em relação aos dois. Há um sentido pessoal nestes termos e um sentido relacional, "que produz algo em favor de": ele ensinará, ele dará testemunho, ele estará com os discípulos, ele trará à memória, ele convencerá, ele guiará, enfim, múltiplas ações serão produzidas com a vinda futura do Paráclito.

De onde virá ou será enviado o Paráclito. A pergunta pela origem do Paráclito não é respondida no texto de João de forma única. Ele coloca diversas possibilidades. O Paráclito é enviado do Pai, dado pelo Pai ou enviado pelo Pai sob intercessão do Filho. Aparece claramente a iniciativa de Jesus (Filho) para a vinda do Paráclito. O Filho precisa inclusive ir, para enviar o Paráclito. Mas para João, a verdade de Deus sempre só pode vir no Filho e pelo Filho. Jesus é a revelação e ao mesmo tempo o mediador da revelação. Desta cristologia joanina é que se deduz a sua pneumatologia: a partir da ação do Filho. Ali acontece então, para João, esta ligação do Filho e com o Paráclito: este é presença e revelação continuada daquele (ele ensinará, ele trará à memória tudo o que vos disse). E ensinará as coisas do Pai. Há aqui uma unidade, entendida por João, não apenas funcional, mas também de essência (ontológica), pois "eu e o Pai somos um" (Jo 10,30).

Seria, então "paráclito" sinônimo de "Espírito Santo" no texto de João? Não, o termo "paráclito não é sinônimo para Espírito Santo. Na pneumatologia de João, o Paráclito é uma forma de expressão de manifestação, ou seja, é a expressão de João para deixar claro como o Espírito Santo se manifesta. Ou, para ser mais preciso, como o Espírito Santo é percebido em manifestação. Assim, se se diz "o consolador", não está expressando que nisso se resume e esgota a terceira pessoa da Trindade, mas sim que se manifesta (e é experienciada) a sua ação. Paráclito é expressão ativa e não definição ontológica. João não está dando uma definição de Espírito Santo ao usar o termo "paráclito", mas sim usando uma expressão experiencial. O Espírito Santo é (será) percebido como Paráclito; e então ficam claras as possibilidades de tradução do termo: o advogado, o consolador, o intercessor, o mediador, o defensor, o ajudador, o conselheiro, o encorajador, o animador.

Para João, essa é a forma de dizer a experiência. E isso sempre é dito em expressão que aparece ligada ao Filho. E ambos expressão do Pai. Expressão da verdade do Pai, expressão da mensagem do Pai, testemunhas da origem de ambos, o Pai. São portadores da fonte, no entender de João. Portadores não somente no sentido da mensagem, mas especialmente no sentido experiencial. Como a expressão está ligada à experiência e não é coextensiva ao Espírito Santo, o Quarto Evangelho vai falar inclusive em "outro Paráclito", e na Primeira Epístola de João, o próprio Jesus Cristo é chamado de Paráclito: "Meus filhinhos, eu vos escrevo isto para que não pequeis. Mas se alguém pecar, temos um intercessor junto ao Pai, Jesus Cristo" (1Jo 2,1). No texto grego, está o termo "paráclito", que aqui foi traduzido por intercessor, de modo a ficar claro que quando João usa este termo, está apontando uma experiência – geralmente ligada ao Espírito Santo – e não um ente.

Não se pode querer ler uma teologia da Trindade no Novo Testamento. Seria anacrônico. A relação que João faz entre Jesus e o Espírito Santo, e que pelo Espírito Santo, Jesus é percebido em sua manifestação, isto é, é percebido como o Filho de Deus. E Paráclito é a expressão que João usa para indicar o portador de Jesus Cristo dentro da história: nos discípulos, na comunidade. Sempre na história de quem o experiencia – e com isso dá testemunho. Assim, é claro para João que o evento Jesus Cristo não se encerra na sua história terrena, dado que ele sopra o Espírito Santo sobre eles. Assim, o "eu dou testemunho e o meu testemunho é verdadeiro" se torna realidade: por aquele que "está junto" (*advocatus*, paráclito), leia-se, que faz os discípulos experienciarem, perceberem que o Filho está junto. O próprio texto do Evangelho, João o entende como testemunho (Jo 20,30-31). Por isso também a outra expressão Espírito da verdade. Desta forma, ele inclusive não será um estranho, um algo a mais, pois "vós o conheceis" (Jo 14,17). Assim, os próprios discípulos serão continuidade do testemunho:

"E vós também dareis testemunho, porque desde o princípio estais comigo" (Jo 15,27). Não é só uma presença de lembrança, nem só uma presença de algum conteúdo da mensagem. Pelo Paráclito, o Espírito Santo que há de vir, a presença do Filho é sempre uma presença plena (experiência). Por isso, ele ainda pode "dizer muitas coisas" (Jo 16,12), dado que a presença do Filho glorificado é uma realidade permanente. Quem faz com que isso seja realidade, é o Espírito Santo, e a forma pela qual isso é perceptível, João chama de Paráclito.

O Paráclito também é a expressão em João para dizer Deus se mostrando, deixando-se perceber, não como uma ação excepcional, mas como estrutura de revelação dentro de toda a história. E assim fica clara a afirmação do início do texto de João: "No princípio era a Palavra e a Palavra estava com Deus, e a Palavra era Deus. No princípio ela estava com Deus. Todas as cosias foram feitas por meio dela e sem ela nada se fez do que foi feito" (Jo 1,1-3). "E a Palavra se fez carne e habitou ente nós; vimos a sua glória, a glória de Filho único do Pai, cheio de graça e verdade" (Jo 1,14). Isso é a ação do Paráclito e nisso se concentra a pneumatologia de João.

3.2.4 A pneumatologia do Novo Testamento: o Filho pelo Espírito é Deus presente e experienciado no mundo

Os textos neotestamentários não são tratados teológicos sistemáticos. Muito menos historiografia. Eles são testemunhos de algo que não se poderia limitar a tratados teológicos e muito menos a obras historiográficas. Eles ultrapassam essas categorias e devem ser vistos mais como testemunhos de experiências vividas pelos seus autores e aqueles que com eles conviveram. O centro desses relatos é indubitavelmente a pessoa de Jesus Cristo. Ele é o ponto de partida e o ponto de chegada do Novo Testamento. É da experiência em torno de sua ação, sua pregação, sua morte e ressurreição, sua glorificação e sua permanência nos discípulos que estes textos relatam. As passagens sobre o Espírito Santo precisam ser compreendidas primeiramente nesta linha: naquilo que elas se relacionam com Jesus, o Cristo. E nesta linha é imprescindível afirmar: as afirmativas sobre o Espírito Santo refletem igualmente a experiência dos discípulos, ou talvez dito de outra forma, o que se fala do Espírito Santo diz mais sobre a experiência dos discípulos do que faz propriamente alguma especulação ontológica sobre a relação Espírito Santo e divindade.

Os blocos de textos apresentados espelham modos diversos como essa experiência foi percebida e relatada. As experiências são muito distintas, mas em sua interpretação não se trata tanto de distingui-las por tipo, mas de perceber como o impacto que elas causaram foi relatado. Assim, a reflexão de Paulo sobre o Espírito Santo tem dois elementos como ponto de partida: a experiência pessoal e a lida com as manifestações entendidas como provindas da ação do Espírito Santo que ocorrem nas comunidades por ele fundadas. Dado que Paulo não conheceu o Jesus histórico, sua experiência religiosa pessoal foi algo decisivo e radical na sua trajetória. A caminho de Damasco – segundo a tradição – teria ele tido essa experiência com o Senhor Ressuscitado. Ela foi fundamental e transformou completamente a sua vida. Para Paulo, essa experiência é verdadeiramente cosmogônica. Ela fez surgir um novo cosmos, isto é, uma nova ordem de entender e proceder no mundo. E essa ordem, entende ele não ser apenas algo pessoal, pois a experiência com Jesus Cristo mostra que se iniciou um novo tempo: Cristo é o novo Adão, Ele é o primeiro entre muitos irmãos, Ele tem o senhorio da história. Perceber essa verdade ou essa realidade só é dado, para Paulo, por conta da ação do Espírito Santo: "Ninguém pode dizer 'Jesus é o Senhor' senão no Espírito Santo" (1Cor 12,3b). A experiência com o Ressuscitado é algo fundante para Paulo. E o acesso a ela acontece porque o Espírito Santo foi derramado no coração dos fiéis (Rm 5,5). Se Paulo, por um lado, estrutura toda a sua compreensão sobre a existência (e a sua própria vida) a partir de sua experiência de fé, por outro ele precisa lidar com situações nas comunidades nas quais também se entende que é o Espírito Santo agindo. Essas comunidades de cristãos haviam surgido a partir da pregação que ele mesmo faz, inspirado na sua experiência pessoal com o Senhor. Nesta segunda situação, Paulo age mais como um mediador e administrador: trata de reconhecer a ação do Espírito na diversidade de situações (1Cor 12,4), mas ao mesmo tempo procura orientar e organizar, colocando "o bem comum" (1Cor 12,7) como critério básico.

Os textos dos evangelhos sinóticos e dos Atos dos Apóstolos têm também uma experiência como ponto de partida: a percepção de que o Espírito Santo enche todo o ambiente em torno de Jesus. O Espírito Santo está com Ele, sobre Ele e a partir dele. Desde sua concepção ("O Espírito Santo virá sobre ti..." – Lc 1,35), passando pela sua ação ("O Espírito do Senhor está sobre mim" – Lc 4,18), até a sua permanência na ação dos discípulos ("Mas recebereis uma força, o Espírito Santo que virá sobre vós; e sereis minhas testemunhas em Jerusalém, em toda a Judeia e Samaria, até os confins da terra" – At 1,8). O acontecimento Jesus e o que os discípulos fazem como continuidade de sua missão é parte de uma única e mesma força divina: o Espírito Santo. E essa experiência eles consignam nos textos, cada qual com um algum acento próprio. Assim em Marcos, a palavra "espírito" tem uma acepção mais antropológica; em Mateus o termo aparece com uma conotação mais próxima à do Antigo Testamento, de força vital; em Lucas o espírito é o Espírito de Deus (BOFF, 2003, p. 22-25).

O texto de João se entende como testemunha. Testemunha do que ocorreu, mas não só: testemunha de que Jesus Cristo é o ponto convergente do universo, Ele é a Palavra pela qual todas as coisas foram feitas (Jo 1,3). A presença do Espírito Santo é a luz que faz com que isto seja percebido. Que o Espírito seja o Espírito da verdade que está com Deus, isto parece claro para o texto do Quarto Evangelho ("E João deu testemunho, dizendo 'Eu vi o Espírito descer do céu em forma de pomba e permanecer sobre ele'" – Jo 1,32). E a ação de Deus, em Espírito, virá a ajudar para que todos sejam iluminados por essa luz que veio ao mundo. A essa ação de Deus Espírito junto ao ser humano que o conduz, o ajuda a percebê-lo, João chama de Paráclito. É o nosso intercessor, advogado, conselheiro, ajudante! E isso define para João a experiência de tê-lo em nossa existência.

O Novo Testamento não tem uma pneumatologia explícita, mas implicitamente o que se pode perceber da narrativa a respeito do Espírito Santo é a força impetuosa desta experiência e sempre relacionada com o tema central de todos estes textos: Jesus Cristo. Pela força do Espírito, aqueles judeus que tiveram a experiência da presença do Ressuscitado tiveram seus universos religiosos totalmente modificados. Não mais o Templo de Jerusalém, nem a Lei eram agora mediadores de Deus. Jesus Cristo é o Filho de Deus experienciado em suas vidas. Desta realidade a presença do Espírito dava certeza. O Deus experienciado com proximidade e de forma imediata (sem mediações) gestou o cristianismo. Foram libertados de mediações (não mais escravos, vai dizer Paulo). A experiência de libertação na certeza da experiência do Deus em Espírito agindo. Visto e realizado em Jesus de Nazaré. É a partir dele que se sentiu a presença concreta de Deus. E poder estar nessa certeza é obra do Espírito Santo. Não há, pois uma experiência e convivência com Jesus e outra como Espírito Santo e as duas se encontram de vez em quando. Jesus é o ponto de partida e de chegada na experiência do Espírito Santo.

Enquanto os sinóticos e Atos veem Jesus como aquele que age conduzido pelo Espírito, mas ao mesmo tempo é o portador do Espírito (um interesse, pois pelo desenrolar concreto da história),

Paulo e João colocam a ação do Espírito em outra dimensão: a filiação divina no Espírito, pela qual as comunidades cristãs (Paulo) ou a ligação com Jesus (João) são suscitadas, são uma nova criação no Espírito, é um nascimento *ab origene*. É uma recriação, um recomeçar absoluto. Não cronológico, mas sim *kairológico*, isto é, não tem tempo datado, mas em templo de plenitude!

Deus assim experienciado reinterpreta a ação de Deus na existência, reinterpreta a compreensão de ser humano, reinterpreta a história. Mas o central não é que tenha havido reinterpretação. A força não é a mudança que houve. A força é a certeza da ação de Deus em Jesus e sua mensagem. E a experiência desta força é chamada de Espírito Santo. Ela é tão pujante, que ecoava vivamente ainda 60 a 70 anos depois quando João irá colocá-la por escrito. E passadas todas essas décadas, para ele é cada vez mais clara a certeza de que o que ocorreu tem a ver com o todo da existência. Perceber a ação e a força de Deus como Espírito não é um ato particular. Tudo foi feito assim, diz João no início de seu testemunho!

3.3 O desenvolvimento da pneumatologia na história do cristianismo

O estudo das narrativas sobre a presença do Espírito Santo no Antigo e no Novo Testamentos mostrou que, na Bíblia, o termo "espírito" (de Deus, Santo, de Sabedoria etc.) é utilizado sobretudo para expressar uma experiência. Não há a preocupação com uma definição ou com uma reflexão mais sistemática sobre este espírito. Fala-se *sobre* o Espírito Santo e não tanto *do* Espírito Santo. Sua presença é percebida à medida em que as pessoas o experimentaram: como arrebatador, como santificador, como aquele que envia, como aquele que impulsiona a fé. Enfim, o espírito é percebido em sua ação.

Essa presença do Espírito Santo é percebida de forma clara no Novo Testamento. Muitas são as vezes em que o texto bíblico o invoca, principalmente a comunidade primitiva em torno de Paulo (Cartas de Paulo, Evangelho de Lucas e Atos dos Apóstolos). A própria expressão Espírito Santo se firma definitivamente no período do Novo Testamento. Também já está ancorada no Novo Testamento a proclamação trinitária (Pai, Filho e Espírito Santo), embora esta não seja no Novo Testamento nenhuma definição dogmática, mas sim a proclamação de uma experiência de fé. Sobretudo a experiência pascal (o encontro com o ressuscitado) e o acontecimento de Pentecostes estão na base da proclamação trinitária. Páscoa e Pentecostes são os dois momentos fortes da experiência divina do Filho e do Espírito Santo.

A ação do Espírito Santo é mostrada nos evangelhos sobretudo como uma ação que acompanha Jesus. Há uma profunda ligação entre o Espírito Santo e Jesus. Ora Jesus é enviado, impulsionado pelo Espírito, ora é Jesus quem envia o Espírito. Nos quatro textos dos evangelhos, o Espírito Santo sempre aparece relacionado com Jesus. Nas cartas de Paulo aparece, porém de forma cada vez mais clara, a ação de certa forma autônoma do Espírito Santo, isto é, sem estar ligada diretamente a Jesus. Assim o Espírito Santo: fala, ordena, chama *abba*, ajuda, mora (nas pessoas), inspira cânticos, enche os fiéis com sua presença, ilumina, revela, alerta perante heresias, faz proclamar a fé etc. Paulo é quem, sobretudo, aponta para essas ações do Espírito, refletindo a experiência que tem ele mesmo do Espírito, bem como as experiências das comunidades.

Para o Novo Testamento é importante ressaltar que Espírito Santo está ligado à experiência: Espírito da Vida, Espírito da Verdade, Espírito da Liberdade, Espírito como mediador do conhecimento sobre Jesus Cristo, Espírito que suscita carismas, Espírito que impulsiona à pregação. A reflexão pneumatológica de Paulo irá colocar a importância do Espírito Santo para a compreensão antropológica: a percepção da presença do Espírito Santo no ser humano desencadeia nele uma nova compreensão de pessoa. Há também no Novo Testamento, sobretudo nas cartas de Paulo, fatos extraordinários atribuídos ao Espírito Santo como a glossolalia, os dons, a profecia. Estes, porém, tendem a diminuir rapidamente em importância com o desenvolvimento e organização da Igreja primitiva. No contexto missionário e sobretudo de organização eclesial, ganha importância a compreensão do Espírito Santo em sua ação na profecia, no anúncio, na interpretação das escrituras e na condução da comunidade. Mesmo estando presente, a temática do Espírito Santo não irá ocupar um lugar central nos escritos pós-apostólicos.

De um modo geral, na história teológica cristã, a temática do Espírito Santo será claramente – como já visto – um tanto marginal. A cristologia e a eclesiologia são os dois temas que irão aparecer com mais proeminência. A pneumatologia tem uma certa relevância de tempos em tempos. Mas isto não significa afirmar sua total ausência. Numa exposição panorâmica, iremos chamar atenção para momentos e ideias sobre o Espírito Santo ao longo da história do cristianismo.

3.3.1 A pneumatologia do cristianismo anterior aos concílios da Antiguidade

Em primeiro lugar é de se destacar que a maior parte das menções ao Espírito Santo nos primeiros escritos cristãos pós-apostólicos são uma espécie de continuidade das menções ao Espírito Santo nos textos neotestamentários. Assim aparecem muitas passagens mencionando conjuntamente o Filho e o Espírito Santo. São recordados textos dos evangelhos ou de Paulo, citando por exemplo que o Filho nasceu por intermédio do Espírito (citando o Evangelho de Lucas); a fórmula batismal de Mateus ("batizando-os em nome do Pai, do Filho e do Espírito Santo") aparece reiteradas vezes, seja com explicação da fórmula e rito batismal, seja como sinal de pertença à comunidade; igualmente recorrente é a afirmação de que o Espírito Santo ensina e talvez a temática mais recorrente seja a de que o Espírito Santo falou pelos profetas, dando assim tanto autoridade aos textos antigos, como recorrendo a eles para interpretar questões ou problemas na comunidade.

Não há, nos escritos cristãos do tempo pós-apostólico, nenhuma pneumatologia mais sistematizada, mas começam já a aparecer temáticas que mais tarde serão recorrentes nas interpretações sobre o Espírito Santo. Assim aparece a ideia de que as Escrituras são inspiradas pelo Espírito Santo, e embora não houvesse ainda neste período nenhuma definição a respeito de textos canônicos cristãos, o uso dos escritos de Paulo e dos quatro evangelhos terá uma clara proeminência. Outra temática recorrente neste período é a ligação entre Espírito Santo e Igreja. E, no caso de Igreja, aparece a discussão sobre quem age na comunidade imbuído legitimamente pelo Espírito Santo e esta ação começa a ser ligada com a hierarquia, especialmente com os epíscopos. Os bispos serão apontados em diversos escritos como portadores legítimos da ação do Espírito Santo. O aparecimento desta temática se deve, claramente, a divergências nas comunidades, onde a autoridade episcopal era posta em dúvida e estes, por sua vez, argumentam estarem na doutrina e sucessão dos apóstolos e o Espírito Santo era o garante disso.

Neste mesmo contexto, uma temática que também ocupou diversos escritos é a questão dos falsos profetas. Como discernir a ação de verdadeiros, da ação de falsos profetas. Parece ter havido muitos casos de dissenções por conta de lideranças nas comunidades, sendo que os escritos legitimam algumas e classificam outras de falsos profetas. Outra temática que aparece ora de modo mais explícito, ora menos, é o esforço de pensadores cristãos pela diferenciação da interpretação do Espírito Santo dentro do mundo grego. Aos poucos, o cristianismo migra da cultura judaica para a cultura grega e se há, por um lado, esforços por mostrar a interpretação cristã a respeito do Espírito Santo dentro da compreensão judaica – com convergências e divergências –, há um esforço bem maior para distinguir o pensamento cristão sobre o Espírito Santo, de compreensões de espírito que cursavam neste contexto cultural e que tendiam a interpretar tanto a figura de Jesus Cristo quanto o Espírito Santo, em chave de pensamento helênico.

É interessante observar neste âmbito das referências ao Espírito Santo nos inícios do cristianismo, elementos que aparecem na Primeira Carta de Clemente de Roma, escrita por volta do ano de 1996, um dos primeiros textos cristãos que não vai contar mais tarde entre os escritos sagrados. Embora na carta não apareça o nome de seu autor, a atribuição a Clemente de Roma é muito antiga e não paira dúvidas sobre ela. Não é claro, entretanto, quem é exatamente este Clemente, autor da carta. Seu texto gozava, porém, de grande reconhecimento no cristianismo primitivo, chegando a ser lido na assembleia dos fiéis, como afirmam Dionísio, bispo de Corinto em uma carta ao bispo de Roma no ano 170 e Eusébio de Cesareia em sua História Eclesiástica (século IV). O motivo dessa carta escrita à comunidade cristã de Corinto é o fato de haver nela divisões e brigas. Clemente pensa ser um absurdo que haja divisões, pois "para que haver brigas, ódios, disputas, divisões e guerras entre vós? Não temos nós um só Deus, um só Cristo, um só Espírito de graça, que foi derramado sobre nós, e uma só vocação em Cristo? Por que esquartejamos e rasgamos os membros de Cristo? Por que nos revoltamos contra o nosso próprio corpo, chegando a tal ponto de loucura? Esquecemo-nos de que somos membros uns dos outros?" (*Primeira Carta de Clemente aos Coríntios*, n. 46,5-7). Cada qual deve, segundo Clemente, estar submisso ao outro segundo a graça. Mas ao mesmo tempo insiste ele no reconhecimento da autoridade constituída na comunidade. A questão da divergência sobre este tema parece ser o motivo das brigas. Para ele, Deus enviou Cristo, Cristo enviou os Apóstolos pelo Espírito, os Apóstolos enviaram os epíscopos e diáconos. Estes são, pois, imbuídos do Espírito. "Eles [os apóstolos] receberam instruções e, repletos de certeza, por causa da ressurreição de nosso Senhor Jesus Cristo, fortificados pela Palavra de Deus e com a plena certeza dada pelo Espírito Santo, saíram anunciando que o Reino de Deus estava para chegar. Pregavam pelos campos e cidades, e aí produziam suas primícias, provando-as pelo Espírito, a fim de instituir com elas bispos e diáconos dos futuros fiéis" (*Primeira Carta de Clemente aos Coríntios*, n. 42,3-4). Há aqui, já no primeiro século cristão, uma ligação entre legitimidade do ministério e ação do Espírito Santo, unindo essa legitimidade à instrução a partir dos apóstolos. Trata-se mais da ideia de uma legítima continuidade na pregação e não tanto no ministério hierárquico propriamente dito, mas não se pode negar que há sim a presença da ligação entre legitimidade dos ministros e sucessão apostólica (mesmo que expresso em termos de pregação). Na Carta de Clemente de Roma à comunidade cristã de Corinto, aparece ainda uma outra ideia envolvendo o Espírito Santo, a da ligação deste com as Escrituras: "Vós vos curvastes sobre as Sagradas Escrituras, essas verdadeiras Escrituras dadas pelo Espírito Santo" (*Primeira Carta de Clemente aos Coríntios*, n. 45,2). Embora neste período não houvesse ainda nenhuma definição sobre os textos a serem considerados canônicos, Clemente irá usar a expressão "Sagradas Escrituras", o que demonstra haver entre a comunidade cristã a ideia de haver este tipo de escrituras. Na continuidade do texto, Clemente se reporta a personagens veterotestamentários, dando a entender que, ao falar de "Sagradas Escrituras", está se referindo a textos do Antigo Testamento. Clemente também irá se referir à Epístola de Paulo aos Coríntios ("a carta do bem-aventurado apóstolo Paulo"), e embora não fique claro que a considera escritura sagrada, afirma que Paulo a escreveu "divinamente inspirado". Clemente encerra a carta, reivindicando para seu próprio escrito também a inspiração do Espírito Santo e apelando para "a paz e a concórdia" na comunidade: "Vós nos dareis alegria e contentamento, se obedecerdes ao que escrevemos por meio do Espírito Santo, se acabardes com a cólera injusta da vossa inveja, segundo o pedido que vos dirigimos nesta carta, tendo em vista a paz e a concórdia" (*Primeira Carta de Clemente aos Coríntios*, n. 63,2). Não fica claro no texto o que pensa ele ao dizer que escreveu "por meio do Espírito Santo". Não parece se referir ao texto em si, mas à sua intenção. Seria o recurso ao Espírito Santo um meio apenas de requer mais credibilidade e anuência de seus leitores? Seria uma forma de acentuar seu bom propósito, o "bem comum" (1Cor 12,7), citado por Paulo como sinal da manifestação do Espírito Santo? Deste primeiro escrito cristão pós-apostólico que temos conhecimento ficam, pois, três elementos no que tange ao Espírito Santo: a afirmação de que os ministros constituídos (bispos e diáconos) estavam na sucessão da pregação da doutrina dos apóstolos, confirmada pelo Espírito Santo; que Espírito Santo é o doador das Sagradas Escrituras; e o apelo à paz e concórdia (o bem comum) como inspiração do Espírito Santo.

Outro escritor pós-apostólico antigo a afirmar algo sobre o Espírito Santo é Inácio de Antioquia. Segundo a tradição, teria ele sido o segundo bispo da comunidade cristã desta cidade. Havia sofrido com a perseguição do Imperador Trajano, que o enviara a Roma para o martírio. Não é claro se foi martirizado em Roma, mas a caminho, passando por diversas prisões, Inácio escreve cartas a comunidades de cristãos entre os anos 107 e 110. Destas, temos alguns testemunhos sobre a sua compreensão a respeito do Espírito Santo. Não chega, é claro, a ser uma pneumatologia, mas vestígios de como estes primeiros cristãos entendiam o papel e a ação do Espírito Santo. Assim, na Carta de Inácio aos Efésios, ele elogia a comunidade por não ter dado ouvidos a falsos ensinamentos.

> Eu soube que por aí passaram alguns, levando mau ensinamento. Vós, porém, não os deixastes semear em vosso meio, tapando os ouvidos para não receber o que eles semeiam, porque sois as pedras do templo do Pai, preparadas para a construção de Deus Pai, levantadas até o alto pela alavanca de Jesus Cristo, que é a cruz, usando a corda, que é o Espírito Santo. Vossa fé é o vosso guindaste, a fé é o caminho que eleva até Deus. Sois todos companheiros de viagem, portadores de Deus e do templo, portadores de Cristo e do Espírito Santo, portadores dos objetos sagrados, ornados em tudo com os mandamentos de Jesus Cristo. Estou alegre convosco, porque fui julgado digno de conversar convosco por meio desta carta, e de congratular-me pelo fato de que, vivendo a vida nova, não amais nenhuma outra coisa além de Deus (INÁCIO. *Carta aos efésios*, n. 9).

Fica claro do texto, que houve alguma pregação nesta comunidade do que Inácio chama de "mau ensinamento", mas a comunidade resiste a estes ensinamentos, baseada na fé em Deus Pai, em Jesus Cristo e no Espírito Santo. Ele faz uso da alegoria de uma construção, onde os cristãos são "pedras do templo", preparadas pelo Pai, alavancadas por Jesus Cristo, "usando a corda que é o Espírito Santo". Há aqui uma compreensão, de certa forma, instrumental do papel o Espírito Santo. Cita ainda Inácio, serem todos "portadores de Cristo e do Espírito Santo". O Espírito Santo é visto como garantia da decisão pelo ensinamento correto e por terem "tapado os ouvidos" aos outros. Neste sentido, Inácio aproxima-se de um elemento já apontado por Clemente de Roma: a invocação do Espírito Santo como garantia da legitimidade do ensinamento. Na Carta aos Magnésios, Inácio irá avançar na questão da legitimidade da doutrina conferida pelo Espírito Santo, mas a coloca claramente ligada à hierarquia:

> Procurai manter-vos firmes nos ensinamentos do Senhor e dos apóstolos, para que prospere tudo o que fizerdes na carne e no espírito, na fé e no amor, no Filho, no Pai e no Espírito, no princípio e no fim, unidos ao vosso digníssimo bispo e à preciosa coroa espiritual formada pelos vossos presbíteros e diáconos segundo Deus. Sejam submissos ao bispo e também uns aos outros, assim como Jesus Cristo se submeteu, na carne, ao Pai, e os apóstolos se submeteram a Cristo, ao Pai e ao Espírito, a fim de que haja união, tanto física como espiritual (INÁCIO. *Carta aos Magnésios*, n. 13).

A legitimidade dos "ensinamentos do Senhor e dos apóstolos" é vista na fé e amor "no Filho, no Pai e no Espírito", mas que esta ocorra na submissão ao bispo, dado que os apóstolos "se submeteram a Cristo, ao Pai e ao Espírito". A ação do Espírito Santo é vista como garantia da legitimidade dos ensinamentos, mas não em si, e sim na submissão ao bispo. O Espírito Santo é visto como garantia do ensinamento, mas essa garantia acontece na submissão à hierarquia. Fica implícita assim a ideia de que a hierarquia é a legítima portadora da ação do Espírito Santo. Essa ligação legitimadora entre a hierarquia e a ação do Espírito Santo irá aparecer mais claramente ainda na carta de Inácio aos Filadelfienses. Já na saudação, afirma ele que "ela [a Igreja de Filadélfia] é minha alegria eterna e duradoura, sobretudo se os seus fiéis permanecerem unidos com o bispo, com os presbíteros e os diáconos que estão com ele, estabelecidos conforme o pensamento de Jesus Cristo, o qual, segundo sua própria vontade, os fortificou e confirmou com o seu Espírito Santo". O pensamento de Inácio avança aqui num outro elemento, que é a afirmação de que bispo, presbíteros e diáconos foram "estabelecidos conforme o pensamento de Jesus Cristo", e foram fortificados e confirmados com o Espírito Santo. E reivindica a si mesmo a inspiração do Espírito ao exortar os fiéis desta comunidade à obediência ao bispo: "Foi o Espírito que me anunciou, dizendo: 'Não façais nada sem o bispo, guardai vosso corpo como templo de Deus, amai a união, fugi das divisões, sede imitadores de Jesus Cristo, como Ele também o é do seu Pai'" (INÁCIO. *Carta aos filadelfienses*, n. 7). Pano de fundo das afirmações de Inácio sobre essa íntima relação entre a autoridade (principalmente o bispo) e a sua legitimação pelo Espírito Santo é a questão da unidade nas comunidades. Este parece ter sido um problema grave no período pós-apostólico, no qual principalmente os epíscopos irão buscar a legitimação de sua função na sucessão dos apóstolos, enviados por Jesus Cristo e portadores da ação do Espírito Santo. Essa compreensão teológica parece se solidificar já no início do segundo século.

Um escrito cristão do primeiro século pós-apostólico que talvez mais menções traga ao Espírito Santo é a obra *O Pastor* de Hermas. Este teria sido irmão de Pio, bispo de Roma entre 142 e 155 e sua obra é geralmente datada por volta do ano 150. O texto é controverso e inclusive estranho, com partes em estilo apocalíptico e em parábolas. E embora sua cristologia e pneumatologia sejam confusas, não deixam de ser interessantes os elementos sobre o Espírito Santo ali mencionados, dado que trazem também informações sobre compreensões e controvérsias da época. Um primeiro elemento a chamar a atenção no escrito é a presença de uma compreensão dualista de espírito.

> Ele me disse: "Sê paciente e prudente, e dominarás todas as ações más e realizarás toda a justiça. Se fores paciente, o Espírito Santo, que habita em ti, será límpido e não ficará na sombra de outro espírito mau. Encontrando grande espaço livre, ele ficará contente e se alegrará como o vaso em que ele habita e servirá a Deus com alegria, pois terá felicidade em si mesmo. Se sobrevier acesso de cólera, imediatamente o Espírito Santo, que é delicado, se angustiará por não ter lugar puro, e procurará afastar-se do lugar. Ele se sente sufocado pelo espírito mau e não tem mais lugar para servir a Deus como quer, porque está contaminado

pela cólera. Com efeito, o Senhor habita na paciência, e o diabo, na cólera. Que esses dois espíritos habitem juntos é, portanto, coisa inconveniente e má para o homem em que habitam" (*O Pastor* de Hermas, n. 33).

Essa compreensão dualista de espírito presente no texto de Hermas é provavelmente comum em seu contexto cultural. A cultura greco-romana era sim dualista em sua compreensão antropológica, mas não nesta linha de raciocínio com a ideia de que no humano habitam dois espíritos. Hermas irá identificar um destes como Espírito Santo e outro como espírito mau. Essa compreensão irá lembrar muito mais o pensamento do Zoroastrismo, no qual se conhece a ideia de dois espíritos: *Spenta Mainyu* (espírito santo ou espírito benfazejo) e *Angra Mainyu* (espírito destruidor ou espírito maligno). Este espírito maligno será chamado mais tarde de *Ahriman,* no Zoroastrismo. As ideias da religião do profeta persa Zaratustra haviam, pelo visto, alcançado também a cultura romana. O cristão Hermas, utilizando-se dessas ideias de origem religiosa diversa que a judaico-cristã, irá aplicá-las para dar conselhos de cunho moral ou na linha de costumes e comportamento:

A cólera, ao contrário é, em primeiro lugar, estulta, leviana e estúpida; da estupidez nasce a amargura; da amargura a irritação; da irritação, o furor, e do furor o ressentimento. Tal ressentimento, nascido de tantos males, é pecado grave e incurável. Quando todos esses espíritos vêm habitar o mesmo vaso, onde já habita o Espírito Santo, o vaso não pode mais conter tudo e transborda. Então o espírito delicado, que não tem o costume de habitar com o espírito mau, nem com a aspereza, afasta-se de tal homem e procura habitar com a doçura e a mansidão. Mas, quando se afasta do homem em que habitava, esse homem se esvazia do espírito justo e, daí para a frente, cheio de espíritos maus, agita-se em todas as suas ações, arrastado de cá para lá pelos espíritos maus, completamente cego para todo pensamento bom. Eis o que acontece com todas as pessoas coléricas. Afasta-te, portanto, da cólera, esse espírito maligno. Reveste-te, em troca, de paciência, resiste à cólera e à amargura, e te encontrarás com a santidade, amada pelo Senhor. Estejas atento para não te descuidares desse mandamento. Se o dominares, poderás observar também os outros mandamentos, que te ordenarei. Sê forte e inabalável neles, e fortaleçam-se igualmente todos os que quiserem caminhar neles (*O Pastor* de Hermas, n. 35).

Essas duas atitudes entristecem o espírito: a dúvida, porque não colheu êxito no empreendimento; e a cólera, porque fez o mal. As duas entristecem o Espírito Santo. Afasta, portanto, a tristeza de ti, para não entristecer o Espírito Santo que habita em ti, a fim de que ele não suplique a Deus contra ti e de ti se afaste. Com efeito, o Espírito de Deus, que foi dado ao teu corpo, não suporta a tristeza nem a angústia (*O Pastor* de Hermas, n. 41).

O homem triste pratica sempre o mal. Em primeiro lugar, pratica o mal porque entristece o Espírito Santo, que foi dado alegre ao homem; em seguida, entristecendo o Espírito Santo, pratica a injustiça por não suplicar a Deus, nem o louvar. Com efeito, a oração do homem triste jamais tem a força de subir ao altar de Deus (*O Pastor* de Hermas, n. 42).

Pouco ou nada há nessas passagens que indique algo especificamente cristão. Não é claro a quem se refere a expressão "amada pelo Senhor", que poderia ser interpretada em relação a Jesus Cristo. Mas essa interpretação também se acha difícil, pois Hermas não irá utilizar nenhuma vez a expressão Jesus Cristo em seu texto. Fala-se em Filho de Deus, Salvador e Senhor, mas não em Jesus Cristo. Há assim, pois uma cristologia confusa, especialmente por conta de algumas afirmações onde se faz uma relação incomum entre Espírito Santo e Filho de Deus. E este é um segundo elemento a respeito da compreensão de Espírito Santo na obra a se chamar a atenção: a questão do Espírito Santo encarnado. Numa explicação de uma parábola, no texto, tem-se o seguinte:

> O campo é este mundo, e o dono do campo é aquele que criou todas as coisas, que as organizou e lhes deu força. O filho é o Espírito Santo, e o escravo é o Filho de Deus. As videiras são o povo, que ele mesmo plantou (*O Pastor* de Hermas, n. 58).

E continua:

> Deus fez habitar na carne que ele havia escolhido o Espírito Santo preexistente, que criou todas as coisas. Essa carne, em que o Espírito Santo habitou, serviu muito bem ao Espírito, andando no caminho da santidade e pureza, sem macular em nada o Espírito. Ela se portou digna e santamente, participou dos trabalhos do Espírito e colaborou com ele em todas as coisas. Comportou-se com firmeza e coragem e, por isso, Deus a escolheu como companheira do Espírito Santo. Com efeito, a conduta dessa carne agradou a Deus, pois ela não se maculou na terra, enquanto possuía o Espírito Santo. Ele tomou então o Filho e os anjos gloriosos por conselheiros, para que essa carne, que tinha servido ao Espírito irrepreensivelmente, obtivesse um lugar de repouso e não parecesse ter perdido a recompensa pelo seu serviço. Toda carne em que o Espírito Santo habitou e que for encontrada pura e sem mancha, receberá sua recompensa (*O Pastor* de Hermas, n. 58).

> Ele disse: "Escuta agora. Guarda tua carne pura e sem mancha; para que o espírito, que nela habita, dê testemunho em favor dela e assim seja justificada. Cuida para que nunca entre em teu coração a ideia de que tua carne é perecível. E cuidado para não abusar dela com alguma impureza. Se manchas tua carne, mancharás também o Espírito Santo. Portanto, se manchas tua carne, não viverás" (*O Pastor* de Hermas, n. 60).

O pensamento de Hermas parece entender ser o Espírito Santo quem se encarnou, sendo ele, pois, o filho ("o filho é o Espírito

Santo). Mas nomeia o filho num sentido outro, não tão claro: "e o escravo é o Filho de Deus" e ainda "ele tomou então o Filho e os anjos gloriosos por conselheiros". É evidente também no texto que Hermas atribui, ao Espírito Santo claramente o papel de Salvador. Além disso, há em outra passagem do escrito, uma ligação entre o Espírito Santo e a Igreja: "Quero te mostrar tudo o que te mostrou o Espírito Santo, que te falou na figura da Igreja. Esse Espírito é o Filho de Deus" (*O Pastor* de Hermas, n. 78). E novamente aparece aqui a atribuição de "Filho de Deus" ao Espírito, mas a Igreja como continuadora da mensagem do Espírito e neste sentido próximo à afirmação da cena de Pentecostes nos Atos dos Apóstolos, onde estes irão expandir a mensagem inspirados pelo Espírito Santo.

Um terceiro tema em torno do Espírito Santo que ocorre no *Pastor* de Hermas é a questão das consultas ao espírito. Tudo parece indicar que havia em Roma videntes ou adivinhos que consultavam espíritos para fornecer respostas aos interessados. E este era um serviço pago. Pelo texto de Hermas, havia videntes que começaram também a consultar o Espírito Santo em seus serviços. Hermas se indigna com isso e os chama de falsos profetas:

> Aqueles que duvidam vão até ele como adivinho e lhe perguntam o que lhes acontecerá. Então esse falso profeta, sem ter em si nenhum poder do espírito divino, responde-lhes segundo o que perguntam e segundo seus maus desejos, satisfazendo-lhes a alma com o que desejam. Sendo vazio ele próprio, dá respostas vãs a homens vãos. Seja qual for a pergunta, ele responde conforme a vaidade do interrogador. Também diz coisas verdadeiras, pois o diabo o enche com o seu espírito, a fim de dobrar algum justo (*O Pastor* de Hermas, n. 43).

E faz questão de dizer que o Espírito Santo não se presta a este tipo de serviço:

De fato, todo espírito dado por Deus não se deixa interrogar, mas, possuindo força da divindade, diz tudo espontaneamente, porque vem do alto, do poder do espírito divino. Ao invés, o espírito que se deixa interrogar e que fala conforme o desejo dos homens, é terreno e leviano, porque não tem nenhum poder. Se não é interrogado, não diz nada. Eu lhe perguntei: "Senhor, como saber quem deles é verdadeiro e quem é falso profeta?" Ele respondeu: "Escuta o que estou para te dizer sobre ambos os profetas, e então discernirás o verdadeiro do falso profeta. Discerne pela vida o homem que tem o espírito divino. Em primeiro lugar, quem tem o espírito que vem do alto é calmo, sereno e humilde. Ele se abstém de todo mal e de todo desejo vão deste mundo; ele se considera inferior a todos e, quando interrogado, nada responde a ninguém e não fala em particular. O Espírito Santo não fala quando o homem quer, mas só quando Deus quer que ele fale" (*O Pastor* de Hermas, n. 43).

Hermas afirma a indisponibilidade do Espírito Santo para serviços particulares. E deixa claro como distinguir quando não se trata do Espírito divino:

Escuta agora a respeito do espírito terreno e vão, que não tem poder e é insensato. Primeiro, tal homem, que julga possuir o espírito, exalta-se a si mesmo, quer ter o primeiro lugar, e logo se apresenta descaradamente, imprudente e loquaz. Vive em meio a muitas delícias e muitos outros prazeres, e aceita pagamento por sua profecia. Quando nada recebe, também não profetiza. Poderia um espírito divino receber pagamento para profetizar? Não é possível que o profeta de Deus aja desse modo; o espírito desses profetas é terreno (*O Pastor* de Hermas, n. 43).

As afirmações sobre o Espírito Santo constantes em *O Pastor* de Hermas tecem não tanto uma pneumatologia, mas mostram com uma interessante clareza que em cerca de 100 anos, o conceito de Espírito Santo havia sido acolhido na cultura romana de forma muito distinta daquela da compreensão bíblica. Isto mostra, por um lado, como o cristianismo, embora sendo uma religião ainda nascente, passa a ter seus conceitos reinterpretados pelo mundo cultural greco-romano no qual adentra. No mundo romano, plural tanto do ponto de vista cultural como religioso, existiam compreensões diversas sobre o conceito espírito. Quando da chegada do cristianismo, com seu conceito de Espírito Santo, este foi interpretado em chave de leitura deste novo ambiente cultural. Assim, o Espírito Santo é visto como o contraente do espírito mau, é interpretado como uma divindade encarnada e é assumido como mais um espírito – ao lado de outros – que pode ser consultado pelos videntes ou adivinhos. Embora Hermas tente colocar critérios para uma verdadeira interpretação do Espírito Santo, ele mesmo acaba fazendo interpretação a partir deste ponto de vista cultural e por isso parece ser sua compreensão de Espírito Santo e Filho bastante confusa. Este texto é um testemunho loquaz de que o cristianismo, ao levar sua mensagem para outros sistemas culturais, é por estes reinterpretado ao ser ali assumido.

Se a obra de Hermas mostra um cristianismo que é reinterpretado pela cultura grega, há também testemunhos de escritos de cristãos que discutem com os judeus. Um exemplo disso é Justino de Roma, o mártir, classificado muitas vezes como apologeta. Falecido por volta do ano 165, Justino nos legou uma afirmação interessante sobre a relação do Espírito Santo com a Escritura. Diz ele ao judeu Trifão: "Citar-vos-ei outro salmo, ditado pelo Espírito Santo a Davi, para mostrar que não entendeis nada das Escrituras, pois dizeis que se refere a Salomão, que foi também vosso rei, quando foi dito para o nosso Cristo" (Justino de Roma, Diálogo com Trifão, n. 34). Essa compreensão de ser o Espírito Santo quem inspirou as Escrituras irá ter uma influência grande na interpretação dos textos, contribuindo inclusive para a ideia da inerrância bíblica, dada a sua divina autoria. Para Justino, como o

Espírito falou nos profetas do Antigo Testamento, assim ele inspirou os apóstolos e inspira os fiéis de hoje e os fortalece até o martírio, se for necessário. Na época de Justino a comunidade conhecia ainda a figura de profetas e este carisma era reconhecido por todos como dom do Espírito Santo. A argumentação de Justino pelo reconhecimento da ação do Espírito Santo nos profetas irá influenciar mais tarde a própria formulação do Credo com a afirmação de que o Espírito Santo "falou pelos profetas".

Quem eram, porém, estes profetas? Eram basicamente pregadores ambulantes que pelo que tudo indica existiram desde os tempos de Paulo. Ele os coloca inclusive em hierarquia logo após os apóstolos: "em segundo lugar, outros como profetas" (1Cor 12,28). Não demorou, porém, para haver vozes críticas frente à ação dos profetas e atritos entre estes e as comunidades constituídas. A *Didaqué* e *O Pastor* de Hermas vão falar inclusive em falsos profetas. A *Didaqué* coloca critérios de distinção: "Nem todo aquele que fala inspirado é profeta, a não ser que viva como o Senhor. É assim que vocês reconhecerão o falso e o verdadeiro profeta" (*Didaqué* 11,8).

Outro escritor cristão do período pós-apostólico a ter legado algo sobre o Espírito Santo é Taciano o Sírio. Embora não se saiba muito sobre sua vida e obra, pois muita coisa se perdeu e se tem vagas notícias a partir de outros escritos, se apreende de seus textos ser ele versado na filosofia grega. Converteu-se ao cristianismo ao seguir Justino, o mártir. E após a morte deste, há notícias de que Taciano teria deixado o cristianismo. De seu período cristão, foi preservado o texto *Discurso contra os gregos*, escrito por volta do ano 170. Nele, uma das afirmações de Taciano é que o Espírito de Deus habita somente as almas daqueles que recebem a mensagem: "O Espírito de Deus, porém, não está em todos os homens, mas somente desce para alguns que vivem justamente, e estreitamente abraçado à alma, anuncia, por meio de predições, o escondido para as demais almas" (Taciano o Sírio. Discurso contra os gregos, n. 13). Sua compreensão de ser humano segue a ideia dualista comum na cultura grega, de matéria e espírito, ou carne e alma, como exprime Taciano. Se essa composição for perfeita, o Espírito de Deus ali habita. Caso contrário, o ser humano não se diferencia do animal: "E se tal espécie de constituição funciona como templo, Deus quer nele habitar por meio do Espírito, que é o seu legado; mas se não é tal santuário, o homem não se avantaja aos animais a não ser por sua voz articulada; no restante, não sendo imagem de Deus, a sua vida não se diferencia da deles" (Taciano o Sírio. Discurso contra os gregos, n. 15).

Temos ainda no fim do século II outro escritor importante para a temática da pneumatologia no cristianismo nascente: Irineu de Lião. Foi presbítero e depois epíscopo desta cidade da província romana da Gália. Sua obra mais conhecida, o livro *Contra as heresias* (ou muitas vezes citado como *Adversus haereses)*, é o testemunho do esforço de Irineu contra a interpretação gnóstica da mensagem cristã. É muito difícil definir o que se está entendendo por gnosticismo à época. O próprio termo "gnosticismo" não ocorre na obra de Irineu, mas ele é um dos primeiros a se utilizar do termo "gnose" para designar certo tipo de pensamento ou interpretação[10]. Sua obra – *Contra as heresias* – não tem originalmente este título, mas sim "Denúncia e refutação da falsa gnose". O escrito

---

10. Sob o nome gnosticismo entendem-se muitas correntes filosófico-religiosas que floresceram sobretudo no século II, em parte de forma paralelas ao cristianismo, em parte dentro do próprio cristianismo. Para muitas comunidades cristãs, esta era inclusive a forma correta de interpretação da mensagem. Até meados do século XX, o que se sabia sobre o pensamento e ação desses grupos gnósticos da época do início do cristianismo eram informações advindas dos textos que foram escritos contra eles. Em 1948 houve a descoberta dos manuscritos de Nag Hammadi, no Egito, contendo 13 códices de escritos ligados ao movimento gnóstico, datados do século IV, embora com obras mais antigas. Desde então se pode ter um acesso maior ao pensamento desses grupos. Por outro lado, o conteúdo desses textos também revela que os escritos cristãos que a eles se referiram, tinham conhecimento bastante preciso desta forma de pensamento (DROBNER, 2008, p. 111-119).

de Irineu mostra claramente que no final do segundo século, a mensagem cristã já havia sido acolhida e reinterpretada a partir de elementos religiosos muito diversificados, seja da religiosidade romana, da religião e filosofia grega, da influência religiosa persa e egípcia (bastante presentes no Império Romano) e de outras religiosidades do Mediterrâneo. Pelo que tudo indica, muitas comunidades cristãs entendiam serem corretas essas formas de pensar e é justamente contra isto que Irineu escreve a "falsa gnose". O termo "gnose", advindo do grego, pode ser traduzido como forma de pensar, forma de interpretar e, como derivado, também conhecimento. Irineu escreve contra essa forma de interpretação. Para ele, é necessário voltar ao fundamento bíblico, especialmente as escrituras do Antigo Testamento (embora ele cite também os evangelhos). Não cabe aqui fazer comentários sobre a obra como um todo, mas apontar tão somente para os elementos que irão confluir na pneumatologia. Uma das questões básicas para Irineu é a compreensão de Deus. Ele defende que a ideia de Deus dos cristãos é aquela ligada à tradição judaica. O Deus autêntico e verdadeiro é o revelado pela Escritura e não pode, destarte, ser confundido com interpretações como a de um demiurgo ou figuras semelhantes da gnose. O Deus dos cristãos não é apenas uma ideia própria de Deus, mas sim o Deus único e verdadeiro, aquele que tudo criou, que é desde todo o sempre e sem limites. Essa verdade está consignada nos textos sagrados, pois, diz Irineu,

> a Escritura é ditada pelo Verbo de Deus e seu Espírito Santo, por isso é perfeita. E nós guardamos fielmente, com cuidado, pela ação do Espírito de Deus, esta fé que recebemos da Igreja, como depósito de grande valor em vaso precioso, que se renova e renova o próprio vaso que a contém (IRINEU DE LIÃO. *Contra as heresias*, livro III, 24.)

Irineu irá, pois, ancorar sua argumentação na ideia da Escritura. Esta guarda a revelação de Deus, "ditada pelo Verbo de Deus e seu Espírito Santo". Na argumentação que segue, Irineu faz a ligação entre a verdade da Escritura e a Igreja. Quem garante essa continuidade – e com isto a verdade nela presente – é a ação do Espírito Santo:

> Esse dom de Deus foi confiado à Igreja, como o sopro de vida inspirado na obra modelada, para que sejam vivificados todos os membros que o recebem. É nela também que foi depositada a comunhão com o Cristo, isto é, o Espírito Santo, penhor de incorrupção, confirmação da nossa fé e escada para subir a Deus. Com efeito, "Deus estabeleceu apóstolos, profetas e doutores na Igreja", e todas as outras obras do Espírito, das quais não participam todos os que não acorrem à Igreja, privando-se a si mesmos da vida, por causa de suas falsas doutrinas e péssima conduta. Onde está a Igreja, aí está o Espírito de Deus, e onde está o Espírito de Deus ali está a Igreja e toda a graça. E o Espírito é Verdade. Por isso os que se afastam dele e não se alimentam para a vida aos seios da Mãe, não recebem nada da fonte puríssima que procede do corpo de Cristo, mas cavam para si buracos na terra como cisternas fendidas e bebem a água pútrida de lamaçal; fogem da Igreja por medo de serem desmascarados e rejeitam o Espírito para não serem instruídos (IRINEU DE LIÃO. *Contra as heresias*, livro III, 24).

Esse é o contexto, pois, de uma das afirmações mais citadas de Irineu quanto à relação entre o Espírito Santo e a Igreja: "Onde está a Igreja, aí está o Espírito de Deus, e onde está o Espírito de Deus ali está a Igreja e toda a graça". Há os que criticam essa afirmação, vendo já no início do cristianismo um certo subordinacionismo do Espírito Santo à Igreja; há os que recorrem a essa afirmação, para demonstrar que já no início o cristianismo entende ser a Igreja a legítima portadora da ação do Espírito Santo. Há algo de verdade em ambas as afirmações, mas a intenção de Irineu não nos parece ser feita nem nesta, nem naquela direção. Sua intenção era, nos parece, muito mais no sentido hermenêutico, de entender que a interpretação genuinamente cristã está na linha por ele descrita entre Escritura, mensagem e Igreja, pois vê ele a presença do Espírito Santo nesta continuidade. O contexto no qual Irineu escreve é, sim, polêmico e complexo: por um lado não há ainda nenhuma instância e estrutura (concílios, por exemplo) que pudessem servir de referência para a interpretação do que se poderia chamar de doutrina cristã nascente. Nem há sequer ainda a definição de escritos canônicos para o cristianismo, embora Irineu irá recorrer bastante a estes escritos, seja os evangelhos, seja os textos de Paulo. Por outro lado, Irineu percebe com uma certa angústia como a mensagem cristã era interpretada a partir de pontos de vista muito diversos que o da sua origem (o judaísmo). Seu esforço se dirige, pois, numa certa "volta às origens" na interpretação e desenha para isto uma espécie de linha legítima de hermenêutica: o dom de Deus foi confiado à Igreja. A ligação da Igreja com Deus se dá pela comunhão com Cristo, garantida pela ação do Espírito Santo. Onde está, pois, concretamente presente a Igreja, está também o Espírito Santo (como expressão da constituição ou identidade eclesial). Estar ligado a essa fonte é garantia de legitimidade, por isso, onde está o Espírito de Deus, também está a Igreja. Beber de outras fontes não traz, para Irineu, esta garantia (é "água pútrida de lamaçal"). Se podemos assim reconhecer o esforço de Irineu em colocar critérios de garantia de legitimidade da mensagem cristã, não se pode deixar de ver que se trata de um período de controvérsias não só no que diz respeito à interpretação correta de conteúdo (doutrina), mas de controvérsias sobre quem é portador legítimo desta interpretação. Ou seja, há no contexto cristão em que vive Irineu, questionamentos sobre a legitimidade daqueles que estão à frente da Igreja. Este questionamento é também um pano de fundo importante de sua argumentação.

A presença do Espírito Santo nos cristãos ligados à Igreja não é, porém, para Irineu, algo que se possui *ipso facto*. Essa presença do Espírito Santo é garantida pelo modo de vida que dela decorre:

Ao mesmo tempo, manifestou que nos devemos adornar com as obras da justiça, pois não basta ser chamados, para que repouse sobre nós o Espírito de Deus. Essa é a veste nupcial de que fala o Apóstolo: "Não queremos ser despojados, mas o revestir por cima, para que o mortal seja absorvido pela imortalidade". Os chamados ao banquete do Senhor e que, pela sua má conduta, não receberam o Espírito Santo serão, diz ele, "lançados nas trevas exteriores" (IRINEU DE LIÃO. *Contra as heresias*, livro IV, 36,6).

Vê-se assim que a conduta de vida, como já aparecera anteriormente, é também para Irineu um critério de discernimento da ação ou presença do Espírito Santo. Teriam todos a capacidade de caminhar a uma vida de perfeição a partir da ação do Espírito Santo? Irineu irá fazer uma alegoria interessante entre a ação do Espírito e uma espécie de pedagogia da encarnação: se o próprio Deus se tornou criança, o fez em favor do ser humano, para que este, quando ainda fraco ou destreinado para a ação do Espírito de Deus, pudesse também vir a se desenvolver.

Assim como o Apóstolo podia dar-lhes o alimento sólido, com efeito, a todos os que os apóstolos impunham as mãos recebiam o Espírito Santo, que é o alimento da vida, mas eles não o podiam receber por terem faculdades fracas e destreinadas para a conduta segundo Deus; assim, desde o princípio, Deus tinha a capacidade de dar a perfeição ao homem, mas este, criado recentemente, era incapaz de recebê-la, ou de recebida contê-la, ou contida retê-la. Eis por que o Verbo de Deus, que era perfeito, se tornou criança com o homem, não para si, mas por causa da infância do homem, tornando-se inteligível como para o homem era possível entender. A impossibilidade e a imperfeição não estavam em Deus, mas no homem há pouco criado e precisamente por não ser incriado (IRINEU DE LIÃO. *Contra as heresias*, livro IV, 38,2).

A obra de Irineu se reveste então também de um cunho catequético e não apenas apologético. Em seu escrito, dividido em cinco livros, os dois primeiros são dedicados a apontar e refutar os erros da gnose, enquanto o terceiro e quarto apresentam a mensagem de Jesus Cristo e a continuidade entre esta e os escritos antigos. A obra culmina, apontando para o futuro, com a escatologia cristã e o Reino eterno.

Além das interpretações da mensagem cristã a partir de chave de leitura que mais tarde irá ser chamado de gnosticismo, há um outro fenômeno de cunho mais intracristão que está ocorrendo neste período e contra o qual Irineu também está argumentando. Trata-se do chamado montanismo. Ainda no século II do cristianismo houve um episódio relevante no que toca à compreensão da ação do Espírito Santo. Um homem chamado Montano, nascido na Frígia, acompanhado das profetisas Priscila e Maximila, fundaram e propagaram um movimento profético escatológico que a partir da Ásia Menor se expandiu rapidamente por todo o Ocidente. Montano anunciava que o Espírito Santo havia revelado a ele estar próximo o fim do mundo. Ele próprio se anunciava como sendo porta-voz do Espírito Santo, a presença do Paráclito prometido. Foi por volta do ano 170 que Montano se declarou porta-voz do Paráclito ao qual João se refere em seu Evangelho (14,26; 16,7). Ele iria conduzir todo o cristianismo à plena verdade. Passou a pregar a conversão e um modo rigorista de vida. O movimento se autodenominava "a profecia", mas seus adversários o chamavam de "a nova profecia" ou montanismo ou então de "heresia dos frígios".

A questão-chave de Montano era o fato de que a expectativa da volta do Messias havia arrefecido, os profetas e carismáticos, tão presentes nas comunidades paulinas, estavam dando lugar a uma Igreja institucionalizada. Os epíscopos não mais eram figuras proféticas ou carismáticas, mas cada vez mais ciosos de sua autoridade. Montano se entende continuador do movimento profético-carismático do início, bem como da mensagem escatológica da volta iminente do Cristo e do fim dos tempos. Era preciso que os cristãos se preparassem para este momento. "Por isso recomendavam jejum rigoroso, celibato e abstinência sexual, que os cristãos desse esmolas com generosidade aspirassem ao martírio, ainda que, com o tempo, essas exortações tenham sido atenuadas, reduzindo-se aos dias de jejum e proibindo-se apenas as segundas núpcias" (DROBNER, 2008, p. 121-122).

Trata-se, no início, de um movimento eclesial, cujas propostas, embora rigorosas, não diferiam muito daquelas do tempo das primeiras comunidades. Por isso este movimento foi acolhido sem muitos problemas pelas comunidades cristãs. Os problemas começam a aparecer tanto por conta dos exageros rigoristas – o que acabava excluindo muitos cristãos – como por haver nesta compreensão a ideia da única autoridade dos (novos) profetas, em detrimento das autoridades constituídas e a rejeição dos profetas do Antigo Testamento, em favor dos novos profetas. Estes elementos fizeram com que especialmente os epíscopos das comunidades cristãs passassem a condenar o montanismo como heresia. Seu declínio também se deu pelo fato de não ter acontecido o fim do mundo que a profetisa Maximila previra para acontecer logo após a sua morte (que ocorreu no ano 179) e que criara muitas expectativas.

Para fazer frente ao movimento montanista foi importante sobretudo a figura do Epíscopo. Este tornou-se o "homem do Espírito", isto é, o garante da legitimidade da ação do Espírito Santo na Igreja. Pois, como argumenta Irineu de Lião, os bispos recebem, com a sucessão no episcopado, o "carisma seguro da verdade". É no contexto da argumentação contra o montanismo, que Irineu (em *Adversus haereses*) acentua que: "Onde está a Igreja, aí está o Espírito de Deus, e onde está o Espírito de Deus ali está a Igreja e toda a graça".

E Cipriano de Cartago († 258) vai afirmar que como existe um só Deus, um só Senhor e um só Espírito Santo, assim um só episcopado na Igreja Católica. Mesmo com essa clara ligação entre Espírito e Ministério, não se pode concluir que tenha havido neste tempo uma pneumatologização dos ministérios. Os fiéis em Cristo e a comunidade continuam sendo entendidos como o lugar próprio da experiência do Espírito Santo. Assim o próprio Pastor de Hermas compara a Igreja à construção de uma torre, onde todos os fiéis são os tijolos e o são pelo Espírito Santo recebido no batismo.

Até fins do segundo século cristão, pelos textos que recordamos brevemente até agora, o Espírito Santo é um tema recorrente, mas não se pode dizer que haja claramente uma pneumatologia propriamente dita. O Espírito Santo é evocado e citado em torno de alguns temas específicos. Podemos destacar:

A ligação entre o Espírito Santo e as Escrituras. Apoiado por 2Tm 3,16 (*theopneustos* = inspirada por Deus) surge já no século II a compreensão de que o Espírito Santo é o autor das Escrituras e Teófilo de Antioquia († ca. 186) ensina já expressamente que os escritos cristãos primitivos são inspirados pelo Espírito Santo e caracteriza os evangelistas como portadores proféticos do Espírito e seus escritos, bem como todos os escritos de Paulo, como "palavra divina e santa". Em contraposição aos textos pagãos, Teófilo irá invocar a autoridade do Espírito Santo em favor das Escrituras:

> O Espírito Santo nos ensina tudo isso por intermédio de Moisés e dos outros profetas, de modo que os nossos livros dos que adoramos a Deus são mais antigos e sobretudo mais verdadeiros que os de todos os historiadores e poetas (Teófilo de Antioquia, Segundo Livro a Autólico, n. 30).

> Daí se demonstra que todos os outros estão errados e que só nós, cristãos, possuímos a verdade, pois somos ensinados pelo Espírito Santo, que nos falou pelos san-

tos profetas e nos anuncia tudo antecipadamente (Teófilo de Antioquia, Segundo Livro a Autólico, n. 33).

E a inspiração do Espírito Santo sobre os escritos, Teófilo também a atribui aos evangelhos: "Além disso, sobre a justiça de que a Lei fala, vemos que os profetas e os evangelhos estão de acordo, pois todos, portadores de espírito, falaram pelo único Espírito de Deus" (TEÓFILO DE ANTIOQUIA. *Terceiro livro a Autólico*, n. 12).

Garantia da verdade. Outra temática na qual o Espírito Santo é invocado nos textos de escritores cristãos dos primeiros tempos é como garantia da verdade. Assim, em múltiplas controvérsias, o escritor invoca a autoridade do Espírito Santo como garantia da verdade que está sendo afirmada. Trata-se claramente de um recurso de argumentação, pois qualquer um poderia afirmar que sua posição estava baseada na inspiração do Espírito Santo e, por isso, requerer ser essa expressão da verdade. Mas essa forma de argumentar – independente dos conteúdos – mostra que já nos primeiros tempos, é bastante ampla a compreensão da autoridade do Espírito Santo como garantidor da genuinidade da mensagem cristã.

A continuidade da ação do Espírito Santo pela Igreja. O texto lucano de Atos dos Apóstolos, como já nos referimos, poderia ser chamado talvez mais apropriadamente de Atos do Espírito, dado que está pleno da ideia de que o Espírito Santo é que conduz a missão, conduz a expansão da mensagem, conduz a atividade dos discípulos. Essa compreensão encontra eco também nos primeiros escritos cristãos pós-apostólicos: a convicção de que as comunidades cristãs são continuidade legítima da ação do Espírito Santo de Deus ao transmitirem a mensagem de Jesus Cristo.

O discernimento da presença do Espírito Santo: a vida em virtude. Uma problemática que irá aparecer nos primeiros textos deste período pós-apostólico é também a pergunta pelo discernimento da presença do Espírito Santo. Nos textos paulinos isto já se apresentara como questão e Paulo havia posto os critérios da confissão de fé (1Cor 12,3) e da construção do bem comum (1Cor 12,7). No período pós-apostólico haverá a insistência de que a presença do Espírito Santo gera uma vida em virtude. No contexto, por exemplo, da discussão sobre os falsos profetas, argumentar-se-á de que o falso profeta, mesmo que diga estar agindo impulsionado pelo Espírito, essa alegação não deve ser levada em conta se não houver uma vida correta. Fala-se da vaidade, da justiça, da cobiça, de não levar uma vida conforme o Senhor como critérios de discernimento para a ação do Espírito Santo. Essa argumentação irá ser usada ora como acusação, ora como incentivo aos cristãos. Mas claramente será feita uma ligação entre moralidade de vida e ação do Espírito Santo.

O Espírito Santo legitima a hierarquia da Igreja, principalmente os epíscopos. As controvérsias nas comunidades cristãs em torno dos ministérios e sua legitimidade, conhecidas já desde os escritos de Paulo, irão aumentar com o crescimento do cristianismo. Se a figura do Apóstolo tem inicialmente a clara precedência isto irá mudar em poucos anos. Paulo, na Primeira Carta aos Coríntios, faz uma certa hierarquia dos ministérios, colocando em primeiro lugar os apóstolos, depois os profetas em segundo lugar, seguido em terceiro lugar pelos doutores, e depois os que fazem milagres, os que curam, os da assistência aos pobres, de governo e de falar em línguas estranhas (1Cor 12,28). Já nas cartas pastorais, começam a aparecer outros ministérios: uma certa proeminência da figura do epíscopo, como o responsável pela comunidade, os presbíteros e os diáconos. Com o avançar do cristianismo, aos poucos, os ministérios de profeta e doutor desaparecem e o ministério de epíscopo é visto como sucessor do apóstolo. Assim já é claro, por exemplo, para Irineu de Lião, em sua obra *Contra as heresias*:

> Eis por que se devem escutar os presbíteros que estão na Igreja, que são os sucessores dos apóstolos, como o

> demonstramos, e que com a sucessão no episcopado receberam o carisma seguro da verdade segundo o beneplácito do Pai (IRINEU DE LIÃO. *Contra as heresias*, livro IV, 26,2).

Já no segundo século cristão, pois, o ministério do epíscopo se entendeu como sucessor do apóstolo e passou a requerer para si tal autoridade. E esta foi argumentada com a presença do Espírito Santo na seguinte linha de pensamento: Jesus deu ordens aos apóstolos pelo Espírito Santo (At 1,2) sobre os quais (os apóstolos) o Espírito Santo foi inclusive derramado (At 2,33), para continuarem sua missão; os epíscopos, sucessores dos apóstolos, são herdeiros deste ministério, pela ação do Espírito Santo. Por conseguinte, são eles herdeiros legítimos da presença e ação do Espírito Santo. Em cerca de cem anos, acontece no seio do cristianismo uma passagem de ministérios entendidos e aceitos como carismáticos, isto é, ministérios espontâneos, impulsionados pelo dom do Espírito Santo – e legitimados sem muitos questionamentos pelas próprias comunidades – para ministérios organizacionais, isto é, ministérios entendidos como funções necessárias para que a comunidade se mantivesse funcionando. Como afirma E. Dassmann,

> em praticamente duas gerações depois de Jesus e dos apóstolos, o mais tardar na segunda metade do segundo século, a formação do ministério em três graus estava substancialmente concluída. Por essa época, a comunidade de cada cidade – no sentido romano de uma unidade administrativa independente – tinha um único bispo, tendo ao lado presbítero e diácono, e ninguém colocava em dúvida de que essa ordem era correta, que correspondia à vontade de Deus e que estava de acordo com a tradição apostólica (1991, p. 160).

Essa mudança de organização e compreensão dos ministérios nas comunidades cristãs das origens é muitíssimo interessante. Se inicialmente os dons e carismas – espontâneos em sua maioria –

são interpretados como portadores da ação do Espírito Santo, em poucas gerações, o ministério e sua função são vistos como os lugares próprios e portadores legítimos do Espírito. A nós interessa aqui, porém observar a mudança de compreensão da relação entre a ação do Espírito Santo e os ministérios. Se no primeiro período os ministérios são entendidos como consequência do carisma, do dom manifesto do Espírito Santo sobre a pessoa, num segundo momento, se reivindica a assistência do Espírito Santo para a função (para os ministérios reconhecidos), e por conta do ministério, quem dele está investido, é entendido como alguém assistido pelo Espírito Santo. De um modo simplificado, poder-se-ia dizer que há uma transição na compreensão da relação, no seguinte sentido: da ação do Espírito Santo sobre a pessoa que assume então um ministério, para o ministério como expressão da ação do Espírito Santo e sua assistência sobre quem o assume. Há claramente uma inversão de ordem: da ação do Espírito Santo sobre a pessoa para a ação do Espírito Santo relacionada à função institucional. A essa segunda compreensão, no que tange ao papel do Espírito Santo, aparece claramente a interpretação de que sua ação decorre do fato de que este ministério – e aqui de um modo especial o do epíscopo – é continuidade à função dos apóstolos, sobre os quais foi derramado o Espírito Santo.

No período de transição entre uma compreensão e outra, há provavelmente uma convivência entre as duas formas de aceitação da legitimidade na relação entre ação do Espírito Santo e ministério na comunidade. A partir de um certo momento, entretanto, a forma mais antiga – do ministério carismático espontâneo – começa a declinar e ser inclusive questionada. O caso de Montano é bastante típico nesta transição. Sua interpretação de que agia impulsionado pelo Espírito Santo era bastante próxima às descrições carismáticas das epístolas paulinas, seu anúncio do fim dos tempos, seu convite à conversão, a uma vida austera, ao jejum e – sobretudo – sua insistência na volta iminente do Cristo, representavam em muitos aspectos um certo reavivamento da chama inicial das comunidades cristãs. Mesmo o fato de ele se anunciar como profeta, porta-voz do Paráclito, não representava estritamente uma contradição com a compreensão das primeiras comunidades. O dom da profecia gozava inclusive de uma ótima reputação nos textos de Paulo. Por conta desses elementos, tanto o anúncio como o movimento desencadeado por Montano na Frígia se expandiu rapidamente e foi inclusive acolhido e saudado por muitos bispos. O que teria feito com que poucos anos depois estes mesmos bispos tivessem se voltado contra o montanismo e o condenado? E. Dassmann, historiador do cristianismo primitivo, afirma que "não se podia demonstrar erros crassos de doutrina dos montanistas" (1991, p. 129). A mudança de posição dos bispos deve-se muito mais ao fato de que este movimento tendia a sair do controle de sua autoridade: os montanistas criaram comunidades, tinham também os próprios bispos, presbíteros e diáconos e, para espanto dos demais bispos, também mulheres podiam assumir estes ministérios. Os bispos irão se reunir inclusive em sínodo para condenar o movimento de Montano, com alegações que pouco tinham a ver com a doutrina: falava-se de seus exageros extáticos e – pretensamente – de problemas morais. E, neste movimento, os bispos que condenavam Montano, invocam para sua legitimidade a sucessão apostólica e – com isto – o mandato de Jesus Cristo e seu envio pelo Espírito Santo. Nesta tensão eclesial, a questão central parece estar ligada ao tema da autoridade. E na legitimação desta, é que se reivindica a ação do Espírito Santo.

No episódio em torno do movimento de Montano, fica também claro como arrefecera nas comunidades cristãs a importância de dons e carismas impulsionados pelo Espírito Santo. A comunidade cristã é cada vez mais uma unidade administrativa e cada vez menos um grupo impulsionado pelos dons do Espírito Santo. As preocupações em torno da estruturação da comunidade demonstram um certo cansaço com a expectativa da volta iminente do Cristo, importante elemento impulsionador inicial.

Nesta situação, começam a aparecer então muito mais preocupações com a teologia e a doutrina, algo típico de uma mentalidade mais voltada para a estabilidade e a continuidade. Uma teologia mais específica sobre o Espírito Santo começa a ser elaborada no século III, especialmente por Tertuliano († ca. 220), Clemente de Alexandria († antes de 215) e seu discípulo Orígenes († 254). O fato de Tertuliano ter passado ao movimento montanista em nada modificou sua pneumatologia. Argumentando contra os modalistas, Tertuliano defende que a compreensão trinitária de Deus não contradiz o princípio da monarquia divina (Deus único). Na unidade divina, Tertuliano afirma ser o Espírito "o anunciador da única monarquia, mas também o intérprete da economia" (divina). A grande novidade pneumatológica introduzida por Tertuliano está porém na aplicação de um princípio da linguística para explicar o papel do Espírito Santo. Ele aplica o princípio da prosopologia ou da prosopografia, isto é, da identificação do papel de porta-voz num texto, para definir o papel da pessoa do Espírito Santo. O Espírito Santo não é apenas apontado pelo Pai e pelo Filho nas escrituras, mas seu papel específico é ser o porta-voz, isto é, falar (mostrar/revelar) do Pai e do Filho. Tertuliano irá usar de muitas imagens para expor sua compreensão de Deus. Assim, ele diz, por exemplo que o Pai é comparável ao sol e o Filho aos raios solares. Este mesmo tipo de imagem irá ele utilizar para se referir ao Espírito Santo: o Pai seria a fonte, o Filho o rio, e o Espírito Santo a água cristalina que se pode beber; usando a imagem de uma árvore, diz que o Pai se compara às raízes, o Filho ao tronco e o Espírito aos frutos. Com sua contribuição, Tertuliano é um dos primeiros a falar, nesta relação da Trindade, de três atores (pessoas), colocando assim as bases para a futura afirmação-chave na questão da Trindade: *una substantia – tres personae*. É Tertuliano que irá literalmente nomear o Espírito Santo a "terceira pessoa" da Trindade. Ele irá também assumir a já tradicional compreensão da inspiração pneumatológica da Escrituras, mas à sua maneira afirma que o Espírito Santo se deixa perceber nelas à medida que "como terceira pessoa (da Trindade) fala sobre o Pai e o Filho" (*Adversus Praxean* 11,7).

Clemente de Alexandria elabora uma "pneumatologia pessoal", ou seja, da ação do Espírito Santo no processo de santificação de cada pessoa. Vê ele essa ação na graça do batismo. Pelo batismo cada ser humano é profundamente modificado: de um ser simplesmente natural para uma pessoa formada espiritualmente, que deixa seu envolvimento com o pecado e é, em sua vontade e razão, embebida do Espírito. O batismo, aliás, é um elo contínuo desde os tempos apostólicos a respeito do Espírito Santo. Embora ainda, no período de Clemente – em por um bom tempo – não se afirma diretamente a divindade do Espírito Santo, a fórmula batismal foi sempre a mesma constante no Evangelho de Mateus: "batizando-os em nome do Pai e do Filho e do Espírito Santo" (Mt 28,19). Como Cristo era o portador do Espírito, os cristãos também o eram. E essa participação em Cristo "ocorria *no* e *pelo* Espírito Santo que se transmitia no ato central do batismo ou – segundo outros, pela tradição atestada por Tertuliano e por Ambrósio – através da imposição das mãos e do pedido de oração pós-batismal" (STUBENRAUCH, 1995, p. 69). Aliás, o ritual do batismo era um símbolo de unidade de todas as comunidades no início do cristianismo. Pelo batismo todos se sentiam unidos pela ação do Espírito Santo.

Orígenes é certamente o primeiro grande teólogo do cristianismo. Escreveu sobre inúmeros assuntos. Mesmo não sendo a pneumatologia um dos pontos centrais de sua reflexão (mas sim a cristologia), deu grande contribuição à temática. Em primeiro lugar, Orígenes tem como evidente que as Sagradas Escrituras comprovam a existência do Espírito Santo e que o batismo só pode ser recebido validamente se o for na Trindade. Aliás, na teologia de Orígenes já é dado como pressuposto que as Sagradas Escrituras são obras inspiradas pelo Espírito Santo e por isso não contêm erros. Orígenes vê as possíveis incongruências como fruto do erro humano em sua transmissão ou então na dificuldade humana de interpretá-las. O teólogo define as propriedades das pessoas da Trindade da seguinte maneira: O Pai dá às criaturas a existência, o Filho dá a elas a capacidade da racionalidade e o Espírito as santifica. Orígenes limita a ação do Espírito Santo àqueles que se converteram "ao caminho de Cristo", que "vivem em boas obras" e que "permanecem em Deus" (Orígenes, *De principiis*, I 3,5, apud HILBERATH, 1994, p. 109). Afirma também ele que o batismo não dá *ipso facto* o dom do Espírito Santo. Este é dado àqueles que trilham o caminho divino da perfeição, e se assemelham à imagem do Filho. Os que recebem o Espírito revestem-se de pleno conhecimento do Filho. O teólogo elabora assim uma pneumatologia ética: os possuídos pelo Espírito Santo através do batismo, assumem consequentemente uma nova conduta. Dessa forma, Orígenes irá entender o Espírito Santo numa ação soteriológica. Também é Orígenes o primeiro a tematizar a igualdade em essência (consubstancialidade) do Espírito Santo com o Pai e com o Filho. O Espírito "é partícipe da glória e dignidade do Pai e do Filho" (apud MÜLLER, 2015, p. 291). Afirma ele: "O Espírito não possui menor dignidade que a do Pai e do Filho. Ao lado destes e principalmente diferente das criaturas, o Espírito age de outra forma, ou seja, na santificação dos justos" (apud STUBENRAUCH, 1995, p. 73). Orígenes vê a diferenciação da procedência do Filho e do Espírito Santo a partir do Pai como algo difícil. Ambos procedem do Pai. Enquanto o Filho procede do Pai, o Espírito procede do Pai através (mediação) do Filho. Embora não haja ainda em Orígenes uma definição precisa sobre a essência do Espírito, é claro a partir de suas reflexões que o Espírito não é criatura, que pertence ao nível de Deus e que difere do Pai e do Filho.

A pneumatologia cristã conhece todo um desenvolvimento entre o período apostólico e o início do século IV. Parte-se de momentos muito mais reativos, nos quais o Espírito Santo era tema apenas quando de reações a acontecimentos na comunidade, para se fazer distinções ou então confirmações, ou seja, em que o Espírito Santo era invocado por conta de algum outro elemento mas não era o tema central da reflexão, para a realidade na qual o Espírito Santo passa a ser considerado no foco da reflexão. Este desenvolvimento ocorre inicialmente talvez de forma muito mais espontânea, para num segundo momento representar uma necessidade da própria comunidade cristã de refletir sobre sua autocompreensão. E isto não apenas no que diz respeito à interpretação sobre o Espírito Santo, mas principalmente sobre Jesus, o Cristo. No início do século IV começa, por motivos múltiplos que aqui não serão aprofundados, um movimento de unificação da compreensão cristã. Há neste movimento uma continuidade do anterior no sentido de teólogos que irão dar sua contribuição essencial neste processo de discernimento, mas há uma novidade que é a realização de reuniões das lideranças cristãs para juntas debaterem suas diferenças e definirem pontos em comum e autorizados de interpretação (o que se pode chamar de doutrina oficial do cristianismo): são os concílios da Antiguidade. Eles representam uma novidade em termos de compreensão na teologia. Neles irão ser debatidos e definidos temas muito diversificados, onde o grande tema é, sem dúvida, a interpretação a respeito de Jesus, mas a temática do Espírito Santo terá ali também sua definição fundamental para a pneumatologia.

3.3.2 A pneumatologia e a formulação doutrinária a partir dos concílios da Antiguidade

A discussão teológica dos primeiros séculos cristãos está centrada claramente na questão do Filho. Como entender Jesus Cristo, sua humanidade e sua divindade. É Jesus Cristo Deus ou apenas semelhante a Deus? Com isso não houve logo de início uma preocupação muito grande em definir a essência do Espírito Santo. As reflexões pneumatológicas têm preocupação mais com o papel do Espírito Santo (sua função e sua ação) e não se preocupam tanto com uma definição sobre a substância (essência) do Espírito Santo.

A discussão inicial em torno do *status* de Jesus Cristo (igual a Deus, semelhante a Deus) levou ao Concílio de Niceia. Este decidiu pela correta interpretação da igualdade de Jesus Cristo com Deus e definiu a ortodoxia da fé no Credo Niceno. Este credo define a fé no Deus uno e trino: Cremos num único Deus que é Pai, Filho e Espírito Santo. No que tange à fórmula, o Credo Niceno define com diversos atributivos o Pai (todo-poderoso, criador das coisas visíveis e invisíveis) e o Filho (procede do Pai, consubstancial ao Pai, Deus de Deus, encarnado, ressuscitado etc.). Quanto ao Espírito Santo, o credo afirma apenas "Cremos... no Espírito Santo". Não há neste primeiro credo conciliar qualquer afirmação ou atributo suplementar ao Espírito Santo. Embora isto pareça pouco, o que consta na fórmula de Niceia é a base para a compreensão dogmática sobre o Espírito Santo: sua nomeação na Trindade (com o Pai e o Filho), dever ser o Espírito Santo considerado na fé junto ao Pai e ao Filho (Cremos... no Espírito Santo) e ser, indiretamente, nomeado como a terceira pessoa da Trindade. Em princípio, são até hoje os elementos constitutivos do que se pode chamar de fé no Espírito Santo.

O credo de Niceia não foi aceito pelo partido de Ario, condenado no Concílio. A questão central deste não estava ligada diretamente ao Espírito Santo, mas sim ao *status* do Filho. Para Ario, não se pode aplicar a Jesus Cristo, o Filho, a mesma compreensão divina que ao Deus Pai. Ele afirmava que se os cristãos professavam que o Filho havia sido gerado do Pai, ele não era então eterno como o Pai e não se poderia aplicar a ele o mesmo *status* de divindade que ao Pai. Assim, embora o Logos de Deus estivesse acima de todas as criaturas e todas as coisas tivessem sido feitas por meio dele (como afirma o Evangelho de João), ele não deixa de ser criatura do Pai. "Este Logos divino se encarnou e se tornou a alma de Jesus Cristo, que foi adotado como Filho de Deus" (FRANGIOTTI, 1995, p. 87). Embora essa posição de Ario tenha sido rejeitada no Concílio, seu modo de interpretar a fé em Jesus Cristo era compartilhada por muitas igrejas, de modo que a discussão estava longe de se encerrar. Em 335 houve um sínodo em Jerusalém, do qual o próprio imperador participou e se chegou aparentemente a uma fórmula intermediária. Mas na prática as diferenças teológicas continuam e cada vez mais marcadas também por aspectos políticos. Ario ganha influência sobre o Imperador Constantino, é readmitido à comunhão eclesial e tenta impor sua compreensão de fé a toda a Igreja. Seguem-se muitas discussões e sínodos, mas que não geraram – na prática – nenhuma unificação quer teológica, quer eclesial, quer política.

Neste período surge então claramente a discussão sobre o *status* do Espírito Santo. A questão começa a ser levantada em escritos que combatem uma corrente de pensamento identificada (pelos seus adversários) como *pneumatômacos* (de *pneumatomachuntes* = aqueles que combatem o Espírito). Não é claro onde acontece o surgimento desta corrente de pensamento. Há testemunhos da presença dela no Egito, na Ásia Menor e em Constantinopla. É provável que Macedônio († antes de 364), Patriarca de Constantinopla, tenha feito parte desta corrente de pensamento. Por isso os *pneumatômacos* também são chamados de macedonianos.

A questão em discussão é a relação entre Espírito Santo e divindade. Há diversas linhas de pensamento sobre essa relação. Em primeiro lugar, seguindo o modo de pensar semiariano (Jesus Cristo é de substância semelhante a Deus, mas não Deus), concluíram os macedonianos não ser, pois, também, o Espírito Santo de substância igual a Deus. Sua interpretação é fazer depender o Espírito do Filho: o Espírito é criatura como o Filho, portanto também não é Deus. Outra ideia na mesma linha de não reconhecer a divindade do Espírito Santo, o interpretava como uma força, um instrumento criado por Deus para sua ação no mundo. O Espírito Santo é visto como uma espécie de mediador entre divino e humano, que executa tarefas divinas, não sendo, porém, Deus, mas sim instrumento de Deus. Neste sentido, poderia ser comparado à figura dos anjos. Essa linha de pensamento não estava – assim segundo seus defensores – em contradição com o Credo Niceno, pois ali não se afirmava explicitamente a divindade do Espírito Santo (como se afirmava a divindade do Filho: "Deus de Deus [...] Deus verdadeiro de Deus verdadeiro").

Diante desta situação, um grupo de teólogos – especialmente os que haviam formulado o Credo Niceno – vê-se na obrigação de defender a divindade do Espírito Santo. Quem toma posição são sobretudo os três capadócios (Basílio, Gregório Nazianzeno e Gregório de Nissa) e Atanásio.

Na discussão sobre a compreensão do Espírito Santo, Basílio propõe uma outra possibilidade de Doxologia, ao lado da fórmula tradicional (O Pai é glorificado através do [*dia*] Filho no [*en*] Espírito Santo): Ao Pai a glória com [*meta*] o Filho e com [*syn*] o Espírito Santo. Essa proposição de Basílio foi alvo de protestos por parte dos macedonianos. E para esclarecer sua posição, Basílio constrói num escrito intitulado "Sobre o Espírito Santo" a sua pneumatologia. Primeiro observa ele que as Sagradas Escrituras fazem muitas combinações de preposições no que tange à relação entre Pai, Filho e Espírito Santo, de modo que querer fixar essa relação em determinadas preposições é não ter uma visão panorâmica do texto bíblico, que não se deixa entender por um sofisma gramatical, mas sim pelo conjunto de textos. E, no conjunto, é muito claro que o Espírito está no mesmo nível do Filho. Em segundo lugar, argumenta Basílio, que embora não haja no texto bíblico literalmente a afirmação da divindade do Espírito Santo, ele é chamado de Senhor e a ele são atribuídas ações e poderes que o apresentam como Deus. Em terceiro lugar, Basílio argumenta com a fórmula trinitária do batismo, usada desde a comunidade primitiva, que enumera as três pessoas num mesmo nível, sem subordinacionismos. Segundo ele, a fórmula batismal já presente no Evangelho (Mt 28,16) é clara em sua indivisibilidade entre Pai, Filho e Espírito Santo. Aos três é dada a mesma glória. Contra os Pneumatômacos, argumenta Basílio: "Este pessoal, por favor que nos ensine a não batizar, como nos foi transmitido; a não crer, como fomos batizados; e a não glorificar como temos professado na fé" (apud STUBENRAUCH, 1995, p. 76). Ele evita, porém, usar para o Espírito Santo a palavra "*homooúsios*" (mesma natureza, mesma substância), termo utilizado por Niceia para definir o Filho em relação ao Pai. Também não usa para o Espírito Santo expressamente o conceito de "Deus". Isso se deve ao fato de o texto bíblico também não o fazer. Exige, no entanto, das comunidades cristãs que não falem que o Espírito Santo seja criatura.

Atanásio de Alexandria (295-373), um dos precursores da fórmula nicena, é chamado a se pronunciar. Seu amigo Serapião, bispo de Thmuis, pede-lhe uma posição e nessas cartas fica clara a argumentação de Atanásio. Quatro são as colunas nas quais fundamenta sua argumentação: A encarnação, a Trindade, a salvação e o batismo. Um trecho muito interessante em uma das cartas elucida sua posição:

O Espírito é assim diferente das criaturas; está demonstrado que ele é mais apropriado ao Filho e que não é estranho a Deus... Nele o Logos glorifica a criação, à medida que ele a conduz ao Pai através da divinização e acolhimento na condição de filha. Mas o que liga a criação ao Logos não pode pertencer ao nível de criatura; e aquele, que torna a criação filha, não pode ser estranho ao Filho, pois do contrário ter-se-ia que procurar um outro espírito, para que o primeiro ligasse o último ao Logos... O Espírito não pertence, pois, à criatura, mas sim é apropriado à divindade do Pai, e através dele o Logos também divinifica as criaturas. Aquele, porém, através do qual a criação é divinizada, não pode ele mesmo estar fora da divindade do Pai [...]. Quem suprime algo da Trindade ou batiza simplesmente em nome do Pai, ou simplesmente em nome do Filho, ou do Pai e do Filho, mas sem o Espírito, este não recebe nada, bem como aquele que parecia estar concedendo, e sai vazio e permanece incompleto, pois a completude repousa na Trindade. Da mesma forma aquele que separa o Filho do Pai ou que rebaixa o Espírito à criatura, não tem nem o Filho, nem o Pai, mas é um sem-deus, pior que um infiel, e pode ser tudo, menos um cristão (ep. Serap. I, 25,30, ca. 358-362, apud MÜLLER, 2015, p. 292).

Atanásio argumenta que só se pode falar realmente de salvação da humanidade, pelo fato de Deus ter nela entrado pela encarnação do Filho. Ora, se a fé nicena entende que o Filho é igual a Deus (*homoousios*), o mesmo se deve falar do Espírito Santo, que atua no coração do ser humano, pois se assim não fosse, a fórmula batismal seria vazia e destruída a unidade da Trindade. "Se o Espírito Santo fosse uma criatura, então não nos seria possível através dele a comunhão com Deus; estaríamos nós ligados a uma criatura e alienados da natureza divina, pois nós nada teríamos de participação nela" (apud STUBENRAUCH, 1995, p. 75).

Gregório de Nanzianzo argumenta que a divindade do Espírito Santo só tardiamente foi dada a conhecer à humanidade e que isto faz parte de uma espécie gradualidade na pedagogia divina. Afirma ele:

> O Antigo Testamento anunciou claramente o Pai; o Filho, porém, o anunciou de forma difícil de reconhecer. O Novo anunciou o Filho de forma clara e a divindade do Espírito Santo foi apontada de forma velada. Agora, o Espírito mora entre nós e revela-se claramente. Quando ainda não se havia reconhecido a divindade do Pai, não teria sido inteligente anunciar abertamente a divindade do Filho. E quando a divindade do Filho ainda não havia sido aceita, ainda não se podia – eu falo de forma ousada – colocar o peso do Espírito Santo, pois isso seria dar alimento demasiado às pessoas ou colocar em perigo o olhar enfraquecido à luz (Deus). Como que por degraus, como diz Davi, deveria, por um avançar e progredir de certeza em certeza, brilhar a luz da Trindade aos cada vez mais iluminados (apud CONGAR, 1982, p. 81-82).

Apesar de essa afirmação parecer à primeira vista um pouco estranha, ela revela uma face correta da realidade: o surgimento da consciência trinitária foi um processo longo e neste processo foi o reconhecimento da divindade do Espírito Santo a última etapa.

A argumentação básica dos capadócios contra os que negam a divindade do Espírito Santo é sobretudo a argumentação soteriológica: "Se o Espírito Santo, que nos foi derramado no coração (Rm 5,5), não é Deus mesmo, mas sim essencialmente uma força ou uma ação dele distinta ou criada, então não podemos nós ser verdadeiramente divinizados" (MÜLLER, 2015, p. 292). Ou seja, se o Espírito que está em nós não é Deus, mas apenas um dom de Deus, então não podemos ter verdadeiramente uma comunidade com Deus, apenas experimentar seus dons. Não é, pois Deus mesmo que experimentamos, que está em nós, que se nos apresenta, mas apenas sua força, seus dons.

Como se vê claramente, não está em questão apenas a correta interpretação sobre o Espírito Santo. A questão da compreensão sobre a própria Trindade é que ainda não está suficientemente clara, ou não foi achada uma fórmula que exprimisse o mais adequadamente possível a experiência de Deus no seio do cristianismo e na qual todos pudessem se reconhecer. Devemos à teologia dos três capadócios a fórmula tida então como adequada para exprimir a unidade e a trindade divinas: "uma natureza em três pessoas". Essa foi, na verdade, a fórmula que aos poucos se impôs. A questão que começa a ganhar corpo, em meio a essas discussões sobre o Espírito Santo, é a necessidade de se fazer alguma complementação ao Credo Niceno no que diz respeito ao Espírito Santo, dado que embora a afirmação "Cremos... no Espírito Santo" tenha significado um marco na doutrina cristã, também era fato que não exprimia com maior precisão o significado da pessoa do Espírito Santo, dando assim margem a muitas interpretações, como justamente a dos pneumatômacos. A decisão sobre um acréscimo no credo que precisasse a fé no Espírito Santo será precedida por diversas reuniões episcopais.

Uma primeira decisão colegiada contra a posição dos pneumatômacos acontece no Sínodo de Alexandria, no ano de 362 (sínodo este presidido, aliás por Atanásio), que proclama que aqueles que quiserem permanecer com o credo de Niceia,

> condenem aqueles que afirmam ser o Espírito Santo criatura (χτισμα) e uma parte da substância de Cristo, pois primeiramente isto significa distanciar-se do partido dos sem-deus dos arianos, pois a Santíssima Trindade não é divisa e não se pode afirmar que nela há algo de criatura (apud MÜLLER, 2015, p. 293).

Essa posição do Sínodo de Alexandria foi reforçada pelo Papa Dâmaso em uma carta no ano de 374 aos bispos orientais. Nela o papa afirma que o Espírito possui a mesma dignidade que o Pai e o Filho e age na história salvífica por força de poder divino. O papa usa, aliás, a terminologia latina da fórmula dos capadócios e fala em "uma divindade e três pessoas".

A essa altura da história, cristianismo e Império Romano estão cada vez mais envolvidos entre si e as questões teológicas são também questões políticas e vice-versa. Teodósio, imperador a partir de janeiro de 379, estabelece em agosto do mesmo ano que só o Credo niceno seria permitido no âmbito do império. E, no ano seguinte, proclama o cristianismo niceno como religião oficial do Império. Ainda em 380, Teodósio substitui o patriarca ariano de Constantinopla, Demófilo, por Gregório de Nazianzo. Para ter também a sansão eclesiástica de seus atos, o Imperador Teodósio convoca um sínodo para a cidade de Constantinopla, no ano 381, e ele mesmo o preside. Muitos são os temas a serem ali tratados, pois muitas são as controvérsias de interpretações dentro do cristianismo. Participaram dele 150 bispos e a assembleia foi presidida por Melécio de Antioquia. Entre os presentes estavam os grandes teólogos Gregório de Nazianzo, Gregório de Nissa e Cirilo de Jerusalém. Uma das questões tratadas foi o símbolo de fé, com uma maior precisão na fórmula do credo a respeito do Espírito Santo.

O Sínodo de Constantinopla – reconhecido plenamente como Concílio Ecumênico em Calcedônia – reafirma o Credo de Niceia, fazendo-lhe algumas modificações. No que tange ao Espírito Santo, há duas passagens no Credo niceno que receberam precisões na nova formulação. Em que Niceia afirma sobre o Filho "e se encarnou", Constantinopla irá acrescentar "e se encarnou pelo Espírito Santo no seio da Virgem Maria". E na qual a fórmula nicena trazia "[Creio]... no Espírito Santo", Constantinopla acresce: "[Creio]... no Espírito Santo, Senhor e Vivificador, que procede do Pai, e com o Pai e o Filho é da mesma forma adorado e conglorificado, ele que falou pelos profetas". Essas mudanças textuais nas fórmulas dos credos nos parecem algo pacífico e simples. Na verdade, essa formulação textual, chamada de Credo

Niceno-constantinopolitano, é a que a história nos legou, pois as atas de Constantinopla foram perdidas e o texto do credo é uma reconstituição feita a partir de outras fontes, mas até hoje aceita pelo cristianismo.

Note-se que essa fórmula não diz expressamente ser o Espírito Santo Deus, nem afirma a consubstancialidade (*homoousios*) do Espírito com o Pai, como afirma sobre o Filho. Talvez não o faça, como afirma J. Comblin, pelo fato de a Bíblia não usar esses conceitos ao Espírito Santo (1987, p. 205-206). Ao afirmar que o Espírito Santo é Senhor e Vivificador, o texto de Constantinopla se reporta às cartas paulinas e reafirma os títulos soberanos deixando clara a condição de não criatura do Espírito. A expressão "que procede do Pai" é uma formulação que coloca o Espírito na mesma relação daquilo que se dissera no Credo sobre o Filho, que era gerado e não criado. E essas afirmações são arrematadas pelo "e com o Pai e o Filho é da mesma forma adorado e conglorificado", para deixar clara a afirmação da fórmula de que ao Pai, ao Filho e ao Espírito Santo cabem a mesma dignidade, a mesma soberania e poder. Fica assim expressa a intenção da fórmula conciliar de afirmar a igualdade do Pai, do Filho e do Espírito Santo. E, por fim, o "ele que falou pelos profetas", retoma a tradição cristã de unir o Antigo e o Novo Testamentos e recorda a compreensão do Espírito como força de comunicação divina.

Com essa fórmula conciliar chegou-se, pois, à definição dogmática sobre o Espírito Santo e seu *status* de divindade. O Concílio de Constantinopla elaborou um *Tomus*, ou seja, um texto com a argumentação de sua fórmula. Este, infelizmente, foi perdido. Tem-se alguns fragmentos dele na carta que os sinodais enviaram a Roma, para manter com a Igreja do Ocidente igualdade doutrinária. Nesta carta afirma que a Igreja crê em "uma Divindade, Poder e Substância do Pai e do Filho e do Espírito Santo" e da mesma maneira "a mesma glória, a mesma dignidade, e mesmo senhorio em três perfeitas hipóstases ou três perfeitas pessoas" (STUBEN-RAUCH, 1995, p. 79). Com essa carta, também em Roma reuniu-se um sínodo (382), que se ocupou do mesmo assunto e em diversos de seus anatematismos, confirma e esclarece a declaração de Constantinopla do ano anterior. No que tange ao Espírito Santo, temos, por exemplo:

Anatematismo 16: "Se alguém não disser que o Espírito Santo, como o Filho, é verdadeiramente e propriamente do Pai, da divina substância e verdadeiro Deus: é herege" (DZ 168)[11];

Anatematismo 18: "Se alguém disser que o Espírito Santo é uma produção ou que foi feito pelo Filho: é herege" (DZ 170).

Anatematismo 19: "Se alguém não disser que o Pai fez tudo, as coisas visíveis e invisíveis, por meio de seu Filho e do Espírito Santo: é herege" (DZ 171).

Anatematismo 20: "Se alguém não disser que uma é a divindade, o poder, a majestade, a força, uma a glória, o domínio, uno o reino e uma a vontade e a verdade do Pai e do Filho e do Espírito Santo: é herege" (DZ 172).

Anatematismo 21: "Se alguém não disser que existem três verdadeiras pessoas, Pai, Filho e Espírito Santo, iguais, sempre vivas, que sustentam todas as coisas visíveis e invisíveis, tudo podem, tudo julgam, tudo vivificam, tudo criam, tudo salvam: é herege" (DZ 173).

A carta sinodal de Constantinopla aos bispos do Ocidente (382) faz quase que um resumo da compreensão de fé fixada dogmaticamente até então: A fé de Niceia

> precisa ser suficiente a vós e a nós todos, que não queremos transviar da palavra da verdadeira fé, dado que ela é muito antiga e corresponde à fórmula batismal e

---

11. DZ: abreviatura utilizada nesta obra para: DENZINGER, H. *Compêndio dos símbolos, definições e declarações de fé e moral.* São Paulo: Paulinas/Loyola, 2017.

nos ensina a crer no nome do Pai, do Filho e do Espírito Santo, de modo que se acredite na *única* divindade, poder e essência do Pai e do Filho e do Espírito Santo bem como na mesma glória e dignidade e no sempiterno poder em três hipóstases perfeitas ou três pessoas completas, de tal forma que não encontre lugar nem a doença de Sabélio, segundo o qual as hipóstases estariam misturadas e com isso estaria eliminado o que é próprio de cada pessoa, nem ganhe força a doutrina blasfema dos eunomianos, arianos ou pneumatômacos, segundo os quais a essência ou a natureza ou a divindade estaria dividida e à Trindade incriada, de igual substância e igualmente eterna, seria acrescida uma espécie de natureza tardiamente nascida, criada ou de substância diversa (tzt/Dogmatik 7.2,31) (apud MÜLLER, 2015, p. 293).

Embora as afirmações e decisões de Constantinopla não tivessem significado de imediato o encerramento das discussões a respeito do *status* do Espírito Santo, na prática a formulação deste credo (niceno-constantinopolitano) vai se impondo e com isso também a sua compreensão teológica, não mais deixando margem a dúvida sobre a afirmação da divindade do Espírito Santo e seu lugar na Trindade como terceira pessoa. Outros serão os temas pneumatológicos que irão estar em foco na teologia pós-Constantinopla.

Duas modificações litúrgicas ajudaram a firmar na tradição a definição a que se chegou no desenvolvimento dogmático: a) A epiclese: invocação do Espírito Santo sobre o pão e o vinho na consagração e b) a celebração da Festa de Pentecostes como festa do Espírito Santo (CONGAR, 1982, p. 86).

Com a definição do Concílio de Constantinopla estava esclarecida a questão ôntica a respeito do Espírito Santo: a sua divindade e sua igualdade divina com as outras pessoas da Trindade. Este foi um marco muito importante do desenvolvimento dogmático. Mas nem tudo foi resolvido com a decisão conciliar. Ficavam para ser esclarecidas questões intratrinitárias como a relação do Espírito Santo com o Pai e o Filho, a questão da procedência, e igualmente a questão do discernimento da ação do Espírito Santo no mundo e sua relação com a Igreja. Estes foram os temas que ocuparam a pneumatologia pós-constantinopolitana. Vejamos algumas reflexões nesta linha nos tempos patrísticos.

Ambrósio se tornara bispo de Milão no ano 374, sucedendo a um ariano frente a essa Igreja e num momento de divisões na comunidade. Irá, entretanto, defender firmemente a fé nicena e as posteriores interpretações que dela se desviavam. A argumentação dele irá ter como base o texto bíblico, para inferir a igualdade divina do Espírito Santo – o que era justamente contestado pelos arianos. Na sua obra *Sobre os sacramentos*, escreve Ambrósio:

> Além disso, o que te disse o Apóstolo, como foi lido antes de ontem? "Há diversidade de graças, mas o Espírito é o mesmo; há diversidade de serviços, mas o Senhor é o mesmo; há diversidade de operações, mas é o mesmo Deus que realiza tudo em todos" (1Cor 12,4-6). É Deus, diz ele, que realiza tudo. Mas foi lido também sobre o Espírito de Deus: "É um só e mesmo Espírito que reparte a cada um como quer" (1Cor 12,11). Ouve a Escritura, a que diz que o Espírito reparte conforme sua vontade e não por obediência. O Espírito, portanto, vos repartiu a graça conforme quer e não como foi mandado, principalmente porque o Espírito de Deus é o Espírito de Cristo. Guardai bem isto: ele é o Espírito Santo, o Espírito de Deus, o Espírito de Deus e o Espírito Paráclito (AMBRÓSIO. *Sobre os sacramentos*, livro VI, 2,9).

Assim, defende Ambrósio não ser o Espírito Santo criatura ou instrumento de Deus, como propunham os arianos. E continua em sua argumentação:

> Os arianos julgam rebaixar o Espírito Santo se o chamarem de Espírito Paráclito. O que é o Paráclito senão o Consolador? Como se não se lesse também que ele é

o Deus de consolação. Vês que eles julgam rebaixar o Espírito Santo por aquilo que serve para proclamar o poder do Pai eterno com sentimento de afeto (AMBRÓSIO. *Sobre os sacramentos*, livro VI, 2,10).

Pelo fato de o predecessor de Ambrósio ter sido partidário de Ario, se mostra como as divisões internas no cristianismo haviam se estendido também à sua estrutura eclesial. O bispo de Milão tinha o firme propósito de manter a sua comunidade na tradição nicena. Boa parte de seus escritos são uma espécie de catequese, não fazendo necessariamente nenhuma proposição teológica própria, mas esclarecendo o Credo Niceno. Mas essa não era a única divisão institucional enfrentada por Ambrósio. Há também a questão dos novacianos, bem mais antiga inclusive que a dos arianos. Novaciano havia sido um presbítero de Roma lá por meados do século terceiro. Houve, à época, a controvérsia em torno dos cristãos chamados de *lapsi*. São cristãos que, por conta da perseguição, durante o reinado de Décio (249-250) haviam prestado culto ao imperador e depois, arrependidos, pediam para ser readmitidos na comunhão eclesial. O Papa Cornélio (eleito em 251) readmitiu os *lapsi* à comunidade. Frente a isso, Novaciano acusou Cornélio de fraqueza, argumentando que somente Deus teria o poder de perdoar as culpas dos *lapsi*. Para não se imiscuir com estes, Novaciano rompe com Cornélio e funda sua própria Igreja, a dos puros (*kátaroi*), daqueles que se consideravam salvos, pois guiados pelo Espírito Santo. Essa Igreja novaciana subsistiu por diversos séculos. Ambrósio, a seu tempo, irá combater as posições novacianas, argumentando exatamente com a compreensão sobre a ação do Espírito Santo:

> Considera também o seguinte: quem recebe o Espírito Santo, recebe o poder de desligar e ligar pecados. Pois assim está escrito: "Recebei o Espírito Santo; àqueles a quem perdoardes os pecados ser-lhes-ão perdoados, e àqueles a quem os retiverdes, ser-lhes-ão retidos"

(Jo 20,22-23). Portanto, quem não pode desligar o pecado, não tem o Espírito Santo. Com efeito, é um dom do Espírito Santo a função do sacerdote; por outro lado, há um direito do Espírito Santo no fato de desligar e ligar os crimes. Como, pois, reivindicam os novacianos o dom daquele cujo direito e poder não reconhecem? (AMBRÓSIO. *Sobre a Penitência*, livro I, 8).

Essa investida de Ambrósio sobre os novacianos a respeito do poder sacerdotal na prática da penitência e do perdão dos pecados a partir do fato de serem portadores do Espírito Santo representa uma novidade interessante para a pneumatologia até então, dado que era mais comum a ligação da ação do Espírito no batismo e na Eucaristia. Ambrósio tem também conhecimento da fórmula niceno-constantinopolitana e se esforça por esclarecê-la nos âmbitos de sua influência, inclusive junto ao Imperador Graciano.

Agostinho é certamente um dos teólogos que mais refletiu sobre o Espírito Santo nos tempos patrísticos. Ele centra a sua reflexão sobre a ação do Espírito Santo a partir da chave trinitária. Para ele "o que o Espírito Santo faz na história pela comunidade da Igreja é o mesmo que faz eternamente na comunidade entre o Pai e o Filho: a unidade no amor" (STUBENRAUCH, 1995, p. 80). Para afirmar isto ele baseia-se especialmente em Rm 5,5: "E a esperança não engana, pois o amor de Deus se derramou em nossos corações pelo Espírito Santo que nos foi dado". Aprofundando sua reflexão, Agostinho faz uma pneumatologia intratrinitária, a partir de três conceitos relacionados com o amor: *caritas, communio* e *donum*. O Espírito é *caritas*, pois possibilita o "estar em comum" do Pai e do Filho; é *communio,* pois possibilita a unidade de comunhão em um único Deus e é *donum* à medida em que é o amor que une o Pai e o Filho como dom (gratuidade) e dom que se doa ao mundo. Agostinho usa para o Espírito Santo expressões como *vinculum amoris* ou *vinculum pacis.* O amor de Deus, porém não atua apenas intratrinitariamente. Ele abre-se à humanidade. O mesmo que acontece pelo Espírito Santo na Trindade (comunhão de amor), também acontece quando o Espírito Santo está presente na comunidade dos fiéis. Através de sua ação surge a "comunidade dos batizados". Para Agostinho, o amor concreto dos fiéis, presente na comunidade, espelha justamente a capacitação doada pelo Espírito Santo. Com essa pneumatologia, Agostinho coloca uma linha mestra para a compreensão da Trindade muito fecunda para toda a teologia, e que, séculos mais tarde, é retomada por K. Rahner: a Trindade imanente é a Trindade econômica. Ou seja, Deus é em si mesmo o que se nos mostra. O amor derramado por Deus na encarnação do Filho, enviado do Pai, permanece vivo na humanidade pelo Espírito Santo, diz Agostinho. O ponto de partida para a pneumatologia de Agostinho é sempre trinitário. Mas ele expande a compreensão de Trindade ao afirmar que no envio do Espírito, Deus alcança e inclui também o ser humano em sua unidade, possibilitando assim tanto a unidade entre os seres humanos como destes com Deus. O Espírito de Deus, como dom, como dádiva ao ser humano, possibilita que este experimente Deus. A Igreja, para Agostinho, como obra construída no amor do Espírito doado por Deus deve também refletir concretamente na vida dos fiéis aquilo pelo qual o Espírito Santo a instituiu e sustenta: o vínculo de amor. O Espírito de Deus como dom na comunidade dos fiéis, ao incluí-los na comunhão divina, propicia ao ser humano também ser e agir como vínculo de amor. Essa pneumatologia agostiniana é, de certa forma, uma proposta de se entender também o Espírito Santo como encarnado. Não numa pessoa histórica (como em Jesus), mas na humanidade e na comunidade eclesial, quando ali acontece o que para Agostinho é a própria definição do Espírito Santo: vínculo de amor, vínculo de paz.

Concomitante à discussão teológica sobre o discernimento da ação do Espírito Santo – inicialmente – e sobre o próprio *status* divino do Espírito Santo, com a conclusão doutrinal consignada no símbolo niceno-constantinopolitano, irão ocorrer nos primeiros séculos cristãos outros fatos que terão como consequência a afirmação da presença do Espírito Santo. Assim, quando da definição de Constantinopla, o Espírito Santo não é um ausente na vida da Igreja. Pelo contrário, o Espírito Santo é, independentemente até da discussão teológica, uma realidade presente na vida e consciência dos cristãos. Isto se deve, principalmente à ritualidade que muito rapidamente irá ser uma característica marcante e estruturante das comunidades cristãs.

O primeiro desses elementos, e sem dúvida o mais estruturante deles, é o batismo. Ele remonta aos tempos apostólicos. A fórmula consta como mandato de Jesus no Evangelho de Mateus (28,19), de batizar "em nome do Pai e do Filho e do Espírito Santo". O texto da *Didaqué*, escrito provavelmente entre os anos 80 e 90, muito próximo portanto à data do texto de Mateus, já traz essa fórmula consolidada:

> Quanto ao batismo, procedam assim: Depois de ditas todas essas coisas, batizem em água corrente, em nome do Pai e do Filho e do Espírito Santo. Se você não tem água corrente, batize em outra água; se não puder batizar em água fria, faça-o em água quente. Na falta de uma e outra, derrame três vezes água sobre a cabeça, em nome do Pai e do Filho e do Espírito Santo (*Didaqué* 7,1-3).

Embora se pudesse mudar algo no que tange à forma da água, a fórmula a ser proclamada seria sempre a mesma e ela inclui o Espírito Santo. Não temos notícia nenhuma de que a entrada para a comunidade cristã se pudesse dar através de outro caminho, que não o batismo. Este fato foi decisivo para que a presença do Espírito Santo não pudesse ser, de forma alguma, esquecida. E, seguindo a eclesiologia paulina, a Igreja é comparável a um corpo, cuja cabeça é Jesus Cristo; a união com Cristo só se dava pela coinvocação do Espírito Santo. Muitos teólogos irão usar este argumento inclusive para a defesa da divindade do Espírito Santo, colocando em dúvida até a validade do batismo se o Espírito Santo fosse entendido como uma mera criatura ou força. Se a discussão teológica sobre o Espírito Santo era provavelmente restrita a um grupo seleto de cristãos, a fórmula batismal era amplamente divulgada e conhecida.

Um segundo elemento ritual e também amplamente presente na comunidade cristã desde o princípio é a ceia eucarística. Embora sua fórmula seja citada por diversas vezes, com alguma diferença, no texto bíblico (por exemplo: Mt 26,26-28; Mc 14,22-25; Lc 22,19-20; 1Cor 11,24-25), em nenhuma dessas citações se faz menção ao Espírito Santo, mas tão somente à bênção invocada por Jesus sobre o pão e o vinho. Mas a invocação do Espírito Santo sobre os dons na ceia eucarística – a epiclese – será citada já por Hipólito de Roma, no início do século III, dando a entender ser já um costume. Cirilo de Jerusalém, em suas catequeses, irá fazer inclusive uma teologia desta invocação: "pois certamente qualquer coisa tocada pelo Espírito Santo será santificada e mudada" (apud ALDAZABAL, 2009, p. 264). A liturgia oriental irá dar mais ênfase à epiclese que a ocidental, mas independentemente desta diferença, é fato que há muitas comunidades cristãs nas quais a presença do Espírito Santo é invocada na celebração que recorda a presença do Cristo, a ceia eucarística, e que rapidamente irá se tornar o principal ritual cristão.

Um terceiro elemento da memória da presença do Espírito Santo entre as comunidades cristãs originárias, são formulações de fé, os credos. Embora o Símbolo Niceno-constantinopolitano e o Credo Apostólico (como nos tempos antigos também o credo atribuído de Santo Atanásio) sejam muito conhecidos, eles não são os únicos, nem os mais antigos a serem formulados. Há uma verdadeira profusão de credos que foram encontrados em textos das comunidades antigas e nestes a nomeação do Espírito Santo – se não uma unanimidade – é muito constante. Um dos mais antigos textos de credo encontrados é o da Epístola dos Apóstolos (um apócrifo escrito entre os anos 160 e 170), no qual consta "no Pai dominador do universo, em Jesus Cristo, [nosso Salvador,] e no Espírito Santo [Paráclito], e na Santa Igreja, e na remissão dos pecados" (DZ 1). Hipólito de Roma, do início do século II, também cita a fórmula de um credo, em forma de perguntas, utilizado talvez no contexto do batismo, onde consta em terceiro lugar "Crês no Espírito Santo?" (DZ 10). A multiplicidade de formulações encontradas, leva a crer que as comunidades cristãs tinham nelas uma espécie de formulação de identidade própria.

O cristianismo originário, ao se separar do judaísmo e entrar para o mundo greco-romano, irá criar também um calendário próprio de celebrações. O domingo – como o Dia do Senhor – e a festa da Páscoa – agora ressignificada como festa da ressurreição de Jesus – são os primeiros marcos importantes do calendário cristão. Um quarto elemento pneumatológico, ainda no âmbito de rituais, acontece com a fixação da Festa de Pentecostes no calendário cristão. Inicialmente, Pentecostes estava ligado ao encerramento do tempo da Páscoa, mas aos poucos essa festa passa a ser ligada ao Espírito Santo. Teria sido no Sínodo de Elvira (ocorrido entre 300 e 303) a mais antiga referência da festa de Pentecostes dedicada ao Espírito Santo. A festa também é tema do Concílio de Niceia. Mas é no Concílio de Constantinopla que se define claramente que essa festa é realizada como recordação do dom do Espírito Santo aos apóstolos e à Igreja nascente. No século V, a festa de Pentecostes já está claramente ligada à vinda do Espírito Santo, como atestam escritos de diversos teólogos, entre eles Agostinho, Pedro Crisólogo e Leão Magno. A dedicação de uma data à recordação do Espírito Santo no calendário litúrgico, que irá se fixar definitivamente entre os séculos IV e V, aponta para o fato de que as discussões e decisões sinodais e conciliares sobre o Espírito Santo eram acompanhadas também por um movimento mais amplo em torno das celebrações cristãs.

Não é apenas no âmbito litúrgico que ocorrem elementos que mostram a menção ao Espírito Santo no seio das comunidades. Há, embora talvez tímido, também elementos devocionais que irão se formar. Há notícias de orações dedicadas ao Espírito Santo (uma delas atribuída inclusive a Ambrósio de Milão) e a construção dos chamados 7 dons do Espírito Santo. Assim, no *Decretum Damasi*, composto no ano de 382, após o Sínodo de Roma, que recepciona no Ocidente o Concílio de Constantinopla, constaria[12]

> Antes de tudo devemos tratar do Espírito septiforme que repousa em Cristo. Espírito de sabedoria: Cristo é a força de Deus e a sabedoria de Deus. Espírito de inteligência: Dar-te-ei inteligência, te instruirei no caminho em que deve entrar. Espírito de conselho: o seu nome será chamado mensageiro do grande conselho. Espírito de fortaleza: como dito acima, força e sabedoria de Deus. Espírito da ciência: Poro causa da eminência da ciência de Cristo Jesus, o enviado. Espírito da Verdade: Eu sou o caminho, a verdade e a vida. Espírito do temor de Deus: início da sabedoria é o temor de Deus (DZ 178).

Esses elementos aqui apontados deixam claro que o Espírito Santo irá aos poucos também ganhar espaços e menções em meio às comunidades cristãs, de modo que a tomada de consciência pelo cristianismo sobre sua existência não se restringiu ao âmbito das discussões teológicas, mas que houve um acolhimento do Espírito Santo no âmbito do cotidiano das comunidades, especialmente através da liturgia, encontrando espaço também na piedade cristã. Outra discussão, é claro, seria a questão de ter sido acolhida suficientemente explícita e de volume necessário, dado que as discussões sobre as temáticas cristológica e eclesiológica terem sido mais proeminentes. Há um tema teológico, entretanto, que envolve a compreensão a respeito do Espírito Santo que irá começar a

---

12. Embora haja dúvida se esse texto não faria parte do *Decretum Gelasianum*, do ano 495.

ser discutido já no pós-Constantinopla e continua até os dias de hoje: trata-se da relação de procedência do Espírito Santo na Trindade. Essa temática, conhecida como a "questão do *filioque*", dado que se inicia no tempo da patrística e perdura ao longo da história, com implicâncias teológicas, eclesiológicas e políticas, será exposta como tema destacado mais à frente.

3.3.3 A pneumatologia na Idade Média: entre a teologia escolástica e a experiência mística

Após o período de discussões ocorridas até o final dos concílios da Antiguidade, o desenvolvimento do cristianismo ocorre cada vez mais em dois grandes blocos distintos, chamados simplificadamente de oriental e ocidental. Essas denominações estão bastante ligadas ao desenvolvimento do Império Romano. Mas também é fato que do ponto de vista teológico haja um desenvolvimento de pensamento bastante distinto no Oriente e no Ocidente, especialmente pelas bases culturais a partir das quais se reflete. Na temática da pneumatologia não será diferente: há compreensões distintas que se desenvolvem no Oriente e no Ocidente. Aqui iremos seguir mais a reflexão da tradição ocidental, dentro da qual nos encontramos.

A temática do Espírito Santo, na tradição ocidental após os concílios da Antiguidade e até na Idade Média, pode ser encontrada em dois aspectos distintos. Por um lado na teologia escolástica, onde há especialmente uma reflexão mais especulativa sobre a relação do Espírito Santo na Trindade. Por outro lado, floresce neste mesmo período, a presença do Espírito Santo num campo que se poderia denominar de mística, incluindo aqui desde a liturgia, passando por movimentos religiosos e sociais.

Um dos temas presentes na pneumatologia escolástica é a especificidade do Espírito Santo na Trindade. A reflexão sobre Deus na teologia escolástica parte de dois princípios: um em termos de conteúdo, outro em termos de forma. Em termos de conteúdo, a reflexão sobre Deus na escolástica parte muito menos das pessoas da Trindade e sua igualdade ôntica e muito mais da existência de uma única divindade, cuja estrutura interna deve ser perscrutada através da revelação e do pensamento.

O pressuposto formal da teologia escolástica em sua reflexão sobre Deus está na compreensão (ou na convicção) de que a capacidade de conhecimento humano pode descobrir – quando não inclusive provar – os mistérios da divindade. Pelo esforço de aprofundamento lógico-formal se consegue deduzir (descobrir) como é a essência de Deus. No contexto do pensamento escolástico, não se pode entender provar como uma demonstração empírica de resultados, mas sim como resultados de demonstração argumentativa lógica.

A grande questão da pneumatologia escolástica é a procedência do Espírito Santo na relação com o Pai e com o Filho (a questão do *Filioque*). A reflexão teológica segue o caminho apontado por Agostinho, isto é, uma compreensão circular da divindade: no Espírito Santo o Pai e o Filho estão unidos no amor. Anselmo de Cantuária († 1109) desenvolve sua teologia sobre Deus, partindo da essência de Deus como uma essência de amor. Nesta essência não há diferença, mas sim identidade: o ser eterno de uma suprema e única essência. Quando a fé da Igreja fala em três pessoas, diz Anselmo, isto deve ser entendido como uma maneira de falar a partir da origem da relação. Assim, o Pai reconhece-se no Filho e manifesta-se nele; o Filho dele procede. O Pai está todo no Filho e o Filho todo no Pai, pois eles como uma única essência suprema são um Deus único. E o Espírito Santo? Nele, segundo Anselmo, o Pai ama o Filho e o Filho o Pai e com isto este amor é idêntico com a única essência de Deus. Por isso, o Espírito Santo procede do Pai e do Filho e nisso se reconhece justamente que Pai e Filho não são dois, mas um, a partir do fato que formam um único princípio para o Espírito Santo, o da divindade.

Para Tomás de Aquino († 1274), a questão da procedência do Espírito é também uma consequência da compreensão trinitária. Sua maneira de pensar pode ser assim resumida: Se as diferenças das pessoas divinas são única e somente as contraposições da origem do relacionamento, não existe nenhuma possibilidade de diferenciar o Filho do Espírito Santo, se este não for entendido como também procedente do Filho.

Quem, continuando rigorosamente dentro da maneira racionalista de pensar escolástica, quebra, no entanto, seu racionalismo é Ricardo de São Victor († 1173). Ele parte do mesmo princípio do Espírito Santo como amor, mas o expande, possibilitando a experiência humana do amor em sua compreensão de Trindade. Vejamos seu raciocínio: Deus é o bem supremo (*summum bonum*). Nele é realidade toda possibilidade de bem imaginável. Assim o amor supremo. O amor, porém, em Deus também deve ser entendido de forma dialógica, ou seja, de uma pessoa para a outra, de um amante para um amado. Caso contrário este amor seria estéril, seria somente um amor-próprio. Do ponto de vista lógico, para ele este amor não pode ser pensado somente como uma dualidade: um ama o outro e o outro ama um. Isso seria um "egoísmo a dois". O amor do Pai e do Filho precisam necessariamente encontrar-se em um terceiro. Este é o coamado (*condilectus*), pois "a prova do amor perfeito é justamente o desejo de que o amor a um partilhado, seja partilhado adiante" (apud STUBENRAUCH, 1995, p. 89). Dessa característica de que o Espírito como coamado existe a partir do amor recíproco do Pai e do Filho, e recolhe/concentra justamente este amor é que se deduz a propriedade do Espírito: ele é dom, (ou fogo, como aparece nos Atos). Nele Pai e Filho se doam, esse amor de doação abre-se para um terceiro. Essa abertura para um terceiro é justamente também a possibilidade da abertura para a criatura. A criatura não é recíproca neste amor divino, mas objeto do amor divino que sai de si. Assim, diz Ricardo de São Victor, no fogo do Espírito Santo, o ser humano é fundido no abrasamento de amor divino.

Um outro pensamento que ganha força nesta mesma linha é retomado de Dionísio Pseudo-Areopagita: *Bonum diffusivum sui* (o bem é difusivo). Esse pensamento, aplicado para Deus, veio a ser utilizado na teologia escolástica para a pneumatologia, no sentido de entender que o Espírito Santo é justamente o fruto do bem difusivo (transbordante) do Pai e do Filho.

A pneumatologia escolástica também contribuiu para uma centralização da pessoa do Filho e supervalorização da eclesiologia. E assim, o Espírito Santo foi por vezes funcionalizado: é ele que transmite a graça do Cristo aos fiéis no seio da Igreja.

Outro tema da pneumatologia escolástica: a função do Espírito Santo na relação entre graça criada e graça incriada. Pedro Lombardo († 1160) em sua *Summa Sententiarum* formulou a tese de que o Espírito Santo é a forma pela qual o ser humano cheio de graça "ama a Deus e ao próximo". Embora houvesse base bíblica para tal afirmação, Pedro Lombardo foi atacado por outros teólogos no sentido de que estaria igualando a força divina (da pessoa do Espírito Santo) à força humana. Gilberto de Poitiers († 1154) entende que o Espírito Santo habita com sua majestade divina no humano, mas a virtude do amor é apenas um sinal, ao nível de criatura, desta inabitação. A partir disso faz uma distinção entre graça incriada e graça criada. A incriada é o Espírito Santo mesmo, que nunca é uma situação da criatura, embora a graça incriada possa inabitar a criatura; graça criada é a consequência da virtude do amor, que é alimentada e sustentada pela presença permanente do Espírito Santo na pessoa.

Embora a teologia escolástica, inclusive com seu maior representante Tomás de Aquino, continuasse afirmando que no Espírito Santo Deus mesmo habita no ser humano, a ação do Espírito Santo foi cada vez mais deixada para um segundo plano. A teologia da graça tomou o lugar da ação do Espírito Santo. O discurso sobre o Espírito Santo deslocou-se da questão de Deus, para a questão das virtudes e da ética. Essa temática, da ligação entre a ação do Espírito Santo e uma vida ética, estivera já presente no tempo patrístico, mas aplicada especialmente à questão do discernimento da ação do Espírito, da diferenciação entre falsos e verdadeiros profetas.

Uma certa exceção na pneumatologia escolástica encontramos no teólogo franciscano Boaventura. Seguindo a tradição, ele chama o Espírito de *dom*, de "vínculo amoroso": "O Espírito Santo, portanto, é o amor com que o que ama (o Pai) tende para o outro (o Amado, quer dizer, o Filho); assim é o amor de Um para o Outro" (São Boaventura, apud IAMMARRONE 2005, p. 106) e reforça a ideia da inabitação do Espírito Santo no ser humano e em toda a criação, ao recordar as palavras de Jesus que afirma ser Um com o Pai. Desta forma, o Um é o Nós. O problema da relação entre graça criada e graça incriada na inabitação, Boaventura resolve fazendo uma distinção: o ser humano não tem poder para usar a presença de Deus-Espírito Santo em si para outros fins, fazendo do Espírito virtude própria. Deus deixa-se apenas desfrutar, na medida em que faz o ser humano superar-se e experimentar a Deus mesmo, como o bem supremo. Empregar-se (usar-se), deixa-se apenas aquilo que o Espírito Santo causa no ser humano: a liberdade de responder ao chamado de Deus, a capacidade de achar o caminho correto, o amor para encontrar Deus e o próximo de maneira correta. Mas esse pensamento de Boaventura não é desligado do cristocentrismo escolástico, pois entende o Espírito Santo como a força que constrói e completa o corpo místico de Cristo.

Uma concepção pneumatológica digna de nota da Idade Média é a do abade calabrês Joaquim de Fiore (1135-1202). Antes de vermos sua concepção pneumatológica propriamente dita, é preciso conhecer um pouco o seu contexto. Joaquim de Fiore – de provável ascendência judaica – atuava como notário na Calábria (Itália). Após uma viagem pela Síria e Palestina, recolhe-se num eremitério. Mais tarde entra para a Ordem dos Cistercienses, na qual se torna abade do mosteiro de Fiore. Irá, entretanto, romper com a Ordem e fundar diversos mosteiros de sua própria tradição. Joaquim de Fiore é alguém que está descontente com a situação da Igreja. A Igreja está muito mais envolvida com as campanhas das Cruzadas do que com a espiritualidade cristã propriamente dita. Todo um esforço da instituição está voltado para isto. Ao mesmo tempo o distanciamento entre a Igreja do Oriente e a do Ocidente é cada vez maior. Após o cisma de 1054, os dois grandes blocos do cristianismo não apenas romperam, como continuam se distanciando mais e mais. Na Igreja do Ocidente, o abismo entre clero e leigos é cada vez mais gritante. Chega quase ao ponto de se poder pensar em dois tipos diferentes de cristãos: com modos de vida, obrigações e direitos totalmente distintos. Outra questão que preocupa o abade calabrês é a secularização do clero e dos religiosos, envolvidos cada vez mais em questões do século: economia, política, negócios, terras etc.

Diante deste panorama, Joaquim de Fiore projeta uma espécie de ideal eclesial: Uma "Igreja do Evangelho realizado", que seria composta por pessoas plenas do Espírito (pneumáticas) e com uma maneira de vida totalmente a partir do amor. Essa Igreja antevista por ele, não é porém pensada como uma situação para o que "há de vir", para os tempos escatológicos. Ele a vislumbra já em seu tempo. É chegado o momento, para o abade, de começar a implantar a situação desejada. É chegado o tempo do Espírito na Igreja. Ele esperava já para seu tempo de vida a irrupção do Espírito Santo para a realização de seu ideal.

O porquê de ele esperar a irrupção do Espírito em seu tempo, encontra sua explicação na compreensão de história proposta pelo abade. Em sua compreensão, a história dividir-se-ia em três períodos, ou três reinados, cada um subordinado a uma pessoa da Trindade.

1) O primeiro reino foi o do Pai. Foi o tempo do Antigo Testamento, composto por pessoas da carne: por leigos casados.

2) O segundo reino foi o do Filho, o reino da hierarquia da Igreja, o tempo do clero e do regime eclesial.

3) O terceiro reino, o reino do Espírito Santo, iria irromper no ano de 1260, e seria o tempo dos monges (em sentido amplo): o tempo da contemplação, da meditação e interiorização, o tempo dos pneumáticos, o tempo dos místicos.

Cada tempo tem para Joaquim de Fiore seus protagonistas e anunciadores principais. Assim o reino do Pai foi protagonizado por Adão e Abraão; o segundo reino pelo sacerdote Zacarias e Jesus Cristo e o terceiro foi iniciado por Bento e estaria em seu tempo apenas desabrochando para durar até o fim dos tempos. Na concepção do abade calabrês, a passagem de um reino para o outro é gradativa.

Essa compreensão de Joaquim de Fiore não deixa de ser problemática do ponto de vista da compreensão das pessoas da Trindade. As três pessoas da Trindade são vistas como separadas e independentes entre si, agindo não simultaneamente, mas uma após a outra. Cada pessoa da Trindade estaria, de alguma maneira, em concorrência com a anterior e a iria aos poucos substituindo. Sua proposta apresenta o desejo de superar a Igreja de Jesus Cristo para dar lugar à Igreja do Espírito Santo. Não se pode deixar de ver, porém, na proposta de Joaquim de Fiore, um grande apelo à renovação do cristianismo. Joaquim de Fiore tem sem dúvida razão em suas preocupações com os rumos da Igreja, com o esvaziamento por vezes demasiado da espiritualidade e favor de uma ação secular da Igreja.

Os seguidores de Joaquim de Fiore levaram seus ensinamentos a consequências mais extremas e propuseram contraposições entre ministério e espírito; entre hierarquia e liberdade; entre Lei e interioridade. Muitas dessas propostas foram feitas em escritos atribuídos ao próprio Joaquim de Fiore, sendo, porém, de seus seguidores.

O contexto do surgimento, sobretudo da ordem dos franciscanos e da ordem dos dominicanos, com o rápido crescimento especialmente do movimento iniciado por Francisco de Assis, deu ensejo a que muitos interpretassem neles a realização das previsões de Joaquim de Fiore. A grande adesão que teve Francisco ao seu modo de vida em pobreza, propondo o puro e simples seguimento do Evangelho, causou grande impacto quando interpretado na óptica da proposta de Joaquim de Fiore. Não estaria irrompendo aí o tempo pneumático proposto por ele? Teólogos como Boaventura e Tomás de Aquino viram-se por isso desafiados a contrapor-se a Joaquim de Fiore. Sobretudo por causa da grande reação contra Joaquim de Fiore, os fiéis em geral e a Igreja distanciaram-se dele e de sua contribuição legítima para uma renovação na Igreja.

Joaquim de Fiore tem certamente um precursor por vezes menos conhecido. Trata-se do também abade Rupert de Deutz († 1129). Este fez igualmente uma divisão da história em períodos, colocando em cada um a ação especial de uma pessoa da Trindade, mas acentuando: "que deve ficar claro que trata-se sempre da totalidade indivisível da Trindade, de um único Deus" (STUBENRAUCH, 1995, p. 94).

Falando, porém, das propriedades das pessoas da Trindade, Rupert as coloca ligadas ao tempo e à sua revelação. A criação é obra do Pai, a salvação é obra do Filho. Porém a consumação da criação e a nova criação são obras do Espírito Santo (trata-se aqui de uma ideia já presente na patrística). Às três obras, Rupert adiciona três épocas. A época da criação é a do Pai; a época do Filho vai do pecado de Adão à morte expiatória de cruz. Depois disso é a época do Espírito

Santo. Esta inicia-se na ressurreição e vai até a consumação dos tempos e o juízo final. Nesta época, o Espírito Santo não age separado do Pai e do Filho. O Pai continua agindo no Filho e no Espírito Santo (recuperando, inclusive a ideia de Irineu, que usa da metáfora de que o Filho e o Espírito Santo são as mãos do Pai). Para Rupert, a ação primordial do Espírito Santo consiste em divinizar o ser humano e levá-lo ao Pai e ao Filho. É o Espírito Santo que perdoa os pecados; dá alma à liturgia e à administração dos sacramentos; ele mantém a Igreja viva por meio de seus carismas.

Precisando mais sua compreensão sobre a época do Espírito, ele a divide em sete épocas, nas quais estão em ação os assim chamados sete dons do Espírito Santo. Desta forma a época do Espírito (que se inicia com a ressurreição), está dividida da seguinte maneira (STUBENRAUCH, 1995, p. 94-95):

Época do Espírito	Dom do Espírito	Ação do Espírito
Primeira época	Espírito de Sabedoria	O Espírito Santo sensibiliza para o sofrimento de Cristo e para a atuação dos sacramentos
Segunda época	Espírito de Entendimento	O Espírito Santo ensina os apóstolos sobre os mistérios das escrituras
Terceira época	Espírito de Conselho	O Espírito Santo inicia a Igreja dos pagãos e rejeita dos judeus
Quarta época	Espírito de Fortaleza	O Espírito Santo encoraja os mártires para o seu testemunho de fé
Quinta época	Espírito de Ciência	O Espírito Santo encoraja os pais da Igreja para a formação da teologia
Sexta época	Espírito de Piedade	O Espírito Santo realiza a conversão de Israel
Sétima época	Espírito de Temor de Deus	O Espírito Santo conduz os justificados, após o juízo final, à visão beatífica de Deus

Diferentemente dos teólogos escolásticos que os precederam, a reflexão de Joaquim de Fiore e de Rupert de Deutz apontam para uma outra acepção da percepção do Espírito Santo: sua ação na história e a história lida como lugar e resultado da ação de Deus em Espírito. Ambos retomam, de certa maneira, a compreensão neotestamentária de que ao subir aos céus, Jesus prometeu aos discípulos uma força ("o Espírito Santo que virá sobre vós", At 1,8) e por ação desta força os cristãos seriam suas testemunhas. Essa consciência da comunidade cristã como comunidade no Espírito Santo enviado é invocada justamente por estes monges. Isto mostra que embora a instituição eclesial houvesse legado ao Espírito Santo um papel secundário, a consciência – e mais que isto, a experiência – de sua presença e ação estavam vívidas. Por isto, a temática do Espírito Santo na Idade Média não pode ser vista apenas em nível de especulação teológica. Em outros campos também se desenvolveu a importância do Espírito Santo. Esses campos poderiam ser chamados de lugares experienciais ou místicos, diferenciando-se dos lugares especulativos da escolástica.

Três campos são aqui de importância especial para se apontar lugares nos quais a experiência do Espírito Santo nesta época deixou legados de expressão: a liturgia, a caridade e a mística.

O Espírito Santo e a Liturgia. A partir do século V, como já visto, a festa de Pentecostes, anteriormente ligada ao encerramento do tempo pascal, começa a ter um acento cada vez maior na figura do Espírito Santo. A partir do século IV a Festa de Pentecostes era feita como Festa do Senhor, encerrando o tempo pascal (Sínodo de Elvira). Essa festa litúrgica irá fazer surgir textos litúrgicos correspondentes ao seu tema. Entre estes textos, chamam a atenção dois hinos dedicados ao Espírito Santo e que foram acolhidos na liturgia: o *Veni Creator Spiritus* e o *Veni Sancte Spiritus*. Vejamos um pouco mais sobre estes hinos e seu conteúdo.

O hino *Veni creator Spiritus* surgiu no século IX e entra para a Liturgia das Horas no período medieval; ainda hoje é o hino característico da Solenidade de Pentecostes. Sua autoria é controversa, mas normalmente atribuída a Rabano Mauro (780-856), monge (e abade) beneditino em Fulda, na Alemanha, tendo sido depois arcebispo em Mogúncia. O grande estudioso desse hino, R. Cantalamessa (1998), coloca a discussão sobre a autoria do texto e embora possa haver dúvida sobre ter saído o poema da pena de Rabano Mauro, não há também hipótese mais convincente.[13] Vamos ao texto, em sua versão oficial usada na liturgia no Brasil:

> Oh, vinde, Espírito Criador,
> as nossas almas visitai
> e enchei os nossos corações
> com vossos dons celestiais.
>
> Vós sois chamado o Intercessor
> do Deus excelso o dom sem par,
> a fonte viva, o fogo, o amor,
> a unção divina e salutar.
>
> Sois doador dos sete dons,
> e sois poder na mão do Pai,
> por ele prometido a nós,
> por nós seus feitos proclamais.
>
> A nossa mente iluminai,
> os corações enchei de amor,
> nossa fraqueza encorajai,
> qual força eterna e protetor.
>
> Nosso inimigo repeli,
> e concedei-nos vossa paz;
> se pela graça nos guiais,
> o mal deixamos para trás.

---

13. Sobre a autoria do poema, cf. CANTALAMESSA, R. *O Canto do Espírito*. Petrópolis: Vozes, 1998, p. 8, 383-387.

Ao Pai e ao Filho Salvador
por vós possamos conhecer.
Que procedeis do seu amor
fazei-nos sempre firmes crer.

Não se sabe exatamente o caminho que o poema percorreu até encontrar lugar na Liturgia das Horas. O testemunho mais antigo de seu uso oficial é do ano 1049, onde consta nas atas do Concílio de Reims que "quando o papa entrou na aula, o clero cantou com grande devoção o hino *Veni Creator Spiritus*" (apud CANTALAMESSA, 1998, p. 8). Se o hino fora cantado na sala conciliar, é de se supor tratar-se de um cântico já conhecido e usado tanto em mosteiros como em igrejas locais. Fato é que a partir dessa ocasião, o poema encontrou seu lugar oficial na liturgia.

O texto recolhe e condensa de forma magistral tanto a teologia em torno do Espírito Santo – e suas principais discussões e decisões – bem como elementos da devoção ao Espírito Santo. Há elementos que sinalizam posições teológicas, há expressões de piedade e fé no Espírito Santo.

No poema encontramos expressões que remontam claramente a longas discussões teológicas sobre a natureza do Espírito Santo e sua relação na Trindade, como: intercessor, dom de Deus, fogo, amor, poder na mão do pai, prometido a nós, que dá a conhecer ao Pai e ao Filho, que procede do amor (do Pai e do Filho). Neste sentido, o texto do hino não é simples, nem fácil de ser entendido. É uma condensação das afirmações de fé sobre a terceira pessoa da Trindade e dentro da teologia do contexto, afirma inclusive a ideia da procedência do Espírito Santo ser do Pai e do Filho (*Filioque*). Mas, "com a vantagem de ser teologia orante, em chave doxológica, a única chave na qual se pode falar devidamente do Espírito Santo" (CANTALAMESSA, 1998, p. 10). Ao lado, pois, da teologia especulativa da escolástica medieva, está em vigor na Europa uma teologia orante, ligada tanto às orações dos mosteiros – que eram os grandes centros irradiadores da vida espiritual – como igualmente à piedade cristã.

Assim sendo, o hino é também testemunho da piedade e devoção ao Espírito Santo: visitai nossas almas, enchei nossos corações, iluminai nossa mente, encorajai nossa fraqueza, repeli o inimigo, concedei-nos a paz, guiai-nos pela graça. O hino reúne teologia e experiência, afirmações de fé e de piedade, revelação bíblica e tradição, mas também abertura para o novo. Assim se expressa Cantalamessa:

> Se, por um lado as palavras do *Veni Creator* resumem a quintessência da revelação bíblica e da tradição patrística acerca do Espírito Santo, por outro, justamente por serem todas tiradas da Bíblia, revelam-se como "estruturas abertas", capazes de acolherem aquilo que de novo a Igreja viveu e descobriu, do Espírito, nesse meio tempo (CANTALAMESSA, 1998, p. 9).

A expressão que abre o hino (*Veni creator Spiritus*; Oh, vinde, Espírito Criador) é um chamado de uma abrangência ampla. Se muitos veem neste apelo uma referência ao sopro criador de Gênesis (1,1), a nosso modo de ver essa súplica deve ser lida muito mais a partir do fiel e de sua experiência do que a partir de uma referenciação *ad extra*. Nela a pessoa de fé se sente em abertura para a totalidade divina. O amor de Deus é experimentado no Espírito Santo – na expressão de Agostinho – como vínculo de amor (*vinculum amoris*). E essa experiência vincula quem crê à totalidade do divino. Pedir pela presença do Espírito Santo (Oh, vinde!) é já o reflexo da experiência de sua presença, e chamá-lo de Espírito Criador, diz da experiência humana de criatura. "'Vinde, Espírito Criador': esta talvez seja a invocação mais importante que o fiel possa fazer ao Espírito Santo" (BOFF, 2013, p. 255). Podemos ler essa invocação como uma qualificação, como um conteúdo expresso a respeito do Espírito Santo. Mas sua riqueza aumenta se a percebermos como expressão da experiência. R. Otto, autor do célebre texto "O Sagrado", uma das obras fundantes da fenomenologia da religião, irá afirmar que a experiência religiosa ("do numinoso", como denomina Otto) acontece num âmbito irracional. Não se pode falar da experiência em si, mas sim daquilo que ela estimula ou desperta. E ao descrever os "aspectos do numinoso", Otto irá apontar "'o sentimento de criatura' como reflexo da numinosa sensação de ser objeto na autopercepção" (2007, p. 40). A súplica presente no hino "Oh, vinde, Espírito Criador", pode ser lida então como o balbuciar de quem experiencia a presença do Espírito, e o sentimento de criatura é que leva a afirmar "Espírito Criador". Se continuarmos na interpretação de Otto, este sentimento do numinoso é "também aquilo que é prodigioso [*wundervoll*]. Além de desconcertante, é cativante, arrebatador, encantador. [...] Este chamaremos de aspecto 'fascinante'" (2007, p. 68). E esse fascínio da experiência leva à busca pela proximidade, pela intimidade daquilo que é experimentado. É a súplica do "as nossas almas visitai e enchei os nossos corações com vossos dons celestiais". E embora seja o hino de uma complexa linguagem teológica, seu acolhimento e permanência na liturgia devem-se à afinidade e à identificação de sentimentos que ele desperta no orante. E o fato de este hino ter entrado para a Liturgia das Horas, como Hino de Pentecostes, contribuiu para uma maior visibilidade da espiritualidade pneumatológica de sua época, dentro da história da fixação desta solenidade no ano litúrgico.

Essa consolidação do Espírito como a figura central da festa litúrgica de Pentecostes é um processo longo, mas no final do século XI, já é muito claro que se trata de uma festa do Espírito Santo. Há ali um outro marco muito interessante: o acréscimo na liturgia eucarística, após o Aleluia, da sequência do Espírito Santo com o poema *Veni Sancte Spiritus*. Essa novidade litúrgica na festa de Pentecostes aparece pela primeira vez num missal no século XI.

Não há clareza sobre a autoria deste hino e ele é mais tarde atribuído ao Arcebispo da Cantuária, Estêvão Langton (1150-1228). Este, de origem nobre inglesa, havia sido professor de teologia em Paris até 1207, quando então irá assumir o arcebispado na Inglaterra. Embora não se tenha certeza sobre sua autoria, há fontes que são da opinião de que o texto teria sido escrito por volta de 1200, ou seja, no período parisiense. Independentemente da discussão sobre sua autoria e ano, fato é que o poema foi assumido como texto da sequência, e o uso de uma sequência na liturgia é algo somente atribuído a solenidades maiores. A introdução desta sequência na liturgia de Pentecostes foi conservada pela reforma litúrgica tridentina e também pela reforma litúrgica pós-Vaticano II, sendo até os dias de hoje uma das duas sequências obrigatórias da liturgia cristã católica romana (ao lado da sequência pascal). Seu texto é também um testemunho da espiritualidade da época em torno da pessoa do Espírito Santo. Eis o texto da sequência de Pentecostes (em sua tradução litúrgica):

> Espírito de Deus
> enviai dos céus
> um raio de luz!
>
> Vinde, Pai dos pobres,
> dai aos corações
> vossos sete dons.
>
> Consolo que acalma,
> hóspede da alma,
> doce alívio, vinde!
>
> No labor descanso,
> na aflição remanso,
> no calor aragem.
>
> Enchei, luz bendita,
> chama que crepita,
> o íntimo de nós!

Sem a luz que acode,
nada o homem pode,
nenhum bem há nele.

Ao sujo lavai,
ao seco regai,
curai o doente.

Dobrai o que é duro,
guiai no escuro,
o frio aquecei.

Dai à vossa Igreja,
que espera e deseja,
vossos sete dons.

Dai em prêmio ao forte
uma santa morte,
alegria eterna.
Amém.

Tendo sido escrito num período em que a discussão da pneumatologia girava prevalentemente em torno da relação do Espírito Santo na Trindade, chama enormemente a atenção o fato de que o hino não faça nenhuma referência a este viés. Um segundo elemento digno de nota, em termos de ausência, é a não referência à Igreja, algo que havia se tornado uma constante na pneumatologia. Como já visto, há desde o tempo da patrística todo um esforço para vincular a ação do Espírito Santo à Igreja (especialmente aos epíscopos). A menção à Igreja, na nova estrofe do hino "Dai à vossa Igreja" é a tradução do texto latino "*Da tuis fidelibus*", literalmente, "Dá aos teus fiéis", não constando, portanto no original o termo "igreja".

O que está então, no centro do hino, se nem a relação do Espírito Santo na Trindade, nem sua ação na Igreja? A questão central do hino é a relação do Espírito Santo com cada fiel. Há um certo tom de intimidade no texto, onde cada fiel como que traz diante do Espírito Santo as suas agruras e dificuldades: pede-se luz, consolo, alívio, descanso, cura, iluminação, ajuda na dureza, no frio, no escuro, na hora da morte e na eternidade. Os epítetos atribuídos ao Espírito são de uma beleza, candura e espiritualidade únicas: hóspede da alma, doce alívio, luz bendita e – o que mais surpreende – Pai dos pobres. Isso porque, ao Espírito Santo não se atribuía o termo "pai", conceito este atribuído propriamente à primeira pessoa da Trindade. A atribuição da paternidade ao Espírito Santo, neste hino, não está ligada à relação intratrinitária, mas sim à experiência do acolhimento divino aos pobres: "Os pobres gritam [...] É o Espírito que nos faz gritar Abba, Paizinho querido (Rm 8,15; Gl 4,6). Por isso o Espírito é pai e padrinho dos pobres (*pater pauperum*). Ele os toma sob sua guarda" (BOFF, 2013, p. 249).

Se se pudesse imaginar o suplicante deste hino, aquele que se dirige ao Espírito Santo, pelos termos do texto se infere serem os necessitados, os pobres, os trabalhadores de sol a sol, os aflitos, os sujos, os secos (sedentos), os doentes, os que sentem a vida dura, os que estão na escuridão do caminho, os que sentem frio. O texto do hino reflete necessidades de pessoas simples, certamente não pertencentes à nobreza, mas aos menores, ou, para usar uma expressão de L. Boff, de "vulneráveis e vulnerados" (2013, p. 251).

E como este suplicante expressa sua experiência (ou sua esperança) do Espírito Santo? No texto original há quatro vezes o pedido *veni*, vem! E há quatro vezes outro pedido *da* (dá, em português). Dois termos a denotar desejos de proximidade e desejos de agraciamento. São expressões que apontam para o campo da experiência da presença do Espírito Santo na vida dos fiéis. E, corroborando para essa impressão, os epítetos atribuídos ao Espírito Santo denotam experiência de proximidade (hóspede da alma), de afetividade (doce alívio), e, um termo já presente no Novo Testamento: consolador (*consolator*, no texto latino). Anselm Grün afirma que "a palavra latina '*con-solator*' significa, de fato, estar com o solitário, adentrar em sua solidão, caminhar com ele em seu caminho solitário e permanecer com ele em sua necessidade e sua introversão" (GRÜN, 2015, p. 152). A experiência da presença do Espírito Santo é uma experiência de estar na companhia de Deus, não como um estranho, mas de um doce hóspede.

O texto do *Veni Sancte Spiritus* testemunha que à época em que foi escrito havia toda uma dimensão experiencial em torno da presença do Espírito Santo entre os fiéis. Se os testemunhos textuais da Idade Média, em grande parte escrita por doutos professores, clérigos ou monges, dão a impressão de que no período grande parte do pensamento em torno do Espírito era especulativa, o hino mostra uma outra realidade: na cotidianidade dos cristãos, especialmente os mais simples e suas situações que são espelhados no texto, o Espírito Santo é experimentado em dimensões muito mais próximas, mais íntimas, mais aconchegantes e afetivas. A rapidez com que este hino é acolhido na liturgia oficial da Igreja é testemunho claríssimo de que ele reflete um movimento espiritual pneumatológico nem sempre percebido, mas que aqui veio à tona tomando lugar na liturgia eucarística de Pentecostes.

Ainda na Idade Média, outro testemunho da presença do Espírito Santo e que se dá a conhecer no âmbito devocional, é a primeira notícia que se tem de dedicação de uma Igreja ao Espírito Santo. O famoso teólogo escolástico Pedro Abelardo († 1142) colocou a Igreja e a Abadia por ele fundada sob a proteção do Paráclito.

O cuidado dos pobres e doentes: a caridade sob a inspiração do Espírito Santo. Na Idade Média surgem muitas organizações caritativas que se colocaram sob a proteção do Espírito Santo. Tinham como objetivo sobretudo a ajuda aos pobres e doentes. Assim foram criados, na Espanha, na Terra Santa e no sul da França os Hospícios do Espírito Santo e as Irmandades do Espírito Santo. O termo "hospício" é hoje quase que só aplicado no contexto de doentes mentais. Sua origem está, entretanto, no termo "hospedar". A situação social europeia, especialmente a partir do século XI, criou multidões de pobres e desvalidos. Muitos são os fatores que levaram a isto, mas especialmente a concentração de terras cada vez maior nas mãos de senhores feudais; o surgimento da burguesia e a concentração de riquezas que isto ocasionou e os grandes custos com as campanhas (guerras) chamadas de Cruzadas. Muitos desses hospícios – que hoje poderiam ser chamados de "centros de acolhimento" –, criados sob a proteção do Espírito Santo, se encontravam ao longo dos caminhos de peregrinação (na Espanha, França e nas rotas para a Terra Santa), o que mostra uma concentração de pobres (sem-teto) que se deslocava para essas rotas, procurando ali sobrevivência.

Em Roma e em Nürenberg existem até hoje Hospícios do Espírito Santo criados na época. O Espírito Santo recebera o epíteto de "Pai dos pobres". Na piedade penitencial da Idade Média, o Espírito Santo é visto como advogado do perdão dos pecados para os que se dedicam aos pobres. A ajuda aos necessitados passou a ser vista como uma consequência da experiência do Espírito Santo.

Entre os mais pobres dos pobres estavam os doentes. E quem ocupava uma posição inferior dentre estes eram os chamados leprosos. Qualquer sinal de manifestação desta doença (hoje chamada de hanseníase, mas que à época não se conhecia muito de seu desenvolvimento) era motivo para que essas pessoas fossem segregadas do convívio social, passando a viver em comunidades de condições sub-humanas, fora dos muros das cidades. A dedicação e o cuidado para com essas pessoas passam a ser vistos como uma tarefa de cunho espiritual. São Francisco de Assis é um caso típico. Ele narra em seu Testamento que sua conversão acontece justamente no encontro com os leprosos: "Foi assim que o Senhor concedeu a mim, Frei Francisco, começar a fazer penitência: como eu estivesse em pecados, parecia sobremaneira amargo ver leprosos. E o próprio Senhor me conduziu entre eles, e fiz misericórdia com eles" (Testamento de São Francisco, 1, TEIXEIRA, 2008a, p. 188). No texto de Francisco de Assis se observa inclusive a ligação entre estar em pecado, fazer penitência e cuidar dos leprosos.

Essa aproximação caritativa de pessoas inspiradas pelo Espírito Santo ao cuidado com os pobres será um dos motivos de uma verdadeira revolução espiritual e mística na Idade Média em torno da temática da pobreza. São os chamados movimentos pauperísticos, movimentos espirituais que veem na pobreza um valor evangélico a ser cultivado e buscado como caminho de salvação, na esteira do Cristo pobre. São exemplos disso os movimentos espirituais como dos valdenses, dos franciscanos, dos dominicanos, dos servitas etc. Já foi visto como estes movimentos espirituais foram lidos (no contexto de Joaquim de Fiore, por exemplo), como sinais dos tempos da ação do Espírito Santo.

Atribuiu-se, nesta época, também à inspiração do Espírito Santo a prática das chamadas "sete obras de misericórdia" (alimentar os famintos, dar de beber aos sedentos, vestir os despidos, abrigar os sem-teto, visitar os doentes, visitar os cativos, sepultar os mortos). A prática destas foi classificada por Tomás de Aquino inclusive como efeito explícito do dom de *caritas* pelo Espírito Santo.

O Espírito Santo na mística medieval. No âmbito da mística tem o Espírito Santo um papel importante na Idade Média. E um fenômeno é de se destacar neste período: a mística feminina. São muitas mulheres que passam a escrever sobre suas experiências místicas. Na tradição dos hinos ao amor do cântico dos cânticos, o Espírito Santo é visto como a experiência mística de amor que une o ser humano ao divino. Essa união é experienciável na mística através dos sentidos do corpo. Também dizem os místicos desta época que é ao Espírito que o ser humano deve o seu caminhar ereto, sua visão e sua cabeça levantada. E se os sete pecados capitais colocam isto em perigo, aí estão os sete dons do Espírito Santo como força de resistência.

Os místicos com seus carismas e os movimentos desencadeados por eles neste período irão revolucionar a espiritualidade cristã, de maneira só comparável ao período das primeiras comunidades. Se por um lado se tem uma Igreja institucional muitíssimo poderosa do ponto de vista tanto militar quanto político e de posse de terras; por outro lado surgem com uma força enorme movimentos espirituais e místicos com valores que remontam ao Evangelho: pobreza, amor, caridade. Estes crescem de tal forma, que a própria instituição não sabe como tratar a questão. Muitos foram declarados hereges e perseguidos pela inquisição, outros a instituição tentou enquadrar aos moldes tradicionais. Mas a força da autenticidade espiritual da qual eles eram portadores se impôs, levando a própria Igreja a ter para com eles mais abertura. Caso típico nesta linha é a trajetória de Francisco de Assis († 1226). Nascido em uma família de comerciantes da burguesia nascente em Assis, sua experiência espiritual o faz abandonar tudo e viver radicalmente uma vida de pobreza, a quem ele chama carinhosamente de "dama pobreza". Embora tenha despertado desconfianças, inclusive da Igreja de sua cidade, pois fora levado por seu próprio pai a julgamento diante do bispo, a força de sua autenticidade de vida se impõe. Em pouco tempo, uma série de companheiros se juntam a ele e desejam viver a mesma experiência. A Igreja quer enquadrá-los numa das regras monásticas já existentes, mas Francisco não aceita, pois entende que "a regra e a vida dos Frades Menores é esta: observar o Santo Evangelho de Nosso Senhor Jesus Cristo". Essa afirmação – que irá constar mais tarde na Regra Bulada (aprovada por bula papal) da Ordem dos Frades Menores – é o embrião inicial de sua experiência: viver o Evangelho. Este movimento atrai em poucos anos milhares de pessoas e se espalha por toda a Europa, até o Oriente Médio. Não se pode entender, entretanto, o movimento de Francisco de Assis como uma exceção no seu tempo.

Muitos são os movimentos espirituais/místicos, seja ligados a ordens religiosas tradicionais, seja às novas ordens religiosas criadas à época, seja a grupos que foram alijados da Igreja, seja a movimentos livres de pessoas que formavam comunidades de vida, sem ter necessariamente a aprovação eclesiástica formal. Há um fenômeno espiritual formado por mulheres digno de nota no período da Idade Média, as chamadas beguinas. Teria o movimento surgido na Bélgica no início do século XIII e se espalhado depois para muitas cidades europeias. Na efervescência espiritual vivida na época, as comunidades religiosas tradicionais não conseguiam acolher o enorme número de mulheres que buscam uma forma de vida de dedicação especialmente aos pobres e doentes. Estas passaram a formar comunidades livres, de dedicação religiosa, mas sem ligação formal a alguma regra religiosa existente, nem a ligação obrigatória a votos. "Não eram nem monjas nem seculares. Viviam em residências privadas chamadas de beguinages e levavam uma vida de pobreza e contemplação, embora não fizessem votos formais e eram livres para abandonar sua condição" (SELLS, apud TEIXEIRA, 2008b, p. 18). Muitas dioceses saudaram a formação dessas comunidades em seus territórios e ordens religiosas passaram a dar-lhes acompanhamento espiritual. Mas como se tratava de comunidades livres, não submissas canonicamente a regras, não demorou para surgir acusações de heresia. Assim, essas comunidades acabaram sendo condenadas pelo Concílio de Viena, em 1312.

Especialmente dignos de nota são os movimentos místicos liderados por mulheres. Ao lado do próprio Francisco de Assis, temos por exemplo, Clara de Assis – fundadora da Ordem de Santa Clara –, sua irmã Inês e também Inês de Praga, todas as três provindas de famílias nobres. Mas já antes deste movimento com Clara e suas companheiras, temos o exemplo de diversas místicas e suas experiências. Nelas aparece o tema do Espírito Santo. Faremos aqui apenas alguns destaques.

Na Alemanha temos a figura de Hildegarda de Bingen († 1179), monja beneditina e abadessa de seu mosteiro. É impressionante para a época uma mulher conseguir ter tão vasto conhecimento em diversas áreas: escreveu obras teológicas, místicas, poemas, músicas, ciências naturais e medicina, além de uma extensa troca de correspondências com autoridades eclesiais (inclusive papas) e de governos. Hildegarda tem também textos sobre a natureza. "É neste contexto que fala do Espírito Santo como aquela energia que confere a *viriditas* a toda as coisas. *Viriditas* provém de verde; significa o verdor e o frescor que marca todas as coisas penetradas pelo Espírito Santo" (BOFF, 2013, p. 162). A ela se atribui uma compreensão do Espírito Santo ligada a todo o universo da criação.

> A suavidade do Espírito Santo é imensa e engloba totalmente todas as criaturas em sua graça, de modo que nenhuma corrupção na integridade da sua justiça a pode destruir; e, brilhando, indica o caminho e emana todos os rios de santidade na claridade de sua força, onde não se pode achar mácula alguma de insensatez. Portanto, o Espírito Santo é um fogo cuja ardente serenidade, acendendo as virtudes ígneas, jamais será destruída, e assim afugenta toda a escuridão (Hildegarda de Bingen, apud BOFF, 2013, p. 163).

A ela se atribui o seguinte poema dedicado ao Espírito Santo:

> Oh fogo divino do Consolador,
> oh, vida anterior a toda vida,
> santo és tu, para nos refrescar,
> e santo, para nos dar a força,
> para sarar os corações aquebrantados,
> e atar suas piores feridas.
> Pois tu és o Deus de toda Santidade,
> o amor à humanidade.

Oh couraça forte, que protege nossa vida,
oh vínculo de unidade,
salve a todos, que a ti se confiam;
tu, refúgio de lealdade,
defenda os que em cárcere escuro
estão aprisionados por seus inimigos.
Pois tua é a vontade, de a todos salvar,
conceda-os que alcancem a liberdade.

Oh caminho seguro, que sobre as maiores altitudes
e através das maiores profundezas do mundo,
pela escuridão da terra nos conduz
e tudo mantém em firme unidade.
Por ti as nuvens se movem no etéreo,
por ti a chuva derrama sobre nós,
por ti a água infiltra as fendas
e a terra verdeja e floresce.
Somente tu ensinas os sábios;
e generosamente derramas para nós
a inspiração de teus dons.
Com alegria se nos abrem teus ensinamentos.
A ti todo louvor, oh alegria da vida!
Esperança e força nos eleve;
Tu nos destes a graça da luz,
a ti louve tudo o que vive
(Hildegarda de Bingen, apud HILBERATH, 1994,
p. 145).

O poema parte da experiência íntima pessoal do Espírito Santo, passar pelos desejos humanos de liberdade e proteção, para na última estrofe apontar à ação do Espírito Santo em toda a natureza e em toda a vida. É um exemplo interessante da percepção do Espírito Santo como força (e esperança!) que a tudo atinge, perpassa, guia e unifica. Soa novamente a expressão já conhecida do *vinculum amoris*, aqui expressa como vínculo que a tudo une.

Outra mulher mística a se destacar na experiência dos Espírito Santo é Mechthild de Magdeburgo († 1282 ou 1294). Não se sabe muito sobre sua vida, pois boa parte dos dados biográficos a ela atribuídos constam na obra de sua autoria "A fluente luz da divindade". Pela sua boa formação intelectual, se supõe ser proveniente de família nobre. Narra ela que teve sua primeira experiência religiosa aos doze anos de idade, "na qual fui saudada por uma sublime torrente abençoada do Espírito Santo, de modo que nunca mais pude me permitir a submissão a grande pecado". Aos vinte anos de idade, deixa sua família e se junta à comunidade das beguinas de Magdeburgo. Ali vive por cerca de 40 anos, no serviço aos pobres e doentes. Incentivada por seu confessor, um dominicano, começa a escrever suas experiências espirituais. Quando estes escritos vieram a público, causaram grande alvoroço, mas também crítica por parte da Igreja, de modo que para sua proteção teve que se retirar de Magdeburgo e viver reclusa os últimos anos de sua vida junto a um mosteiro cisterciense. Mechthild descreve assim sua experiência com Deus: "Eu não poderia nem conseguiria escrever se meus olhos não vissem minha alma, se meus ouvidos não ouvissem meu espírito imortal e se em todos os órgãos do meu corpo não sentisse a força do Espírito Santo". Para ela, o Espírito Santo é a saudação divina, "a torrente celeste que extravasa do poço da Trindade fluente". E essa torrente entra nas veias como "o Deus fluente na pobre e seca alma". Bem dentro da espiritualidade do Cântico dos Cânticos, Mechthild compara a história da salvação como um ato de amor entre Deus e o humano. O Espírito Santo é o condutor do noivo, é aquele que aconchega este amor como que no leito de núpcias. A pneumatologia experiencial de Mechthild é encarnada, no sentido literal da palavra: Deus Espírito Santo é sentido junto à sua corporeidade. E essa ligação do Espírito Santo com os sentidos do corpo é que talvez tenha chocado a Igreja da época, para a qual a experiência do Espírito Santo estava ligada à esfera da alma e não dos sentidos do corpo.

Do movimento das beguinas há uma outra mulher mística da Idade Média sobre a qual também pouco sabemos, mas um de seus escritos chegou até nossos dias. É Marguerite Porete († 1310), com sua obra *O espelho das almas simples e aniquiladas e que permanecem somente na vontade e no desejo do Amor*. Porete deve ter nascido por volta de 1260, no condado de Hainaut, atualmente nos limites entre França e Bélgica. Fez parte certamente do movimento das Beguinas e acabou sendo julgada, condenada e queimada nas campanhas da Inquisição contra estes grupos. Sua sentença foi proclamada no domingo de Pentecostes do ano 1310 (31 de maio) e sua execução ocorreu a 10 de junho do mesmo ano, em praça pública em Paris. Seu texto – como a autora – condenado a ser queimado todos os exemplares, foi redescoberto no século XX, quando então se pode ter acesso ao pensamento e espiritualidade desta mulher. A obra é toda composta em forma de diálogos, os principais interlocutores são três personagens femininos: a dama Amor, a Alma e a Razão. Mas há diálogos com muitos outros interlocutores, como a Cortesia, as Virtudes, a Tentação, a Fé, a Santa Igreja, a Santa Igreja a Grande, a Santa Igreja a Pequena e – o que aqui nos interessa – com a personificação Espírito Santo. Reproduzimos aqui um desses diálogos com o Espírito Santo, em que o tema é a compreensão da Alma:

> *Santa Igreja:* – E o que é esta Alma? diz Santa Igreja. Dulcíssimo Espírito Santo, ensinais-nos, pois essa palavra que supera nossas Escrituras. E assim não podemos apreender pela Razão o que ela diz. E estamos tão estupefatos, diz Santa Igreja, que não ousamos nos opor a ela.
> *(Espírito Santo)*: – Ó Santa Igreja, diz o Espírito Santo, gostaríeis de saber o que essa Alma sabe e o que ela quer? Eu vos direi, diz o Espírito Santo, o que ela quer. Essa Alma sabe apenas uma coisa, isto é, que ela nada sabe; e assim ela quer apenas uma coisa, isto é, ela nada quer. Esse nada saber e esse nada querer lhe dão tudo, diz o Espírito Santo, e permitem que ela encontre o tesouro enterrado e oculto que está eternamente encerrado na Trindade; não através da natureza divina, diz o Espírito Santo, pois isso não pode ser, mas através da força do Amor, como é necessário que seja.

Amor: – Agora, Santa Igreja, diz Amor, haveis ouvido porque essa Alma tem tudo.

Espírito Santo: – Verdade, diz o Espírito Santo, tudo o que tenho do Pai e do Filho. E como ela tem tudo o que tenho, diz o Espírito Santo, e o Pai e o Filho não têm nada que eu não tenha em mim, diz Amor, consequentemente essa Alma tem em si o tesouro da Trindade, oculto e encerrado dentro dela.

Santa Igreja: – Contudo, já que é assim, diz Santa Igreja, é preciso que a Trindade habite e viva nela.

Espírito Santo: – Está correto, diz o Espírito Santo, pois como ela está morta para o mundo e o mundo está morto nela, a Trindade viverá nela para sempre (PORETE, 2008, p. 90-91).

A pneumatologia mística de Porete é baseada na kenosis da alma. Esta, vazia do saber e do querer, é preenchida pelo tesouro oculto da Trindade. E isto é obra do Espírito Santo. Mas como o Espírito Santo não tem em si nada do que não esteja no Pai e no Filho, a experiência da alma ao ser preenchida pela ação Espírito Santo, é a da plenitude da Trindade. Com essa plenitude, a vida na Alma é a vida divina; é na totalidade do esvaziamento humano que há a sua plenitude. E isto como obra do Espírito Santo. Mas para que não se pense que a Alma preenchida pelo divino é Deus mesmo, Porete esclarece em outra fala do Espírito Santo:

Espírito Santo: – Se eu disse, diz o Espírito Santo, que darei a essa Alma tudo o que tenho, assim darei, diz o Espírito Santo. Pois assim lhe foi prometido por toda a Trindade, tudo o que temos, e concedido por sua bondade no conhecimento de sua sabedoria sem começo. E assim é certo que não retenhamos dessas Almas qualquer coisa que tenhamos. Pois essa Alma, diz o Espírito Santo, nos deu tudo, o que quer que para ela tivesse valor. E assim, o que temos, nós demos a ela, por maneira de dizer. Pois diz-se, e é verdade, que a vontade boa é conhecida pelas obras. E essa Alma, diz o Espírito Santo, é de tal condição que se ela tivesse em si o mesmo que temos, ela nos devolveria, completamente como fizermos, sem querer nada no céu ou na terra, mas apenas por nossa vontade. Portanto, nós temos tudo, diz o Espírito Santo, pelo direito de nossa condição divina, e essa Alma nos dá tudo por meio da vontade, que está encerrada no amor, sem medida. Como essa Alma nos deu tudo o que tem e tudo o que é (que ela não tem mais por mediação da vontade), é preciso, diz o Espírito Santo, darmos a ela o que temos por direito do amor. E assim, temos em nós o que temos pela natureza divina, diz o Espírito Santo, e essa Alma o tem em si por direito do amor (PORETE, 2008, 92-93).

O raciocínio de Porete sobre a experiência do Espírito Santo entende que o humano experimenta Deus à medida que se esvazia e se deixa preencher pelo divino. Ao ser preenchido pelo divino, o humano não tem a posse do divino por natureza, mas sua experiência pelo "direito do amor", entendendo como na tradição já antiga o papel do amor como vínculo divino e divino-humano. E Porete inclui também outro elemento para o discernimento desta experiência do Espírito Santo: ele é conhecido pelas obras que gera. Elemento este também já colocado na tradição patrística. A reflexão de Porete mostra uma antropologia pneumatológica muito própria: a Alma humana só o é quando se esvazia e se deixa preencher pelo divino. Essa experiência é obra do Espírito Santo, mas que na Alma humana é experimentada ou mediada pelo Amor, a quem Porete chama de dama.

Essa lista de mulheres místicas da Idade Média e suas experiências do Espírito Santo poderiam ser ampliadas em muito. Mas para encerrarmos essa pequena amostra da riqueza da pneumatologia mística deste período histórico, trazemos, por fim, a figura de Juliana de Norwich († 1417). Da vida de Juliana não se tem muitos dados. Não se sabe nem sequer se era de vida religiosa consagrada ou uma viúva reclusa junto a uma Igreja beneditina, dado que às vezes é identificada como pertencente a esta ordem. O que temos de testemunho de sua experiência espiritual é a obra *Revelações do Amor Divino*, na qual narra suas experiências místicas. Desta obra se sabe que fora acometida de uma longa enfermidade e esta não é vista com negatividade, mas experimentada no amor de Deus. O amor de Deus é para Juliana uma realidade maior, dentro da qual ela experimenta a sua vida. Deus, aliás, é descrito na experiência de Juliana como Pai e Mãe: "E em tudo isso eu vi que Deus regozija-Se porque Ele é nosso Pai. Deus regozija-Se porque Ele é nossa Mãe" (NORWICH, 2018, p. 139). Em sua décima quarta revelação, Juliana descreve o ser humano resgatado como um presente trocado entre as pessoas da Trindade:

> Porque eu vi que cada um de nós que é salvo por Cristo vive nele e, então, somos oferecidos com benevolência ao Pai, que nos acolhe com profunda gratidão. O Pai, generosamente, devolve este presente – das nossas almas resgatadas – a seu Filho, Jesus Cristo. Esse recíproco presentear concede alegria ao Pai, felicidade ao Filho e prazer ao Espírito Santo (NORWICH, 2018, p. 149).

Trata-se não só de uma linguagem poética, mas de uma forma inusitada e única de entender o ser humano como presente dado e recebido mutuamente entre as pessoas da Trindade. E este presente, numa linguagem antropopática, gera na Trindade sentimentos bons (alegria, felicidade, prazer). "Suas revelações [de Juliana] são surpreendentes, pois vêm perpassadas de um inarredável otimismo, nascido do amor de Deus" (BOFF, 2013, p. 164). A ligação do humano com o divino, e por isso há possibilidade de salvação, Juliana a vê na ação do Espírito Santo. Mas não a vê como uma ação posterior, e sim como uma ação fundante da própria condição humana.

> Nossa Fé brota do amor inerente à nossa alma, da luz límpida da nossa Razão e da própria estrutura da nossa Mente, uma dádiva de Deus ao nos criar. No exato

momento em que o Espírito é soprado em nosso corpo e somos revestidos de carne, também a misericórdia e a graça começam a agir, apoderando-se de nós e nos protegendo com piedade e amor. Por meio dessa ação, o Espírito Santo molda a nossa Fé com a *Esperança* de um dia estarmos novamente à altura da nossa mais verdadeira Essência, mergulhados na fortaleza de Cristo e elevados e saciados pelo Espírito Santo (NORWICH, 2018, p. 149).

A antropologia pneumatológica de Juliana é de uma beleza ímpar, expressão certamente de sua experiência mística. O ser humano é uma criatura inflada pelo Espírito divino. E isto o molda: temos o formato divino em nós. Invertendo-se a frase de Juliana, teríamos a imagem de que sem o Espírito Santo, seríamos seres murchos, vazios, sem forma. E, continua Juliana, essa forma que foi dada desde a criação pelo sopro do Espírito, faz com que o ser humano carregue em si a Esperança de um dia estar novamente unido ao molde original. Seremos então elevados e saciados pelo Espírito Santo. Poder-se-ia usar a imagem de um balão, que inflado pelo Espírito irá subir e ser cheio do Espírito de Deus até à saciedade, ou seja, até unir-se totalmente ao divino. A salvação do ser humano, na compreensão de Juliana, é operada pelo Espírito Santo, mas não por um ato *a posteriori*, e sim a partir do fato de que é o próprio Espírito que infla e molda o humano desde a sua criação. A criação do ser humano é pneumatológica. E disso decorre que sua salvação também o é. Essa marca do Espírito Santo na constituição do humano também leva Juliana a afirmar que o ser humano conhece a Deus e se conhece a si mesmo pela ação do Espírito: "Então, guiados pela graça do Espírito Santo, viemos a conhecer a Deus e a nós mesmos" (NORWICH, 2018, p. 152). Assim, em Juliana, o Espírito Santo é o mais íntimo de nós.

3.3.4 A pneumatologia da Reforma

Antes de olharmos mais de perto a pneumatologia no período da Reforma, é preciso chamar a atenção para algumas mudanças no pensamento teológico anteriores a Lutero: Ao otimismo racional escolástico, seguiu um momento de ceticismo no sentido de reconhecer a impossibilidade do enquadramento divino no racional e com isso o acento que se deu à não previsibilidade (não disponibilidade) da ação de Deus. Essa mudança de posição (que influenciou o humanismo) tinha um quê de crítica à instituição e uma valorização do sujeito, de sua liberdade e responsabilidade. Precursores deste modo de pensar foram os franciscanos João Duns Scotus († 1308) e seu discípulo Guilherme de Ockam († 1347). Duns Scotus desenvolveu o pensamento da ação do Espírito Santo no indivíduo que leva à prática da caridade. Ockam desenvolveu um pensamento interessante no que tange à ação do Espírito Santo no indivíduo. Para ele, o Espírito Santo dá não apenas a garantia de que a Igreja não se engana em termos de fé. Em determinadas condições, o Espírito Santo também é a garantia individual do não erro na fé. Com isso coloca a questão da intermediação do Espírito e da graça: É ela ligada a uma instituição, e em caso positivo, a qual? Os reformadores vão responder sim à primeira questão, mas entender de forma diferente a segunda. E justamente a questão da intermediação da graça vai ser a grande questão para Lutero.

Elementos da pneumatologia na Reforma de Lutero. Enquanto a tradição cristã até então acentuava o papel da estrutura sacramental e da hierarquia eclesial na intermediação da graça e com isso da proximidade entre divino e humano, Lutero vai colocar aqui uma outra fronteira: a fé. A justificação não acontece pela intermediação da Igreja, nem pela ação sacramental, mas sim pela fé no salvador Jesus Cristo. Nesta posição é que se baseiam os três *sola* de Lutero. *Sola fide*: o ser humano, apesar de seus pecados, é justificado somente pela fé, isto é, pela obediência a Deus; como não mais a instituição é intermediadora da ação de Deus, é somente a Escritura (*sola scriptura*) a instrutora do ser humano sobre como seguir a Deus. Mesmo sabedor do caminho do seguimento, o ser humano não pode obrigar a ação de Deus. Essa é sempre e somente graça (*sola gratia*).

Primeiramente, no que se refere à pneumatologia, Martinho Lutero († 1546) mostra-se não tanto interessado em discutir sobre a essência do Espírito Santo, mas sobre sua ação. O Espírito Santo é aquele que traz o acontecimento Jesus Cristo a cada pessoa e com isso possibilita a fé. Sua concepção pneumatológica é, pois, basicamente personalista: no Espírito Santo cada pessoa encontra Deus e é por este desafiado e capacitado à fé (fé é para Lutero sempre fé em Jesus Cristo). Com isso, o Espírito Santo garante que a mensagem de Jesus alcance cada ouvido, cada coração de forma autêntica, mesmo séculos depois da pregação de Jesus. "Ele entende o Espírito Santo não como força sobrenatural, idêntica ao amor, presente no ser humano, mas rigorosamente como frente a afrente pessoal que cria a fé e só pode ser aceito na fé" (HILBERATH, 2000, p. 468). Diz Lutero: "Nem você nem eu poderíamos jamais saber algo de Cristo, nem crer nele, nem tê-lo como Senhor se Ele não nos fosse oferecido pelo Espírito Santo através da pregação do Evangelho e não nos fosse derramado no coração" (apud STUBENRAUCH, 1995, p. 100). O Espírito Santo é o mediador da fé: esta é uma das concepções básicas da pneumatologia de Lutero.

A mensagem de Jesus torna-se assim palpável pelo Espírito Santo. Mas não como a mensagem em sua letra, mas em seu espírito – Espírito Santo – é anunciadora do acontecimento Jesus Cristo, a palavra da Escritura torna-se intermediadora privilegiada da presença do Espírito Santo. A Escritura ganha autoridade pela ação do Espírito Santo; Ele sempre renova a palavra quando um cristão a toma às mãos e através dela volta-se à fé. Por isso a afirmação de Lutero: "O Espírito de Deus encontrado na Palavra ocasiona a fé". O lugar privilegiado da ação do Espírito Santo não é o lugar sacramental eclesial, mas a palavra. Com isso é reconhecida na palavra uma sacramentalidade. Com essa forma de pensar, Lutero não elimina a importância da instituição Igreja, a coloca, porém, em outro sentido, isto é, Igreja acontece lá onde os fiéis encontram e seguem a palavra e por isso vão ao encontro um do outro, formando comunidade.

Lutero estaria substituindo com isso os sacramentos pela Escritura? Não exatamente, apenas invertendo a importância, na medida em que é a Escritura que faz o sacramento ser sacramento. Destarte, Lutero afasta-se claramente do perigo de querer dizer que através dos sacramentos a Igreja dispõe sobre a ação do Espírito Santo. Não é a Igreja que faz a intermediação da ação do Espírito Santo através dos sacramentos, mas é o Espírito que age na Igreja através dos sacramentos. Os sacramentos (especialmente batismo e eucaristia) são entendidos como instrumentos da ação do Espírito Santo. É o Espírito Santo que dá consistência e existência à Igreja. A ação do Espírito Santo permanece para Lutero, porém, objetivamente ligada à palavra (da Escritura). Com isso ele mantém um critério claro contrário às correntes espiritualistas de seu tempo, dispostas a justificar tudo pela suposta ação livre do Espírito Santo, isto é, livre de qualquer critério. Ocorreram também à época de Lutero grupos entusiastas da ação do Espírito Santo, aos moldes de manifestações de carismas e dons. Este, porém, não se mostrou muito animado com este tipo de movimento, afirmando que estes entusiastas confundiam a ação do Espírito Santo com a situação de sua consciência influenciada pela euforia por alguma vivência religiosa momentânea.

Os teólogos que seguem a linha de pensamento Lutero continuam basicamente na posição de favorecer uma forte ligação entre

Palavra (Escritura) e ação do Espírito Santo. Não, porém, de forma tão estreita como a vê Lutero. Assim, por exemplo, o teólogo Melanchthon († 1560) acentua fortemente a ação do Espírito Santo no indivíduo como uma força capaz de fazê-lo renascer (no sentido bíblico). No Espírito Santo, o ser humano ganha a capacidade de resistir à tentação pecaminosa e à capacidade de cumprir de fato a Lei de Cristo.

Entre os teólogos reformadores, é sem dúvida João Calvino († 1564) aquele que mais desenvolveu uma pneumatologia. Ele entende o Espírito Santo como força efetiva da ação divina que está presente no cosmos, no ser humano e na Igreja. Ele dá uma especial importância à ação criadora do Espírito Santo: ele é o vivificador, o fundador da vida e seu mantenedor. Partindo de Cristo, o Espírito Santo traspassa toda a criação, sem nela se esvair. Quanto à ação do Espírito Santo no cristão, Calvino a vê em dois sentidos: (a) No Espírito, o cristão recebe a dupla graça da justificação e do renascimento. Pela ação do Espírito, o cristão entra em comunhão de vida com Cristo e assim ganha a certeza da justificação. Ao mesmo tempo, ele renasce pelo espírito para uma vida em Cristo. (b) O renascimento no espírito como santificação é um processo que dura toda a vida, seguindo a máxima: "A superação da carne através do espírito". A vida do cristão, marcado pelo pecado, é pois uma luta contínua. Para Calvino, o cristão é um ser humano que se apresenta muito marcado pela carne (pelo pecado). Pelo Espírito ele consegue paulatinamente superar sua condição. As boas obras que os cristãos fazem não são, para Calvino, deles mesmos, mas reflexo da ação do Espírito Santo. Este nunca se torna espírito da pessoa, mas sempre permanece soberano em sua ação. A ação do Espírito Santo na Igreja, Calvino a vê como o lugar onde o Espírito Santo faz surgir suas obras. Nesta comunidade de iguais, a Palavra e os sacramentos trabalham as pessoas a partir de fora, enquanto o Espírito Santo as trabalha a partir de dentro. Também Calvino – como Lutero – nega uma ligação entre sacramento e intermediação do Espírito Santo. Na Eucaristia, por exemplo, a ação do Espírito Santo acontece no coração do fiel e não na matéria do páo e vinho. Esta é apenas um sinal externo.

A pneumatologia do protestantismo se afasta claramente de duas linhas de pensamento que haviam se instalado com o tempo na tradição cristã: por um lado a concepção da ação privilegiada do Espírito Santo nos sacramentos e a concepção de ser a hierarquia (especialmente os bispos) assistida especialmente pelo Espírito Santo. Por outro lado, entende haver uma ligação entre a ação do Espírito Santo e a Palavra (Escritura) para com os crentes. A cada fiel a Escritura se abre como Palavra de Deus pela ação do Espírito Santo, sem a necessidade de intermediadores. Há, na tradição teológica protestante, um acento muito maior na individualidade, o que veio a influenciar toda uma forma de compreender também a ação do Espírito Santo.

Essa ideia da ligação da ação do Espírito Santo com a individualidade na interpretação das Escrituras irá levar nos séculos XVII e XVIII a um movimento dentro do Protestantismo chamado de Pietismo, no qual se dá uma acentuada importância à piedade pessoal, como expressão da ação do Espírito. "Os pietistas acentuavam mais que os grandes reformadores a experiência de fé na vida cotidiana, na iluminação interior pelo Espírito Santo e a importância de uma ativa caridade" (STUBENRAUCH, 1995, p. 104). Este movimento se inspirava na comunidade cristã dos Atos dos Apóstolos, no qual se entendia que os cristãos eram guiados pelo Espírito Santo. Entende-se que não apenas a comunidade, mas cada cristão individualmente é agraciado pelo Espírito Santo para assumir sua responsabilidade na fé através da meditação das Escrituras, da oração e da caridade.

A Reforma Católica e a afirmação da ação do Espírito Santo na tradição. A Reforma Católica, no que tange à compreensão pneumatológica, concentrou-se primeiramente na argumentação da ação do Espírito Santo nos sacramentos e nas decisões da tradição da Igreja. No Concílio de Trento, os principais impulsos de uma pneumatologia giraram em torno da ação do Espírito Santo dentro da comunidade institucional, nas decisões de fé da tradição, na autoridade do magistério eclesial e no significado salvífico dos sacramentos. Trento anatematiza quem afirmar que os sacramentos não encerram a graça ou que são apenas sinais externos. Sobre a ação do Espírito Santo nas decisões do magistério, Trento vai repetir sempre em suas decisões a convicção de que a própria assembleia do Concílio acontece sob "a condução especial do Espírito Santo". As afirmações muito categóricas sobre a ação do Espírito Santo em Trento devem ser entendidas dentro do espírito de reação à Reforma Protestante. Muitas dessas afirmações categóricas foram mais tarde interpretadas de forma não tão áspera.

Um dos aspectos importantes propostos pelos reformadores era a abertura da leitura das Sagradas Escrituras e sua interpretação a cada fiel, confiando na assistência do Espírito Santo. Trento irá se voltar claramente contra a possibilidade do fiel individualmente ler e interpretar as Escrituras. A este respeito, assevera o Concílio:

> Além disso, para refrear certos talentos petulantes, estabelece que ninguém, confiando no próprio juízo, ouse interpretar a Sagrada Escritura nas matérias de fé e de moral que pertencem ao edifício da doutrina cristã, distorcendo a Sagrada Escritura, segundo seu próprio modo de pensar contrário ao sentido que a santa mãe Igreja, à qual compete julgar o verdadeiro sentido e da intepretação das sagradas Escrituras, sustentou e sustenta (DZ 1507).

Em Trento não foi porém de todo esquecida a afirmação de que a ação do Espírito Santo abrange todos os fiéis (tanto os do magistério como os que não exercem ministérios). A teologia pós-tridentina quase esqueceu esse princípio e acentuou cada vez mais o Espírito Santo como garantia da verdade nas declarações do magistério. Ao povo cabe ouvir e seguir o magistério. A argumentação para a autoridade do magistério não é, porém, baseada na ação do Espírito, mas muito mais na cristologia: o magistério tem autoridade, por ter sido instituído pelo próprio Cristo. Ao Espírito Santo cabe uma assistência especial à autoridade constituída que confirma suas declarações. Essa é, por exemplo, a argumentação do Papa Pio IX ao proclamar em 1854 o dogma da Imaculada Conceição de Maria.

A compreensão de que o magistério foi instituído pelo próprio Cristo vai ganhando força na teologia pós-tridentina de tal maneira que aos poucos o magistério é considerado a terceira fonte da fé, ao lado da Escritura e da Tradição. Com isto, o papel proeminente atribuído ao Espírito Santo em Atos dos Apóstolos e por Paulo, por exemplo, na inspiração de carisma e na condução da comunidade, vai sendo claramente deixado para um segundo plano. Um exemplo disso pode ser encontrado nos textos do Concílio Vaticano I, em que há apenas cinco menções ao Espírito Santo. No proêmio da constituição dogmática *Dei Filius* se recorda aos presentes que estão "congregados neste sínodo ecumênico no Espírito Santo" (DZ 3000). E, na discussão sobre a tensão entre fé e razão, o documento irá retomar a tradição, ao afirmar, que a fé não ocorre "sem a iluminação e a inspiração do Espírito Santo" (DZ 3010). Na constituição dogmática *Pastor Aeternus,* que irá definir a controversa questão da infalibilidade papal, o Espírito Santo é citado uma única vez:

> Pois o Espírito Santo não foi prometido aos sucessores de Pedro para que, por revelação sua, manifestassem uma nova doutrina, mas para que, com sua assistência, conservassem santamente e expusessem fielmente a revelação transmitida pelos Apóstolos, ou seja, o depósito da fé (DZ 3070).

Neste contexto, sim, se pode falar com Congar, que acontece um esquecimento do Espírito Santo, quando este é substituído pelo magistério: "Chamando para si a assistência do Espírito Santo, a autoridade [eclesial] confere [para si] quase que uma validade irrefutável" (CONGAR, 1982, p. 143). Não sem razão, se poderia falar neste contexto, de uma espécie de jurisdicionamento eclesial da ação do Espírito Santo: Este só age onde e quando a jurisdição eclesial assim o prevê.

Não deixa de ser interessante que justamente no período histórico identificado por Congar como o de um acento maior na autoridade do magistério que na ação do Espírito Santo, tenha sido promulgada uma encíclica sobre a temática do Espírito Santo. Trata-se da *Divinum illud munus*, do Papa Leão XIII, de 1897. O texto trata da compreensão do Espírito Santo na Trindade, sua relação com o Filho, com a Igreja e sua inabitação no justo. Na Trindade, se chama a atenção à função escatológica do Espírito Santo, algo não desconhecido, mas ao mesmo tempo não muito comum na tradição teológica:

> O Espírito Santo é a causa última de todas as coisas, porque, da mesma forma que a vontade e todas as coisas em geral encontram repouso em seu fim, assim ele, que é a bondade e a caridade que reina entre o Pai e o Filho, [...] completa e termina as obras arcanas em vista da salvação do homem; *nele são todas as coisas*: nele, porque Espírito Santo (DZ 3326).

Da relação do Espírito Santo com o Verbo encarnado, a encíclica recorda a tradição bíblica ao apontar que foi concebido pelo Espírito Santo, bem como a ação de Jesus, "realizada em presença do Espírito" (DZ 3327). O tópico se encerra, entretanto, com uma afirmação um tanto quanto incomum na tradição teológica:

> Assim a aparição sensível do Espírito Santo sobre Cristo e a ação invisível em sua alma representavam a dupla missão do Espírito Santo, a que se torna manifesta na

Igreja e a que se exerce por uma vertente secreta nas almas dos justos (DZ 3327).

Incomum na tradição é afirmar que haja uma dupla missão do Espírito Santo, tendo em vista que se entende – segundo Paulo – que a diversidade de dons e carismas são suscitados por um único e mesmo Espírito, e mais incomum ainda e até incompreensível é a afirmação de que haja uma ação do Espírito Santo que ocorre "por uma vertente secreta" nos justos.

Na relação com a Igreja, a encíclica recorda os elementos da tradição bíblica, como o evento Pentecostes e a promessa por parte de Jesus do envio do Espírito. Reafirma a certeza da presença do Espírito sobre a comunidade dos fiéis e realça a afirmação de Santo Agostinho de que "o que em nosso corpo é a alma, o Espírito Santo o é no Corpo de Cristo, que é a Igreja" (DZ 3328).

Sobre a ação do Espírito Santo no justo, recorda o documento a compreensão de que esta ocorria já antes do nascimento de Jesus. Realça a ação do Espírito Santo nos justos pelos sacramentos do batismo e da confirmação. A presença de Deus é reafirmada em toda a realidade; a tradição, entretanto, chama esta presença de *inabitação* do divino no humano e esta "é atribuída de modo particular ao Espírito Santo" (DZ 3331). E embora "os vestígios de poder e sabedoria divinas se manifestam até no homem perverso, ninguém a não ser o justo participa da caridade que é, de certo modo, a característica própria do Espírito" (DZ 3331). Essa última afirmação da encíclica aponta uma compreensão sobre a qual há divergências na tradição a respeito da abrangência da ação do Espírito Santo: se em todos os seres humanos ou se só nos justos. Majoritariamente, a compreensão da tradição católica é reafirmada na encíclica, que entende não haver restrição de pessoas no que tange à ação do Espírito.

3.3.5 *A pneumatologia do Concílio Vaticano II*

O Concílio Vaticano II não formula nenhuma pneumatologia no sentido de expor alguma doutrina dogmática específica sobre o Espírito Santo, nem no sentido de se dedicar a alguma reflexão sistemática sobre o tema. Mas isto não significa que não se possa falar em uma pneumatologia do Vaticano II. Diversos são os elementos que poderíamos elencar aqui como parte desta pneumatologia. Vamos nos ater aqui a apontar os usos que os distintos documentos do Concílio fazem da expressão Espírito Santo, os significados teológicos neles implicados, bem como sinalizar algumas passagens que se poderiam chamar de marcos da pneumatologia conciliar.

Em primeiro lugar, como já afirmado anteriormente neste texto, o próprio acontecimento do Concílio pode ser lido em chave pneumatológica. As Igrejas, como comunidades de discípulas e discípulos de Jesus, impulsionadas pelo envio do Espírito e acompanhadas pela certeza de sua presença, podem tender a perder sua dinâmica histórica, a fechar-se sobre si mesmas, a não dar espaço à criatividade suscitada pelos dons e carismas do Espírito em seu meio. Mas podem também fazer movimentos de abertura ao Espírito, de auscultar novamente o que o Espírito inspira e se deixar conduzir por estes impulsos. Nesta linha, o acontecimento do Concílio é interpretado como um desses momentos de abertura especial à ação inspiradora do Espírito Santo. Além de interpretado como momento privilegiado para se ouvir o que o Espírito tem a dizer à Igreja, foi explicitamente desejado que o Concílio assim pudesse ser. Na alocução de abertura do Concílio, o Papa João XIII assim se dirigia aos participantes da assembleia:

> Pode dizer-se que o céu e a terra se unem na celebração do Concílio: os santos do céu, para proteger o nosso trabalho; os fiéis da terra, continuando a rezar a Deus; e vós, fiéis às inspirações do Espírito Santo, para pro-

> curardes que o trabalho comum corresponda às esperanças e às necessidades dos vários povos. Isto requer da vossa parte serenidade de espírito, concórdia fraterna, moderação nos projetos, dignidade nas discussões e prudência nas deliberações (João XXIII, discurso de abertura do Concílio Vaticano II).

Ao chamar os conciliares à fidelidade para com as inspirações do Espírito Santo, o pontífice retoma uma longa tradição teológica segundo a qual se invoca a presença do Espírito em momentos eclesiais importantes, para que os atores dessas ocasiões possam estar especialmente sensíveis à condução do que o Espírito inspira. Na fala do papa, o Concílio em si é considerado um acontecimento pneumático, pentecostal. O próprio propósito dele mostra uma pneumatologia: o Concílio quer reformar a Igreja a partir de dentro e colocá-la novamente em diálogo com o mundo. É a ação do Espírito que irá possibilitar essa renovação. Como afirma Comblin:

> O Concílio não elaborou uma verdadeira doutrina do Espírito Santo; mas, evocando-o a cada momento, orientou a consciência cristã para uma renovação da fé no Espírito. De fato, essa simples mudança de expressão do Concílio já teve consequências profundas na fé do povo cristão (COMBLIN, 1987, p. 10).

As afirmações sobre o Espírito Santo nos documentos do Vaticano II estão em sua maioria em ligação com a eclesiologia. O Concílio afirma a sacramentalidade da Igreja, Igreja que é peregrina. Além disso o Concílio coloca novamente em evidência a compreensão muito antiga de que o Espírito Santo age em muitos carismas na Igreja, que o Espírito promove a unidade na Igreja, a ligação entre presença do Espírito Santo nos fiéis por meio dos sacramentos etc. Mas há também nos textos conciliares afirmações em torno do Espírito Santo, que representam uma novidade, como, por exemplo, o fato de o Concílio oficializar a posição da

Igreja Católica a favor do ecumenismo, afirmando que este é um movimento surgido por inspiração do Espírito Santo. A ação do Espírito, claramente não é mais vista apenas dentro das fronteiras da Igreja Católica, mas em outras Igrejas, nas outras religiões, no mundo e em suas esperanças.

Nos documentos conciliares, o Espírito Santo recebe acentos e importância muito diversos. Nas quatro constituições do Concílio (*Lumen Gentium, Dei Verbum, Gaudium et Spes* e *Sacrosanctum Concilium*), que podem ser consideradas os documentos centrais do Vaticano II, a temática do Espírito Santo aparece com mais frequência na *Lumen Gentium* (*LG*) (com mais de 50 menções). Boa parte dessas citações aparecem emanadas de textos bíblicos.

Entre os números 4 e 18 do texto da LG, as referências irão acentuar as relações gerais entre a Igreja e o Espírito Santo, entre fiéis e a Igreja pelo Espírito Santo e a relação entre os próprios fiéis (formação de comunidade) como ação do Espírito Santo. Destarte o Espírito Santo "habita na Igreja e nos corações dos fiéis como num templo"; "leva a Igreja ao conhecimento da verdade total"; "dota-a e dirige-a [a Igreja] mediante os diversos dons hierárquicos e carismáticos"; "pela força do Evangelho Ele [o Espírito Santo] rejuvenesce a Igreja, renova-a perpetuamente e leva-a à união consumada com seu Esposo" (*LG* 4). Há um eixo de raciocínio bastante presente na linha de apontar que Jesus "derramou sobre seus discípulos o Espírito prometido pelo Pai" (*LG* 5). Assim a Igreja é continuadora da mensagem do Reino de Deus anunciado por Jesus. Essa Igreja forma um só corpo de Cristo, unido pelos batizados num só Espírito, aos quais ele distribui vários dons. "Entre estes dons avulta a graça dos Apóstolos a cuja autoridade o próprio Espírito submete até os carismáticos" (*LG* 7). Pela presença e ação do Espírito Santo, a Igreja é uma realidade dinâmica na história, "sob a ação do Espírito Santo não deixa de renovar-se a si mesma, até que pela cruz chegue à luz que não conhece ocaso" (*LG* 9).

Entre os números 20 e 27, a *Lumen Gentium* irá trazer uma série de menções ao Espírito Santo em sua relação com a hierarquia eclesial, especialmente os bispos, retomando afirmações da tradição, como a de que os epíscopos são sucessores dos apóstolos e sua missão é continuidade da missão atribuída a estes pelo Espírito Santo.

> Para que a missão a eles [aos apóstolos] fosse continuada após sua morte, impuserem a seus cooperadores imediatos, como que por testamento, o múnus de completar e confirmar a obra por eles iniciada, recomendando-lhes que atendessem a todo o rebanho, no qual o Espírito Santo os colocara, para apascentar a Igreja de Deus (*LG* 20).

Também se destaca o papel do Espírito Santo no ritual de transmissão da sucessão apostólica.

> Para desempenhar ofícios tão excelsos, os apóstolos foram enriquecidos por Cristo com especial efusão do Espírito Santo descendo sobre eles. E eles mesmos transmitiram aos seus colaboradores mediante a imposição das mãos esse dom espiritual que chegou até nós pela sagração episcopal. [...] Pois pela tradição, que se manifesta sobretudo nos ritos litúrgicos e no uso da Igreja quer no Oriente quer no Ocidente, consta claramente que mediante a imposição das mãos e as palavras da sagração é concedida a graça do Espírito Santo e impresso o caráter sagrado de tal modo que os Bispos, de maneira eminente e visível, fazem as vezes do próprio Cristo, Mestre, Pastor e Pontífice e agem em seu nome (*LG* 21).

Reafirma a ligação dos bispos com o papa:

> Nele [no colégio episcopal], os bispos, respeitando fielmente o primado e principado de seu Chefe, gozam do poder próprio para o bem dos seus fiéis e mesmo para o bem de toda a Igreja, revigorando sempre o Espírito Santo sua estrutura orgânica e a sua concórdia (*LG* 22).

E no múnus eclesial do papa, o texto irá também ligar a questão da infalibilidade à assistência especial do Espírito Santo:

> Essa é a razão por que se diz que suas definições são irreformáveis por si mesmas e não em virtude do consentimento da Igreja, pois foram proferidas com a assistência do Espírito Santo a ele prometida no Bem-aventurado Pedro (*LG* 25).

Por fim, nesta ligação entre Espírito Santo e estrutura hierárquica da Igreja, o texto conciliar irá relacionar a "forma de governo da Igreja com a ação da terceira pessoa da Trindade, 'pois o Espírito Santo guarda indefectivelmente a forma de governo instituída por Cristo na sua Igreja'" (*LG* 27). Se se fosse avaliar a compreensão de função ou ação do Espírito Santo na Igreja a partir dessas citações entre os números 20 e 27 da *Lumen Gentium,* a impressão que ficaria seria muito mais a de uma rigidez de compreensão e o uso do Espírito Santo como recurso para reafirmar posições da hierarquia, do que a de uma compreensão de Espírito Santo que age livremente.

Na sequência do documento, o Espírito Santo é invocado em contextos diversos. Assim, na ação participação dos leigos na Igreja, afirma o texto: "Por isso, consagrados a Cristo e ungidos pelo Espírito Santo, os leigos são admiravelmente chamados e munidos para que neles se produzam sempre mais abundantes os frutos do Espírito" (*LG* 34); na vocação universal à santidade, o documento assevera que "essa santidade da Igreja incessantemente manifesta-se e deve manifestar-se nos frutos da graça que o Espírito Santo produz nos fiéis" (*LG* 39); assevera que os caminhos para a santidade são diversos, mas impulsionados pelo Espírito Santo, dado que "todos os que, movidos pelo Espírito de Deus, obedecem à voz do Pai e adoram a Deus Pai em espírito e verdade, cultivam nos vários gêneros de vida e ofícios uma única santidade" (*LG* 41) e no tocante aos religiosos, a *Lumen Gentium* os coloca como inspiração do Espírito Santo, mas deixa claro que sob a regulamentação da autoridade da Igreja: "A própria autoridade da Igreja, guiada pelo Espírito Santo, cuidou de interpretá-los, regulamentar-lhes a prática e de estabelecer também formas estáveis de vida" (*LG* 43), assegurando que esse estado de vida "demonstra, ao mesmo tempo, a todos os homens a supereminente grandeza da força do Cristo-Rei e o infinito poder do Espírito Santo que opera admiravelmente na Igreja" (*LG* 44). Por fim, o documento acentua a índole escatológica da Igreja, caminhando pela ação do Espírito à consumação final:

> Por isso a prometida restauração que esperamos já começou em Cristo, é levada adiante na missão do Espírito Santo e por ele continua na Igreja, na qual pela fé somos instruídos também sobre o sentido da nossa vida temporal, enquanto com esperança dos bens futuros levamos a termo a obra entregue a nós no mundo pelo Pai e efetuamos a nossa salvação (*LG* 48).

Poder-se-ia aqui listar diversas outras citações referentes ao Espírito Santo na *Lumen Gentium*, mas as aqui apresentadas demonstram já suficientemente não haver uma pneumatologia unificada no texto conciliar. No mais das citações, o Espírito Santo, em sua função e sua ação, é posto muito mais a serviço da eclesiologia, que o inverso – colocar uma eclesiologia no impulso do Espírito – e nesta eclesiologia, a ação do Espírito Santo é vista mais em seu aspecto de ratificar a autoridade constituída do que de abrir caminhos para os carismas que o Espírito suscita. De modo algum se pode afirmar que essa pneumatologia esteja em desacordo com a tradição teológica, mas é igualmente válido afirmar que a tradição da reflexão sobre o Espírito Santo não se reduz somente a esse aspecto eclesiológico. No que tange às pessoas na Igreja, o papel central que se atribui ao Espírito Santo na *Lumen Gentium* é o de impulsionar os fiéis à pratica das boas obras. Ademais, o documento reforça uma linha sucessiva – já apontada desde os tempos da patrística – que começa com Jesus Cristo e sua mensagem como início, Espírito Santo e Igreja como continuidade.

Em resumo, talvez se pudesse afirmar que na *Lumen Gentium* aparece muito mais uma pneumatologia eclesiológica do que uma eclesiologia pneumatológica, ou seja, há muito mais uma apresentação do Espírito Santo agindo no âmbito da Igreja, ratificando sua estrutura e ministérios que ver uma Igreja agindo impulsionada pelo Espírito Santo. Poderia e deveria ter sido diferente? Os textos conciliares são resultados de diálogos havidos em sua construção, de tal modo que procuram acolher, por vezes, compreensões distintas sobre alguma temática. No que tange à pneumatologia, não poderia ser diferente. Dois exemplos típicos deixam claro esse diálogo. No número 12 da *Lumen Gentium* se lê:

> Não é apenas através dos sacramentos e dos ministérios que o Espírito Santo santifica e conduz o Povo de Deus e o orna de virtudes, mas, repartindo seus dons 'a cada um como lhe apraz' (1Cor 12,11), distribui entre os fiéis de qualquer classe mesmo graças especiais. Por elas os torna aptos e prontos a tomarem sobre si os vários trabalhos e ofícios, que contribuem para renovação e maior incremento da Igreja.

A leitura deste texto deixa transparecer claramente a ideia de uma Igreja impulsionada pelos diversos dons e virtudes do Espírito. Qualquer fiel pode ser portador de "graças especiais" do Espírito, e isto o capacita a iniciativas de renovação e incremento da Igreja. É um texto que está em muita consonância com a narrativa de Pentecostes ou com o capítulo 12 da carta de Paulo aos coríntios ("Todas essas coisas as realiza o mesmo e único Espírito, que as distribui a cada um conforme quer" – 1Cor 12,11). Mas, no mesmo número 12 da *Lumen Gentium* se lê também:

> Os dons extraordinários, todavia, não devem ser temerariamente pedidos, nem deles devem presunçosamente ser esperados frutos de obras apostólicas. O

> juízo sobre sua autenticidade e seu ordenado exercício compete aos que governam a Igreja. A eles em especial cabe não extinguir o Espírito, mas provar as coisas e ficar com o que é bom (cf. 1Ts 5,12; 19,21).

Já a leitura desta parte do texto, deixa evidente uma compreensão bem mais restrita sobre a autenticidade e o exercício dos dons do Espírito: cabe "aos que governam a Igreja" o juízo sobre isto. As duas compreensões se encontram dentro da tradição teológica sobre o Espírito Santo, mas não se pode deixar de observar que são distintas.

Algo semelhante está presente no número 15 da *Lumen Gentium* no contexto da relação com os cristãos não católicos, no qual por um lado se lê que "temos até com eles certa união verdadeira no Espírito Santo, que também neles opera com seu poder santificante por meio de dons e graças, tendo fortalecido alguns deles até a efusão de sangue", mas logo em seguida se encontra "assim o Espírito suscita em todos os discípulos de Cristo o desejo e a ação, para que todos, pelo modo estabelecido por Cristo, se unam pacificamente em um só rebanho e um só Pastor". Novamente, a uma afirmação que representa uma compreensão mais ampla da ação do Espírito, segue outra alinhando a ação do Espírito à estrutura eclesial.

Na *Dei Verbum*, constituição dogmática do Concílio Vaticano II sobre a revelação divina e a Sagrada Escritura, as menções ao Espírito Santo retomam em sua maioria afirmações presentes na tradição teológica sobre a ligação entre o Espírito Santo e as Escrituras Sagradas. Entre as mais de 20 menções ao Espírito Santo, a ele se atribui tanto a adesão à fé ("que move o coração e converte-o a Deus" – *DV* 5), como o entendimento da revelação divina ("A fim de tornar sempre mais profunda a compreensão da Revelação, o mesmo Espírito Santo aperfeiçoa continuamente a fé por meio de Seus dons" – *DV* 5). A afirmação mais recorrente, entretanto, é a de que as Escrituras são inspiradas pelo Espírito Santo (*DV* 8, 9 e 11) ou de que o Espírito Santo é o transmissor da mensagem sagrada posta por escrito ("...por aqueles Apóstolos e varões apostólicos que, sob inspiração do mesmo Espírito Santo, puseram por escrito a mensagem da salvação" – *DV* 7).

Além disso, há na *Dei Verbum* duas passagens que merecem destaque por não estarem restritas aos temas comuns acima apontados. Na primeira delas afirma-se que "o ofício de interpretar autenticamente a Palavra de Deus escrita ou transmitida foi confiado unicamente ao Magistério vivo da Igreja [...] no sentido de que, por mandato divino e com a assistência do Espírito Santo, piamente ausculta aquela palavra, santamente a guarda e fielmente a expõe" (*DV* 10). Trata-se novamente da compreensão de uma ligação estrita da assistência especial do Espírito Santo com a estrutura eclesial. A segunda passagem a se chamar a atenção aqui está relacionada às investigações sobre os textos bíblicos. Em seu número 23, a *Dei Verbum* afirma que "a Igreja, instruída pelo Espírito Santo, se esforça para conseguir uma compreensão cada dia mais profunda da Sagrada Escritura". O texto do Concílio "encoraja os filhos da Igreja que se dedicam aos assuntos bíblicos a que [...] prossigam, de acordo com o sentir da Igreja, na execução do trabalho felizmente iniciado". Mas o trabalho de investigar e apresentar as divinas letras deve ser realizado "sob a vigilância do sagrado Magistério".

A constituição pastoral *Gaudium et Spes* é o documento que por excelência marca o espírito do Concílio Vaticano II, no sentido do chamado *aggiornamento*, o desejo de atualizar a Igreja em sua atuação no mundo. Desde o seu proêmio, apresentação e capítulo I, aparece recorrentemente a afirmação de que a Igreja é uma comunidade de homens que "reunidos em Cristo, são guiados pelo Espírito Santo" (*GS* 1, 3) ou de que a Igreja é "conduzida pelo Espírito Santo" (*GS* 3). Essa compreensão é bastante recorrente na história da pneumatologia. A *Gaudium et Spes* traz uma ideia de que embora não seja desconhecida da tradição teológica, não aparecera anteriormente nos documentos do Concílio, que é a de reconhecer a ação do Espírito Santo para além da fronteira eclesial. Todo ser humano é chamado ao encontro com Deus, e esse chamado é operado pelo Espírito Santo: "sendo uma só a vocação última do homem, isto é, a divina, devemos admitir que o Espírito Santo oferece a todos a possiblidade de se associarem, de modo conhecido por Deus, a este mistério pascal" (*GS* 22). Mas não só à vida divina concorre o impulso do Espírito Santo. Ele "anima, purifica e fortalece também aquelas aspirações generosas com as quais a família humana se esforça por tornar mais humana a sua própria existência" (*GS* 38).

Se os textos do Concílio são pródigos em afirmar a presença e ação do Espírito Santo na Igreja, a *Gaudium et Spes* irá apontar que a despeito desta convicção, a Igreja "não ignora de modo algum que não faltaram entre seus membros, clérigos e leigos, na série ininterrupta de tantos séculos, os que foram infiéis ao Espírito de Deus" e por isso "guiada pelo Espírito Santo, a Mãe Igreja exorta os seus filhos incansavelmente à purificação e renovação" (*GS* 43). Embora de forma tímida, o Concílio reconhece que a assistência especial do Espírito Santo na Igreja não é garantia de seguimento por parte dos seus membros e faz uma espécie de *mea culpa* por isto.

Outra invocação ao Espírito Santo feita pela *Gaudium et Spes* representa um marco interessante na compreensão de sua ação:

> Compete a todo Povo de Deus, principalmente aos pastores e teólogos, com o auxílio do Espírito Santo, auscultar, discernir e interpretar as várias linguagens do nosso tempo, e julgá-las à luz da Palavra divina, para que a Verdade revelada possa ser percebida sempre mais profundamente, melhor entendida e proposta de modo mais adequado (*GS* 44).

Ou seja, a Igreja não pode ser uma realidade alheia aos acontecimentos "de nosso tempo". E o Espírito Santo deve vir em auxílio da Igreja para que possa entender este tempo e tirar as devidas consequências. Em sua conclusão, a *GS* 92 volta novamente a esse pensamento, de entender a ação do Espírito em toda a humanidade, desejando que os cristãos possam ser inspirados a um "diálogo aberto" (e aceitando "fielmente os impulsos do Espírito") com "todos os que admitem Deus e que guardam em suas tradições preciosos elementos religiosos e humanos". Pode-se assim dizer que entre os grandes documentos do Concílio Vaticano II, é na *Gaudium et Spes* que fica mais clara uma eclesiologia pneumatológica, ou seja, a compreensão de que a Igreja deve agir impulsionada pelo Espírito Santo que age no mundo. Cabe à Igreja perceber e discernir essa ação e entrar em diálogo com o mundo.

No quarto e último dos grandes documentos do Vaticano II – a Constituição *Sacrosanctum Concilium*, sobre a Sagrada Liturgia – o Espírito Santo é pouco citado (4 vezes apenas), mas deixa claro que "a preocupação de fomentar e reformar a Sagrada Liturgia é tida com razão como sinal dos desígnios providenciais de Deus sobre nossa época, como passagem do Espírito Santo em sua Igreja" (*SC* 43), colocando assim a própria reforma litúrgica desencadeada pelo Concílio sob o impulso do Espírito Santo. Isto pode parecer pouco, mas dado que as mudanças na liturgia encetadas pelo *SC* tiveram ampla repercussão nas Igrejas particulares de todo o mundo, essa invocação do Espírito Santo se torna muito significativa.

Nos nove decretos do Concílio Vaticano II, as menções ao Espírito Santo recebem destaques muito diversos. O decreto sobre a atividade missionária da Igreja – *Ad Gentes* – é o que mais destaque dá ao Espírito Santo, sendo inclusive um subtítulo no capítulo I ("Missão do Espírito Santo", *AG* 4). Por um lado, o decreto recorda afirmações muito comuns à pneumatologia, como por exemplo a de que os discípulos de Jesus foram enviados pelo Espírito Santo (5), recorda a fórmula batismal e insiste que todos os batizados são chamados pelo Espírito para a missão (11); por outro lado, o documento traz três acentos pneumatológicos dignos de nota. O primeiro deles é o fato de o documento expressar claramente a compreensão de que a ação do Espírito Santo é mais ampla que a da Igreja, pois "não há dúvida de que o Espírito Santo já operava no mundo antes da glorificação de Cristo" (4), de maneira que "em Pentecostes começaram os 'atos dos apóstolos'" (4), ou seja, os discípulos são enviados pela força do Espírito que já age, de modo que a ação do Espírito não apenas acompanha, mas precede a ação apostólica (4). Essa consciência da precedência do Espírito à ação da Igreja deverá estar também presente no ambiente de missão: "De muitos modos o Espírito Santo estimula o espírito missionário na Igreja de Deus, e não raro se antecipa à ação daqueles que lhe dirigem a vida" (*AG* 29). Essa compreensão da ação do Espírito Santo anterior e para além da Igreja não havia aparecido de forma tão clara dos documentos do Concílio. Ela tem consequências muito importantes para a compreensão de eclesiologia, ou seja, a de que a Igreja é uma realidade que está inserida numa realidade maior, a saber, a da ação do Espírito Santo e, a ideia de que o Espírito precede a Igreja leva à necessidade de esta auscultar a presença do Espírito de Deus nas realidades culturais onde atua, especialmente nas chamadas terras de missão. Essa ideia irá contribuir muito para o desenvolvimento posterior da chamada "teologia da inculturação".

Um segundo acento pneumatológico especial em *Ad Gentes*, é o seu apelo para que a Igreja, impulsionada pelo Espírito Santo, "deve trilhar a mesma senda de Cristo, isto é, o caminho da pobreza, da obediência, do serviço e da imolação de si até a morte" (5). A opção pelos pobres será um tema muito importante na teologia pós-conciliar, sobretudo na América Latina. O terceiro elemento a ser aqui destacado é a ligação que o documento faz entre ação do Espírito Santo e espiritualidade. Embora devesse ser uma ligação bastante óbvia, o tema da espiritualidade cristã não é comumente tratado junto à temática pneumatológica. *Ad Gentes* acentua, entretanto, a importância de se "promover a vocação e a espiritualidade missionária" (29).

O decreto conciliar sobre o ministério e a vida dos presbíteros – *Presbyterorum Ordinis* – menciona o Espírito Santo com relativa frequência. Essas referências aparecem na linha de entender a vocação e sacramento da ordem como dons do Espírito Santo, de expor que o exercício dos sacramentos ministrados pelos presbíteros acontece sob a assistência do Espírito, de apontar que o ministério pastoral dos sacerdotes é inspirado pelo Espírito Santo e exortar para que estes sejam "dóceis ao impulso e à direção do Espírito Santo" (12). Em sua conclusão, o decreto anuncia a ideia de mudanças no ministério sacerdotal: "O mesmo Espírito Santo, enquanto impele a Igreja a abrir novos caminhos para abordar o mundo de nosso tempo, sugere e encoraja também as adaptações que se impõem ao ministério sacerdotal" (22). O documento não desenvolve a que tipo de adaptações se refere. Mas, no contexto do Vaticano II se discutiu, entre outros temas relativos ao sacerdócio, a possibilidade de se abolir o celibato obrigatório. Essa temática, passados mais de 50 anos do encerramento do Concílio, – embora muito discutida – não conheceu grandes avanços.

Um dos temas para os quais o Concílio Vaticano II representou uma mudança clara de posição da Igreja Católica, é o que diz respeito ao Ecumenismo. Embora houvesse antes do Concílio aqui e ali alguma participação de católicos no movimento ecumênico, a Igreja Católica como instituição havia se pronunciado diversas vezes com reservas e até desconfiança em relação aos esforços pela unidade dos cristãos de diversas confissões. Com o decreto *Unitatis Redintegratio* tem-se uma adesão clara da Igreja Católica ao movimento ecumênico. Na argumentação que fundamenta essa nova posição da Igreja, evoca-se a ação do Espírito Santo. A primeira evocação é significativa: "Por obra do Espírito Santo, surgiu, entre nossos irmãos separados, um movimento sempre mais amplo para restaurar a unidade de todos os cristãos" (1). A Igreja Católica reconhece não ter sido ela a iniciadora desse movimento e o chama de "obra do Espírito Santo". Embora houvesse ainda reservas em afirmar serem as outras comunidades cristãs legítimos caminhos da salvação, essa afirmação, o decreto *Unitatis Redintegratio* exprime esse reconhecimento, pois "o Espírito Santo não recusa empregá-las como meio de salvação" (3). Ao entender que o esforço pela unidade dos cristãos é impulsionado pelo Espírito Santo, o Concílio encoraja os fiéis a dele tomarem parte:

> Visto que hoje em muitas partes do mundo, mediante o sopro da graça do Espírito Santo, pela oração, pela palavra e pela ação, se empreendem muitas tentativas daquela plenitude de unidade que Jesus Cristo quis, este Santo Sínodo exorta os fiéis católicos a que, reconhecendo os sinais dos tempos, solicitamente participem no trabalho ecumênico (4).

E, reconhecendo a ação do Espírito Santo nas outras comunidades cristãs, o decreto *Unitatis Redintegratio* afirma inclusive os benefícios para a vida dos católicos que o ecumenismo traz: "Nem se deve esquecer que tudo o que a graça do Espírito Santo realiza nos irmãos separados, pode contribuir também para a nossa edificação" (4). E, num tom de grave exortação, o último parágrafo do documento, olhando para o futuro do movimento ecumênico, pede "que não se ponham obstáculos aos caminhos da Providência e que não se prejudiquem os futuros impulsos do Espírito Santo" (24). Parece que o Concílio antevia as dificuldades que poderiam advir desta mudança de posição em relação ao trabalho ecumênico e o apelo a não se prejudicar os "impulsos do Espírito Santo", soa como uma certa intuição frente às dificuldades que iriam advir, inclusive por parte de estruturas da própria Igreja.

O decreto do Vaticano II sobre o apostolado dos leigos – *Apostolicam Actuositatem* – também reserva um certo espaço de destaque ao papel do Espírito Santo. A maior parte dessas menções se dedica, entretanto, a reafirmar a "ação manifesta do Espírito Santo, tornando os leigos de hoje mais e mais cônscios da própria responsabilidade", (1) e que para a sua ação, o Espírito Santo "confere ainda dons peculiares aos fiéis" (3). Mas, mesmo estando sob a ação do Espírito Santo e recebendo dele seus dons, o decreto não deixa de recordar que o apostolado dos leigos deve se inserir "de maneira ordenada dentro do apostolado de toda a Igreja. Mais: a união estreita com aqueles a quem o Espírito Santo estabeleceu para regerem a Igreja de Deus" (23). Volta-se aqui novamente ao padrão do jurisdicionamento da ação do Espírito Santo.

Ademais, analisando a pouca presença e menção ao Espírito Santo em diversos documentos do Concílio Vaticano II, não deixa de chamar atenção sua quase ausência no Decreto *Christus Dominus*, sobre o múnus pastoral dos bispos na Igreja e no decreto *Perfectae Caritatis*, sobre a atualização dos religiosos.

O acento pneumatológico nos documentos do Vaticano II é muito diversificado e em vários deles inclusive ausente. Fica claro que boa parte desses documentos não foram redigidos numa perspectiva pneumatológica. Aliás, segundo Congar, essa era uma acusação muitas vezes feita pelos observadores ortodoxos, protestantes e anglicanos quando da apresentação dos textos a serem discutidos: a de que eles eram muito pouco pneumatológicos (CONGAR, 1986, p. 147). Embora, afirma Congar, o Espírito Santo seja relativamente bastante citado nos documentos do Concílio (são 258 vezes!), isso não significa que essas citações formam uma pneumatologia. Ele recorda uma observação que se fazia (com a qual ele pessoalmente não concordava) de que as menções ao Espírito Santo nos documentos do Concílio "serviam apenas para fazer com que textos basicamente não pneumatológicos, fossem 'borrifados com o Espírito Santo'" (CONGAR, 1986, p. 147). A resposta à pergunta sobre se o Concílio Vaticano II foi ou não um evento onde o Espírito Santo recebeu o devido destaque é respondida por uns com um claro sim, por outros com um claro não. Fato é, entretanto, que o "evento Concílio" foi interpretado como um momento especial de ação do Espírito Santo e, além disso, que houve uma recepção pneumatológica do Concílio.

3.3.6 A questão do Filioque

Na história da pneumatologia cristã há uma discussão surgida após o Concílio de Constantinopla (381) que muito ocupou a Igreja, tanto do ponto de vista teológico quanto sobretudo do ponto de vista político, que é conhecida como a questão do *Filioque*. Como se trata de uma discussão que acompanhou por séculos a reflexão sobre a reta compreensão a respeito do Espírito Santo, optamos por destacá-la aqui em separado, ao final desta apresentação sobre a compreensão a respeito do Espírito ao longo da história da teologia. As discussões sobre o *status* do Espírito Santo foram basicamente encerradas com o Credo de Constantinopla, que acrescenta – sobre o Espírito Santo – à fórmula de Niceia quatro afirmações sobre a terceira pessoa da Trindade: Senhor e vivificador; que procede do Pai; que com o Pai e o Filho é coadorado e conglorificado; que falou por meio dos profetas. Estava, pois, definida positivamente a pergunta pela divindade do Espírito Santo, questão muito discutida à época, como já apresentado neste texto.

Quando tudo indicava que se havia chegado ao fim da discussão em torno da reta compreensão sobre o Espírito Santo, surgiu uma questão que dividiu profundamente a Igreja do Oriente da do Ocidente e constitui-se até hoje em questão não resolvida.

Trata-se da relação entre o Filho e o Espírito Santo. O Credo Niceno-constantinopolitano não diz nada a respeito. Seguindo o texto de Jo 14,26 e 15,26, afirma-se que o Espírito Santo "procede do Pai". Nada se diz da relação entre o Espírito e o Filho em termos de procedência. Em Jo 20,22 afirma-se que Jesus "soprou sobre eles e disse: 'Recebei o Espírito Santo'", mas não se trata de uma afirmação sobre a questão da origem do Espírito Santo. A teologia até então exprimia de maneira diversa a relação entre o Filho e o Espírito Santo. Assim, na teologia oriental, o princípio monárquico do poder do Pai tem um papel especial. Do Pai procede o Filho, do Pai procede o Espírito Santo, de modo que Filho e Espírito Santo têm sua substância divina procedente do Pai. Quando se trata de esclarecer a relação entre Filho e Espírito Santo, teólogos tanto orientais como ocidentais falavam inicialmente que o Espírito Santo procede do Pai através do Filho. Com isso entendia-se que o Pai era a fonte única da divindade, mas o Filho intermediou o Espírito Santo ao mundo. Ou seja, a procedência é do Pai, a transmissão ao mundo do Filho. Também existia a compreensão (por exemplo em Ambrósio de Milão † 397), que o Espírito Santo procede do Pai e do Filho. Também Cirilo de Alexandria († 444) era da opinião que o Espírito Santo procede do Filho. Com isso ele não está querendo, no entanto, apontar para a questão da procedência do Espírito Santo, mas defender a sua divindade.

Agostinho vai avançar nesta questão, pois pergunta pela "lógica da Trindade". Primeiro afirma ele que Espírito Santo é "presente mútuo" do Pai e do Filho. Sua procedência deve, pois, ser vista em ambos. Agostinho pensa o modelo intratrinitário não de forma linear (Pai → Filho → Espírito Santo), ou seja, do Pai para o Filho, do Filho para o Espírito Santo, mas mais de forma circular: do Pai no Espírito Santo ao Filho e vice-versa. Esse modelo de Agostinho foi aceito sem problemas no Ocidente. Já no Oriente perguntava-se se isto não colocaria a monarquia do Pai em dúvida, colocando o Espírito Santo em dupla procedência. Até então, porém, essas diferentes compreensões da relação entre o Filho e o Espírito Santo no que tange à procedência, não causaram problemas mais relevantes. Ou seja, a tradição ainda conhecia diversas formulações em torno do assunto, sem ver nisso necessariamente um problema.

Acontece, porém, que surgiu na Espanha – não se sabe exatamente como – um pequeno acréscimo na fórmula do Credo Niceno-constantinopolitano, afirmando que o Espírito Santo "procede do Pai *e do Filho*" (em latim: *Filioque*). Esse acréscimo aparece pela primeira vez no III Sínodo de Toledo (589), na resolução sobre a Santíssima Trindade (sobre a consubstancialidade das pessoas), na qual se afirma: "Igualmente devemos confessar e pregar que o Espírito Santo procede do Pai e do Filho e que é de uma única substância com o Pai e com o Filho; na Trindade, portanto, a terceira pessoa é a do Espírito Santo, que todavia tem em comum com o Pai e com o Filho a essência da divindade" (DZ 470). Esse acréscimo é introduzido em diversas comunidades cristãs na fórmula do Credo. E essa fórmula vai aos poucos ganhando lugar nas liturgias da região e com isso firmando seu *status* e sua concepção teológica.

Mais do que ser propriamente uma questão de divergência na interpretação de fé, o *Filioque* começa a ser utilizado especialmente como um instrumento político nas tensões entre Ocidente e Oriente. Os godos e visigodos, convertidos do arianismo, assumem a fórmula do *Filioque* para confirmar a aceitação da igualdade entre o Pai e o Filho. O Imperador Carlos Magno usa o *Filioque* em sua luta contra o Oriente, acusando os orientais de hereges, por não terem em seu Credo o *Filioque* (reuniu inclusive um concílio em 807 para condenar o império oriental). Com ele essa palavra foi acrescentada na fórmula do Credo do império ocidental. Este pressionava Roma para introduzir em sua liturgia também a expressão e através dela para toda a Igreja. A Igreja de Roma, juntamente com o papa, resistia à introdução desta expressão no Credo Romano. Finalmente, no ano de 1014, quando o imperador germânico Henrique II foi a Roma para ser coroado pelo Papa Bento VII, ele impôs que na liturgia se usasse o rito germânico. Com isso pela primeira vez introduziu-se na liturgia em Roma a fórmula do Credo com o termo "*Filioque*". E essa introdução permaneceu.

A Igreja oriental reagiu, condenando essa fórmula como herética. Isto ocorre, porém, no auge da tensão entre a Igreja do Ocidente e a do Oriente. Em 17 de julho de 1054 o legado papal, Cardeal Humberto da Silva Cândida († 1061), depositou sobre o altar da Basílica de Santa Sofia em Constantinopla uma bula excomungando o Patriarca Miguel Cerulário e acusando a Igreja oriental de ter falsificado o Credo ao retirar dele a afirmação do *Filioque*. O imperador oriental Constantino IX manda queimar a bula de Humberto e excomungar o legado papal. Esse acontecimento marca o cisma entre as Igrejas orientais (ortodoxas) e a ocidental (romana).

No Sínodo de Bari (1098), no II Concílio de Lyon (1274) e no Concílio de Florença (1438/39) foram feitas tentativas de reconciliação, mas fracassaram. No II Concílio de Lyon chegou-se, inclusive a uma formulação conciliatória:

> Com fiel e devota profissão, declaramos que o Espírito Santo procede eternamente do Pai e do Filho, não porém, como de dois princípios, mas como de um só; não por duas espirações, mas por uma só (DZ 850).

Essa fórmula não foi aceita pelo Oriente. Também o Concílio de Florença tentou uma formulação que contemplasse ambas as posições:

> Declaramos que o que têm dito os santos Doutores e Padres, isto é, que o Espírito Santo procede do Pai por meio do Filho, favorece a compreensão de que também o Filho, como o Pai, segundo os gregos é causa,

segundo os latinos princípio da subsistência do Espírito Santo (DZ 1301).

Essa tentativa também não vigorou, embora tivesse sido aceita inicialmente pelos dois lados. A Igreja oriental continuou afirmando que houve no Ocidente uma mudança (deturpação) no Credo e a ocidental afirma que essa fórmula exprime mais acuradamente a compreensão sobre a Trindade. Como se percebe claramente, a divergência tornou-se muito mais um instrumento político do que uma questão teológica propriamente dita, dado que na interpretação teológica, a tradição conhece formulações e compreensões plurais sobre a questão.

Embora toda a tensão em torno da questão do *Filioque* tenha sido desencadeada pelo acréscimo desta expressão no texto do Credo ocidental, não se pode deixar de notar que essa divergência envolve muitos aspectos interessantes para se pensar a teologia e sua forma de expressão. O cristianismo nasce dentro do mundo judaico. Jesus é um judeu, a grande maioria de seus discípulos são judeus e se expressam a partir desta cultura e religião. Muito rapidamente, entretanto, o cristianismo se desloca para o mundo grego. Sinal claro disso é o fato de que as escrituras cristãs são já todas escritas em grego. É possível que os cristãos de tradição judaica e língua aramaica (o idioma que Jesus falava) tenham tido alguma dificuldade para expressar seu pensamento em grego. Mas fato é que a teologia nos primeiros séculos cristãos foi feita a partir da cultura grega e sua forma de expressão. A partir sobretudo do século IV, o cristianismo irá se expressar mais e mais em latim. Surge aí uma nova dificuldade: como transpor para esse novo idioma conceitos (e com eles os respectivos sentimentos) que haviam sido formulados em grego? Y. Congar (1986), em sua monumental obra sobre o Espírito Santo[14], irá trazer um exemplo desta dificuldade: Ao se traduzir para o latim o termo grego *"hypostasis"*, usou-se a palavra *"substatia"*. Mas enquanto os latinos entendiam uma única *substantia*, os gregos entendiam três *hypostases*. Atanásio, quando de sua volta do exílio, no ano 363, irá esclarecer que o que os latinos estão chamando de *substantia*, é o que os gregos entendem por *ousia*, de modo que ao se falar de três *hypostases*, não se está referindo a um triteísmo. Jerônimo, da mesma forma, irá entender que *substantia* é o mesmo que *ousia*. E irá se mostrar irritado inclusive com a possibilidade de traduzir três *hypostases* por *tres substantiae*. Com isto, cria-se no Ocidente uma desconfiança em relação ao termo *"hypostasis"*. Agostinho irá também entrar na discussão e entende que o que os gregos dizem com *ousia* é o que os latinos dizem com *essentia*. De modo que o bispo de Hipona, para se referir à unidade de natureza, prefere o termo *"essentia"* ao termo *"substantia"*. Agostinho concorda inclusive que se possa dizer *"una essentia, tres substantiae"*.

Séculos mais tarde, no Sínodo de Bari (1098), Anselmo de Cantuária irá – na discussão sinodal a respeito do *Filioque* – recordar que *"Latinos dicere tres personas credendas in una substantia. Graecos vero non minus fideliter tres substantias in una persona confiteri"* (apud CONGAR, 1986, p. 439). Para ele, embora diferentes as formulações, a fé era a mesma. Abelardo irá dizer que os gregos usam palavras diferentes, mas o sentido é o mesmo. Ricardo de São Vitor irá escrever que embora nas palavras pareça existir uma absoluta contradição, "é preciso compreender na diferença das formulações a única verdade: em ambos os lados as palavras são compreendidas respectivamente de maneira diferente" (apud CONGAR, 1986, p. 440). Mesmo

---

14. CONGAR, Y. Der Heilige Geist. Freiburg: Herder, 1986. A discussão sobre a questão do *Filioque* encontra-se nas páginas 361-370 e 439-453.

Tomás de Aquino irá compreender e utilizar desta significação diferente que há entre latinos e gregos no que tange à acepção das palavras.

A compreensão de que há diferenças de ambos os lados (latinos e gregos) na forma de usar certos termos na teologia, mas que há uma convergência de fé, torna-se, porém, mais complexa quando se trata da formulação precisa dos artigos de fé. Ali não se pode fazer longas explicações ou especulações sobre diferenças de palavras: é necessário encontrar termos e formulações que sejam utilizados na mesma acepção por ambos os lados. E essa é a dificuldade que está na base da formulação no Credo no que tange à procedência do Espírito Santo.

O dominicano Hugo de St.-Cher († 1263) irá escrever, em seu comentário às sentenças:

> Na controvérsia entre nós e os gregos, trata-se de uma controvérsia real ou apenas de uma controvérsia verbal? Se gosta de pensar que ela seja real, pois eles (os gregos) negam a procedência do Espírito Santo, que nós professamos. [...] Mas como ela é apenas verbal, percebe-se que eles concordam que o Espírito Santo é Espírito do Filho, quer dizer, *a Filio*, que expressa a mesma coisa, ou seja, que procede do Filho. Com isso, a contradição é apenas verbal (apud CONGAR, 1986, p. 440).

Embora a questão não seja assim tão simples, é interessante notar o esforço que há por ver uma unidade na fé por detrás das formulações diferentes. A mesma posição também é adotada por Tomás de Aquino, afirmando que se olharmos detalhadamente a expressão grega, veremos que a diferença está muito mais nas palavras do que no sentido.

Quem, entretanto, irá fazer um grande esforço para mostrar que se trata apenas de uma diferença de construção e de expressão teológica, mas que por detrás há a mesma fé na Trindade, são os franciscanos. Alexandre de Hales irá entrar na discussão, apoiando-se por um lado nas afirmações de Agostinho (para a formulação latina) e João Damasceno (para os gregos). Para ele, as expressões diferentes sobre a procedência do Espírito Santo estão se referindo a níveis diferentes ou a momentos diferentes de formulação. Ele interpreta as afirmações de Agostinho de que o Espírito Santo procede do Filho (*Filioque*) como uma expressão do nível do afeto, ou seja, o sopro, o hálito é experienciado como procedente do Filho; já para Damasceno, trata-se de uma questão do intelecto, de como expressar racionalmente a questão. O Espírito é "*Spiritus Verbi, non a Verbo*". Essa proposição harmonizadora de Alexandre de Hales teve bom acolhimento e repercussão, embora não encontrasse necessariamente base nos escritos gregos a respeito.

Boaventura irá usar também a imagem de níveis ou momentos diferentes. Para ele, há de se distinguir três deles: o primeiro deles é o da fé na revelação como está contida nas escrituras. Neste nível, gregos e latinos estão concordes. Um segundo nível é o da explicação, ou seja, o do uso de categorias e conceitos. Neste há diferenças. O terceiro é o da formulação da doutrina em uma profissão de fé e neste há controvérsia.

João Duns Scotus acentua não só a posição de João Damasceno, mas dos teólogos gregos em geral e irá inserir no seu texto a afirmação de Roberto Grosseteste, professor dos franciscanos de Oxford:

> Quando dois doutos e sábios, um grego e o outro latino, ambos amando de fato a verdade e não apenas à sua maneira, ou usando somente sua forma de expressão, se pusessem a discutir sobre essa controvérsia, então ao final apareceria que essa contraposição não é em si real, mas somente verbal. Pois se assim não fosse, ou os gregos ou então nós latinos, seriam de fato hereges. Mas quem iria ousar de acusar de heresia autores como João Damasceno ou santos como Basílio, o teólogo Gregório ou Cirilo e semelhantes pais gregos? Ou,

em caso contrário, se iria puxar para a heresia os santos Jerônimo, Agostinho ou Ambrósio, Hilário ou outros importantes latinos (apud CONGAR, 1986, p. 443).

Esses esforços feitos tanto por teólogos quanto por concílios ou sínodos em torno da discussão do *Filioque* são testemunhas de um grande esforço feito em busca da unidade. Não se pode deixar de notar, entretanto, que boa parte das discussões teológicas e mesmo das formulações oficiais centraram esforços em fazer com que o outro possa ser expresso à minha maneira. E esse tipo de movimento gerou, ao invés de unidade, cada vez mais distanciamento e desconfiança. Há o fator político fortemente engajado na discussão sobretudo conciliar, embora não apareça na formulação. Assim, mesmo que a fórmula do Concílio de Florença contemple os dois lados, no campo político-eclesial esse concílio representou uma vitória dos latinos – e sobretudo do papa. Sua fórmula é, porém, a última em comum (de latinos e gregos) que se tem na história e, em princípio, a discussão sobre o *Filioque* deveria ter essa formulação como ponto de partida. Nela fica claro o reconhecimento de duas formulações como igualmente possíveis e corretas e que os pais da Igreja usaram ora desta, ora daquela fórmula, na teologia reconhecida como fundamento pela tradição eclesial.

Congar é da opinião de que um dos elementos que dificultou a discussão ao longo dos séculos entre gregos e latinos é o fato de não se reconhecer que há uma compreensão distinta sobre o tema entre os lados envolvidos (CONGAR, 1986, p. 447). Para os gregos, o termo "*ekporeuesthai*", embora se tenha traduzido pelo termo latino "*procedere*", não tem significado idêntico a este. O termo grego só é aplicado na compreensão de princípio primeiro, princípio absoluto. E nesta acepção, cabe somente ao Pai o uso desse termo. Disso resulta a acusação comum dos gregos – sempre refutada pelos latinos – de que estes entendem haver uma dupla procedência original do Espírito Santo. E essa compreensão se choca com a convicção de ser o Pai a origem da divindade trina.

Muitos foram os teólogos que ao longo do tempo apresentaram sugestões a respeito do assunto. Desde a ideia de retirada pura e simples do *Filioque* do Credo latino, até sugestões de reformulações ou complementações na fórmula. Refletiremos aqui apenas um pequeno panorama das sugestões apresentadas no século XX. O teólogo dominicano Juan-Miguel Garrigues sugere que se use na fórmula do Credo a expressão "creio no Espírito Santo [...] que tem a origem no Pai (*ek tu Patros ekporeuomenon*) e advém do Pai e do Filho (*ek tu Patros kai tu Hyiu proïon*)"[15]. O ponto central desta sugestão é como afirmar, segundo a compreensão grega, a origem única do Espírito Santo no Pai e ao mesmo tempo assinalar a participação do Pai e do Filho, segundo a compreensão latina, na expressão (ato de tornar expresso) do Espírito Santo.

Ideal seria, afirma André de Halleux, que se encontrasse um vocabulário no qual ficasse claro que o Pai é a fonte primeira e o Filho tem sua participação no advento do Espírito. Congar reconhece ser esse um ideal, mas na prática impossível, dado que essa discussão já dura mais de mil anos (CONGAR, 1986, p. 448). Dever-se-ia, em sua opinião, abdicar desta ideia de se procurar uma fórmula que por si mesma satisfizesse ambas as partes. É preciso partir do que é comum e não do que é diverso. E neste sentido, é comum a ambos os lados, e isso nunca foi posto em questão, que a fé na qual se foi batizado é a mesma. O arcebispo ortodoxo Damaskinos entende que o que os santos padres gregos e os santos padres latinos expressaram, o fizeram à sua maneira.

---

15. Expressão que poderia ter traduções diversas, como por exemplo: "creio no Espírito Santo [...] que se origina no Pai (*ek tu Patros ekporeuomenon*) e provém do Pai e do Filho (*ek tu Patros kai tu Hyiu proïon*)"; "creio no Espírito Santo [...] que no Pai tem a origem (*ek tu Patros ekporeuomenon*) e advém/provém do Pai e do Filho (*ek tu Patros kai tu Hyiu proïon*)".

E se é de reconhecer que a expressão *Filioque* tornou-se parte da tradição ocidental desde o século IV, sem que isto tivesse sido por muito tempo motivo de divisão. Esta tem como origem outras motivações.

O teólogo ortodoxo Paul Evdokimov opina que a expressão *Filioque* não leva suficientemente em conta o caráter triplo das relações trinitárias. Para ele, o uso desse termo só seria correto se fosse igualmente introduzido que o Filho é gerado do Pai e do Espírito Santo (*Spirituque*):

> A fórmula *per Filium* significa e explica que o *Filioque* não pode ser ortodoxo, senão estando equilibrado pela fórmula correspondente *Spirituque*. [...] Assim, o Filho, em sua geração, recebe do Pai o Espírito Santo e, portanto, em seu ser é eternamente inseparável do Espírito Santo; ele é nascido *ex Patre Spirituque*. O Espírito Santo igualmente procede e repousa sobre o Filho, o que corresponde a *per Filium* e a *ex Patre Filioque*. [...] O Pai engendra o Filho com a participação do Espírito Santo e inspira o Espírito com a participação do Filho, e até sua inascibilidade comporta a participação do Filho e do Espírito Santo, que disso dão testemunho provindo, como ele, de sua Fonte única (apud SESBOÜE, 2012, p. 72).

A argumentação de Evdokimov retoma o texto bíblico, segundo o qual o anjo do Senhor falou a José em sonho a respeito de Maria "o que nela foi gerado vem do Espírito Santo" (Mt 1,20) e do próprio texto do Credo que afirma a encarnação do Filho pelo Espírito Santo. Assim, faz pois todo sentido que ao *Filioque*, ter-se-ia também que acrescentar o *Spirituque*.

Congar, ao final de seu longo estudo sobre a questão, afirma como já o fizeram outros, que "eu também apoio expressamente que se deixe fora" (CONGAR, 1986, p. 451) da fórmula do Credo a expressão *Filioque*. Mas entende que para isto seria importante algumas condições: que se reconhecesse que a expressão *Filio-*

que não encerra em si nada de herético; que as duas formulações seriam igualmente possíveis do ponto de vista da fé; que o povo de Deus precisaria ter paciência e respeito pela sensibilidade que há de parte a parte sobre esse tema. Congar encerra sua exposição sobre a temática na forma de 9 teses, como uma espécie de resumo do tema (1986, p. 452-453):

1) A fé trinitária é a mesma no Ocidente e no Oriente. Há um só batismo e se glorifica a Deus da mesma maneira. A experiência dos santos e dos fiéis é a mesma, embora com tons próprios. Há uma só ação do Espírito. Os pais da fé nos são comuns.

2) O Deus uno-e-trino é um mistério que ultrapassa toda compreensão e capacidade de expressão das criaturas ("Eu possuo a realidade, embora não a entenda" – Hilário).

3) O Oriente se manteve fiel, na fórmula, ao que diz Jo 15,26 e 16,14, fórmula que tem sua construção lógica, mas também seus limites.

4) Diversos teólogos da patrística oriental (gregos) expressaram a ideia da participação do Filho na procedência do Espírito Santo.

5) O teólogo Gregório Pálamas afirma que o ponto-chave não está na procedência, mas na força de expressividade do Espírito. Se procede somente do Pai, Ele tem sua consubstancialidade também por causa do Filho.

6) O *Filioque* tornou-se necessário na Igreja Latina na expressão do mistério, para demarcar a diferença na união hipostática entre o Filho e o Espírito e para manter a igualdade de essência entre o Pai e o Filho.

7) Do ponto de vista histórico, o *Filioque* foi introduzido contra os arianos, num período em que não havia ainda a divisão da Igreja e esta continuou em comunhão (inclusive em con-

cílios) mesmo quando a fórmula ocidental era do conhecimento oriental.

8) O testemunho mais antigo a respeito do *Filioque* é uma carta de Máximo o Confessor, a Marino e nela ele afirma que o *Filioque* deve ser entendido como "através do Filho", sem com isto diminuir a compreensão da monarquia do Pai.

9) É necessário continuar a compreender a questão na esteira do Concílio de Florença, ao interpretar o *Filioque* como *per Filium* (por meio do Filho), resguardando assim o papel do Filho na procedência. É importante resguardar a verdade contida em cada uma das duas formulações e entendê-las como complementares. O ideal seria a realização de um Concílio comum, que chegasse a uma fórmula em conjunto, incorporando as afirmações de Jo 15,16 e 16,14, sem dar margens à dubiedade. Tal feito seria um grande gesto de solidariedade ecumênica.

Na segunda metade do século XX, não apenas a teologia se movimentou para discutir a questão do *Filioque*. Aconteceram também movimentações dignas de nota no campo institucional. Desde 1973, a hierarquia católica grega decidiu pelo uso do texto grego antigo da profissão de fé em sua liturgia. As igrejas vétero-católica e anglicana optaram no ano de 1978 por retirar oficialmente o termo "*Filioque*" (e suas traduções) de sua fórmula de profissão de fé. A comissão teológica do Conselho Mundial de Igrejas – da qual participam inclusive teólogos católicos – apresentou dois estudos a respeito da questão (em 1978 e 1979) e recomendou por unanimidade o reconhecimento do texto original da fórmula do Credo Niceno-Constantinopolitano e sua reintrodução na liturgia. A adesão a essa recomendação, conforme o funcionamento do Conselho Mundial de Igrejas, pode ser assumido ou não pelas Igrejas-membro. Para os católicos de rito oriental, aliás, o uso da fórmula ocidental não é mais obrigatório. Em 1992, a sessão francesa do Conselho Mundial de Igrejas irá fazer uma sugestão de tradução comum do Credo, propondo a seguinte formulação (SESBOÜÉ, 2012, p. 75):

> Eu creio no Espírito Santo,
> que é Senhor e que dá a vida;
> do Pai ele tem sua origem,
> com o Pai e o Filho recebe igual adoração e igual glória;
> ele falou pelos profetas.

Essa proposta substitui o tradicional "procede" por "tem sua origem", tentando assim propor um texto que não caia logo na discussão anterior. Cabe, entretanto às Igrejas-membro adotar ou não essa formulação.

Por parte da Igreja Católica, além dos elementos já citados, há que se recordar que o Papa João Paulo II, ao visitar Constantinopla no ano de 1981, professou o Credo sem o *Filioque*. Mas, no que tange ao uso da Profissão de Fé, não houve por parte da Igreja Católica nenhum movimento oficial nem no sentido de retirar o *Filioque*, nem de propor um texto conciliatório.

No contexto atual, de um crescimento exponencial no número de Igrejas cristãs, especialmente de matiz pentecostal, a discussão da questão do *Filioque* tem ficado certamente em segundo plano no que tange à relação entre as Igrejas cristãs. Para boa parte dessas Igrejas não há a necessidade, nem o costume de se fixar fórmulas comuns, seja para o Credo, seja para a toda a Liturgia em si. A questão permanece, entretanto, como parte da dificuldade na relação entre católicos romanos e ortodoxos. É preciso se ter claro, porém, que uma eventual retirada da expressão *Filioque* do Credo romano-católico não iria conduzir automaticamente a uma união entre essa Igreja e as ortodoxas. Com o passar dos séculos, o distanciamento entre elas se mostra em muitos elementos que se poderia chamar de diferenças culturais, que vão desde os costumes, até a forma de organização e estruturação eclesial. Formaram-se, com o passar dos séculos, Igrejas de fato diferentes. E essas diferenças não seriam suprimidas com a simples supressão do termo "*Filioque*" da fórmula do Credo. Mas, sem sombra de dúvida, uma unidade entre essas duas tradições no que tange à fórmula comum do Credo, seria um importante sinal de comunhão eclesial.

Encerramos aqui este capítulo de uma reflexão panorâmica sobre a compreensão a respeito do Espírito Santo ao longo da história teológica do cristianismo. Uma história multiforme que dá margem a qualquer pretensão de exaurir o assunto. O intuito, entretanto, não era esse, e sim de oferecer por um lado uma visão geral e por outro suscitar a curiosidade para mais descobertas.

4
O Espírito Santo
A experiência de Deus-em-nós

A história da reflexão sobre o Espírito Santo ao longo do cristianismo que foi contada de forma panorâmica nas últimas páginas, alterna diversos elementos que provavelmente são constantes e concomitantes, mas dado que o que temos são os testemunhos escritos, destes podemos perceber ora o acento numa preocupação, ora em outra. Os registros que temos nos textos bíblicos sobre o Espírito Santo são relatos de uma percepção. Percepção de uma força descrita em diversos contextos: força que arrebata, força em elementos da natureza, força que inspira, força que dá vida, força que anima, bem como forças interiores do ser humano como a da sabedoria, da fortaleza, do conhecimento, enfim forças que se fazem perceber, experimentar, sentir. Mas não controlar, não suscitar, não dispor dela. A percepção dessa força foi chamada de diversas maneiras, sendo que boa parte delas utiliza os termos *"ruah"* (nos textos hebraicos) e "pneuma" (nos textos gregos), traduzido como espírito. E muitas vezes em composição com termos que o qualificam: espírito de sabedoria, espírito da verdade, espírito de conhecimento, espírito de santidade, espírito de santificação, espírito de fortaleza e – a expressão que passará a ser amplamente usada mais tarde – espírito santo. Essa profusão de expressões é muito mais o resultado das tentativas de dizer ou descrever algo experienciado, que propriamente de definir alguma essência.

Essa força ou energia percebida foi entendida como divina. Por isso se diz inclusive muitas vezes: espírito de nosso Deus. Se esta é a experiência básica que aparece nos textos bíblicos, a história da reflexão sobre essa presença irá se preocupar muito mais com outras questões, como (a) uma preocupação em distinguir quando se pode falar legitimamente na ação do Espírito de Deus e quando seriam forças ou energias não divinas (e até contrárias a Deus) em ação. E desta discussão há uma série de desdobramentos no sentido de tentar estatuir elementos que pudessem servir de instrumentos à avaliação da genuinidade divina do espírito em ação; (b) um esforço pela definição desta força divina sentida. Foram séculos de discussão até se chegar à formulação da compreensão de que essa força é Deus mesmo, tendo sido então definida como a terceira pessoa da Trindade, onde a própria formulação do Deus uno e trino também é o resultado de um processo longo de reflexão; (c) dado que a força do espírito divino era arrebatadora, carismática, espontânea, o cristianismo também fez todo um esforço na linha do que se poderia chamar de controle do espírito, no sentido de legitimar via comunidade, onde e quando se pode dizer que há a ação desta força divina. Parte da teologia sacramental tem como ponto de partida esse pressuposto da legitimidade da ação da força divina.

Não obstante todo esse empenho em controlar e definir, – e que aparece muito visível nos escritos ao longo do cristianismo, como se pode demonstrar – a força divina não está à mercê dele. Ela sempre foi percebida ao longo da história, sempre novamente se fez sentir e experimentar em sua originalidade arrebatadora, impulsionadora, inspiradora, vivificante. Se talvez sobre isto não se tenha tantos escritos – e apareça até uma certa desconfiança ao longo da história –, não resta dúvida de que essa ação permanente e contínua. Entende-se a necessidade e a importância de o cristianismo procurar clareza e discernimento sobre a ação do Espírito Santo, mas confundir isto com a imprevisibilidade absoluta da força de Deus em ação é ledo engano. E essa afirmação não tem nada de desprestígio à pneumatologia; é tão somente o reconhecimento de que diante do divino em Espírito agindo, a reflexão a respeito assemelha-se a um exercício perfuntório.

Se é claro ao cristianismo que não se pode cercear ou controlar a ação do Espírito Santo, também é igualmente claro que ela não se limita ao cristianismo. O Espírito de Deus age quando, onde e como quer: este é um pressuposto teológico e não uma concessão. Tendo essa convicção como ponto de partida, o último capítulo de nossa reflexão acerca do Espírito Santo tem como intuito pensar na possibilidade de intuir a ação do Espírito Santo na totalidade: do universo ao interior do nosso planeta e tudo o que ele abarca; da espécie humana como um todo ao humano que crê no Deus de Jesus Cristo. Por isso o exercício de reflexão se chama "O Espírito Santo – Deus em nós", dando ao *nós* as mais diversas amplidões.

4.1 Deus-espírito como manifestação

Mircea Eliade, um dos grandes estudiosos das tradições religiosas da humanidade e que se interessou especialmente pela manifestação do sagrado, afirma que

> o homem toma conhecimento do sagrado porque este *se manifesta*, se mostra como algo absolutamente diferente do profano. A fim de indicarmos o ato da manifestação do sagrado, propusemos o termo "hierofania". Esse termo é cômodo, pois não implica nenhuma precisão suplementar: exprime apenas o que está implicado no seu conteúdo etimológico, a saber, que *algo de sagrado se nos revela* (ELIADE, 1999, p. 17).

Embora Eliade não esteja se referindo diretamente ao Espírito Santo, podemos fazer essa relação na medida em que percebemos que, sobretudo nas descrições bíblicas de manifestações do Espírito, estas são apresentadas como a manifestação de algo percebido como sagrado. E na linguagem de Eliade, a indicação de que alguma coisa é sagrada advém da percepção de que se trata de "algo absolutamente diferente do profano", isto é, que não faz parte das realidades comuns do dia a dia. A expressão hebraica *ruah hakodesh,* traduzida como espírito de santidade (ou espírito santo), poderia também ser traduzida como espírito separado ou diferente (de nossa realidade). A própria palavra *"santo"* é também do mesmo grupo linguístico de "secção", "seccionar", ou seja, ligado ao sentido de "separado". Voltando à afirmação de Eliade, há dois elementos a serem destacados neste contexto da reflexão sobre o Espírito Santo: por um lado esta afirmação da manifestação de algo distinto do profano, separado de nossa realidade imanente e por isso mesmo posto na categoria de *separado*; por outro lado, Eliade entende ser essa manifestação algo não provocado pelo humano. O sagrado "se manifesta", "algo de sagrado se nos revela". A linguagem de Eliade aproxima-se inclusive da compreensão teológica de revelação, mas não é disso que ele está necessariamente falando. Sua compreensão é a de que há no ser humano a percepção de uma realidade fenomênica – chamada de sagrado – da qual brotam todas as religiões. "Poder-se-ia dizer que a história das religiões – desde as mais primitivas às mais elaboradas – é constituída por um número considerável de hierofanias, pelas manifestações das realidades sagradas" (ELIADE, 1999, p. 17).

Dado que esse estudioso das religiões não está defendendo a ideia de revelação, no sentido teológico, sua hipótese é a de que a possibilidade de percepção de manifestação do sagrado é uma característica inerente ao próprio ser humano: "Em suma, o sagrado é um elemento na estrutura da consciência e não uma fase na história dessa consciência" (ELIADE, 2010, p. 13). Desta forma, em sua compreensão, a manifestação do sagrado só pode ser percebida pelo ser humano por haver nele uma estrutura para essa percepção. Assim, pensar o sagrado que se manifesta, é entender o sagrado que é percebido. Estes dois aspectos são constitutivos de uma mesma realidade. Essa afirmação tomaremos aqui por base para propor uma reflexão sobre o Espírito Santo como Deus-em-nós.

Nossa realidade – inspirando-se em Eliade – é de estrutura tal que o Espírito divino a compõe, não como um momento, mas como elemento constitutivo. Isto pervade o todo e nós – humanos, no caso – por sermos assim constituídos, o podemos tanto experimentar, como ter dele o conhecimento, a consciência. E esta pode se expressar em linguagens múltiplas. Assim, se entenderia o Espírito como força-divina-que-perpassa. Esta, a percebemos (temos a experiência) e desta falamos, temos conhecimento, expressamos em conceitos (linguagem).

A manifestação de Deus-Espírito não pode ser entendida, nem aprisionada na linguagem pela qual ela é expressa. Muito menos limitada a esta ou aquela compreensão teológica. A linguagem ou as compreensões teológicas são sinais que apontam para uma unidade sentida e manifesta, uma força positiva e propositiva, da qual se experimenta que a tudo transpassa, não como fenômeno passageiro, mas como estruturante. Dentro disso, dizer Espírito Santo é uma unidade. Unidade de expressão, unidade de consciência, unidade de algo sentido. A fala ou consciência ou conhecimento é o possível do Deus-em-nós. É a expressão de uma manifestação.

Faz-se necessário aqui também esclarecer que o *em-nós*, usado na expressão Deus-em-nós, é de todos os tamanhos e dimensões. O *em-nós* do em-mim, como indivíduo, mas também do *em-nós* como cristãos, como crentes, como seres humanos; e ao mesmo tempo do *em-nós* como toda a natureza existente, como do planeta terra, como do universo. Na estrutura desse *em-nós* há o que se chama – numa expressão possível – de Espírito Santo. No todo há a mesma realidade de força propositiva, positiva, propulsiva.

O que estamos intentando expor aqui é entender Pentecostes como uma estrutura permanente da existência. Uma estrutura da dinâmica do universo, estrutura permanente da dinâmica do planeta com tudo o que nele existe, estrutura permanente da espécie humana e sua saga, estrutura permanente do cristianismo e da Igreja. Se pode e deve haver nesses âmbitos linguagens diferentes, seriam devidas à percepção do a partir de onde se fala.

Não se trata de confundir as linguagens, nem de desejar que uma linguagem seja assumida como única ou universal para as outras. O esforço é o de entender a dinâmica da existência como perpassada por uma força, um impulso, uma vitalidade ou vibração, uma energia que se faz presente no todo e que percebemos ou sentimos ou experimentamos como manifestação, como algo que se explicita, que perenemente se presentifica. Teria essa dinâmica da existência um propósito teleológico, levaria a algum fim, construiria um "bem comum"? Não se pode, a nosso modo de ver, cair na tentação de respostas a essas perguntas. Pelo simples fato de não se estar na posição da origem, nem no panorama, mas somente da percepção da manifestação, ou, para tomar emprestado uma expressão de Hegel, da presença e realidade do Espírito como "morando em sua comunidade" (apud CONGAR, 1986, p. 126). Imaginar a dinâmica do Espírito de Deus como propositor de um cosmodirecionado, um geodirecionado, um humanodirecionado ou um eclesiodirecionado, já não nos cabe. Estamos, para voltar à expressão de Eliade, na posição de percepção contemplativa de que "algo de sagrado se nos revela", e disso tomamos conhecimento porque o sagrado "se manifesta, se mostra". Esse é o nosso permanente ponto de partida.

4.2 O Universo como dinâmica do Espírito de Deus-em-nós

Quanto mais a astrofísica avança em suas descobertas e estudos, mais fica perceptível que o universo é uma realidade estruturalmente dinâmica. Dinâmica em sua totalidade ampla – se é que pode falar em totalidade – e então se fala em universo em contínua expansão; dinâmica em sua menor estrutura de partículas subatômicas já percebidas, na fronteira do imaginado e do demonstrável.

Há uma dinâmica de energia, de força, estruturante no todo. Atribui-se – aqui simplificadamente – essa dinâmica do todo do universo (tanto no macro, como no micro) a uma grande explosão, a chamada teoria do *big bang*. Independente da discussão sobre essa teoria, sobre seus detalhes, seu alcance e seu limite, é inegável a manifestação do universo como uma realidade dinâmica. Como se atribui essa dinâmica a algo chamado de *big bang*, seria possível dizer que o *big bang* é uma espécie de Pentecostes cósmico? Essa força ou energia que se manifesta de tal forma a impulsionar o universo em sua dinâmica macro, de um sem-número de galáxias, de milhares e milhares de estrelas, de infindáveis sistemas tipo o solar com seus planetas, mas ao mesmo tempo a estrutura dinâmica de micropartículas, de elementos subatômicos, na fronteira entre energia e matéria, impulsionados igualmente pela mesma força que impele a totalidade. Essa força impulsionadora do universo é uma estrutura perene: perpassa todos os tempos, perpassa todos os níveis.

Imaginar o impulsionamento do cosmos (macro e micro) como um pentecostes, como um envio da existência até os confins, não é querer converter ingenuamente a cosmologia em teologia, nem vice-versa. Mas se tanto a cosmologia e a astrofísica perguntam pelo surgimento do universo, essa é também uma pergunta posta igualmente pela teologia. E já foi o tempo em que o tatear por respostas a essas questões era visto com desconfiança e estranheza de parte a parte. Não é necessário que se tenha a mesma linguagem, mas é preciso admitir que se está falando do mesmo questionamento. E a afirmação de que há uma força impulsionadora que se manifesta na estrutura do cosmos, que o trouxe à ex-sistência e o mantém permanentemente nesta dinâmica não soa como estranho a quem afirma e crê que o Espírito de Deus enche o universo.

Um dos pensadores que por parte da teologia mais tem se dedicado a fazer uma relação com as ciências do universo e da natureza é o teólogo Leonardo Boff. Ele coloca a seguinte questão:

> As modernas ciências do universo, da Terra e da vida nos revelam a imagem de um mundo em processo de evolução, de expansão, de complexificação e de autocriação, que nos permite colocar uma questão interessante: como o sagrado pervade essa realidade e como, finalmente, o próprio Deus irrompe do meio desse incomensurável processo ainda em curso? (BOFF, 2017, p. 92).

A questão posta não é a de se perguntar pela presença do Espírito de Deus no universo numa espécie de comprovação para a fé, mas sim a de ampliar o olhar – ou melhor talvez, a sensibilidade – e poder perceber que o que as ciências do universo vão descobrindo e revelando pode também servir de convite ao crente para que contemple essa realidade com os olhos da fé. Diversos elementos podem ser destacados como inspiradores na reflexão pneumatológica.

Um primeiro elemento é o conhecimento cada vez mais claro de que "tudo tem a ver com tudo em todos os pontos, circunstâncias e tempos" (BOFF, 2017, p. 99). Há uma interligação na existência do universo que o perpassa como um todo, de suas estruturas macros às suas estruturas micros, não como uma costura posterior de elementos díspares e soltos, mas como estrutura possibilitadora da existência. É essa interligação que o sustenta, que o possibilita. "O universo não é feito da soma dos entes existentes, mas do conjunto das redes de relação que envolvem a todos, fazendo que todos sejam interdependentes" (BOFF, 2013, p. 182). Essa interrelação possibilitadora e estruturante do todo é de certa forma invisível num primeiro momento. Mas quanto mais avançam as pesquisas, mais ela se torna manifesta, perceptível. Do ponto de vista da fé, é possível sim dizer que cada vez mais se torna patente que há um espírito que possibilita e estrutura o todo.

Um segundo elemento interessante a se chamar a atenção aqui a partir da cosmologia é consciência que se vai ganhando de que a existência é muito mais um conjunto dinâmico de forças, de energias, que um acumulado de objetos ou matérias. É a dinâmica do equilíbrio, das tensões e das interrelações de forças ou energias que coloca e mantém permanentemente o universo em existência. Ao "tudo tem a ver com tudo" no universo, se junta a consciência de que essa totalidade só existe na dinâmica, na energia que a perpassa, mantém, possibilita. Na compreensão da tradição judaico-cristã da fé, o Espírito de Deus se manifesta como dinâmica, como força, como energia impulsionadora. Não se trata aqui de encampar a compreensão da cosmologia e aprisioná-la numa fórmula pneumatológica, mas sim de um convite à sensibilidade crente para ampliar os horizontes. A força do espírito divino se manifesta, pode ser contemplada pelo humano crente na dinâmica da energia que mantém o universo.

O universo, assim entendem as ciências que o estudam, é uma realidade em permanente expansão. Esse é um terceiro elemento inspirador para o pensamento da manifestação do Espírito de Deus: o universo está em permanente processo criador. O cosmos é sempre cosmogônico: "O universo se sustenta pela força do princípio cosmogênico" (BOFF, 2013, p. 183). A força criativa no universo não é uma realidade do passado, de um tempo em que ocorreu e foi posta à existência. A expansão permanente do universo é criação permanente. A realidade criadora é uma realidade permanente, estruturante da dinâmica de seu funcionamento. E mais que isto, não se pode pensar em algum "ponto de chegada", de modo que o conceito teológico de infinitude toca o conceito de infinitude matemática do cosmos.

A dinâmica do universo é também autoportadora de informações, de mensagens. Em seu funcionamento macro ou micro, o permanente processo de criação no cosmos é também um permanente processo de informação. A energia que o movimenta, movimenta também a mensagem da existência, o que as ciências simplificadamente chamam de leis naturais. "Tudo é de certa maneira vivo e carregado de mensagens" (BOFF, 2013, p. 183). E não há como negar uma incomensurável sabedoria que perpassa da estrutura de um átomo de oxigênio, à rotação das galáxias com seus milhares de corpos celestes. E quanto mais se perscrutam as leis de funcionamento do cosmos, mais se torna manifesta sua sábia complexidade. Para usar uma expressão bíblica, há nisso tudo um "espírito de sabedoria" que lhe é inerente.

4.3 A Terra e os seus viventes: o Deus-em-nós que sopra vida

"Enviai, Senhor, o vosso Espírito e tudo será criado e renovareis a face da Terra": esta é uma tradicional e conhecida invocação ao Espírito Santo no meio cristão, inspirada no Salmo 104,20. A percepção que o Espírito de Deus enche a face da Terra e nela se manifesta é bem antiga no cristianismo e herança judaica. A própria tradição judaica faz uma certa ligação entre Espírito e surgimento a vida na narrativa da criação, no Livro do Gênesis, ao afirmar que "um vento impetuoso soprava sobre as águas" (Gn 1,2b). Embora não se possa querer ver nesta passagem uma referência explícita ao Espírito Santo, conceito que nasce muito posteriormente, há, entretanto, uma relação pelo fato de que o espírito (*ruah*) é visto muitas vezes como vento, como sopro. E do sopro divino ganha o ser humano o hálito vital, segundo o mesmo Livro do Gênesis: "Então o Senhor Deus formou o ser humano do pó da terra, soprou-lhe nas narinas o sopro da vida e ele tornou-se um ser vivo" (Gn 2,7). Essa passagem marca uma compreensão importante na tradição judaico-cristã: a de que o hálito vital é sopro divino. Desta compreensão brotam elementos que marcam a compreensão da vida até os nossos dias, principalmente a ideia de que a vida humana é sagrada. E como tal deve ser não apenas respeitada, como também protegida e defendida. Algo que acabou influenciando decisivamente não só a compreensão religiosa ou antropológica nas regiões influenciadas pelo cristianismo, mas também a organização social, política, jurídica etc.

O termo hebraico "*ruah*", em suas múltiplas acepções, pode significar também hálito vital no sentido da primeira respiração de uma criança após o parto. Ao nascer, a criança estava por assim dizer inerte, na compreensão antiga. Com a primeira respiração entrava-lhe o *ruah*, como sopro, hálito de vida. Trata-se de uma concepção simbólica muito significativa: o hálito como o espírito divino vital que coloca o ser humano então entre os viventes, que o torna um humano, um ser novo entre os de sua espécie. O impulso para essa passagem é entendido neste contexto como um impulso do espírito divino. Essa concepção, vista teologicamente como uma relação especial entre o ser humano e o divino, coloca a nossa espécie numa posição privilegiada diante da divindade. Mas ela também pode ser tomada como ponto de partida para uma nova leitura da experiência de Deus-Espírito. O teólogo J. Moltmann irá tomar a experiência do Espírito de Deus como experiência de vida: "O agir do Espírito de Deus, vivificante e de afirmação à vida, é universal e pode ser reconhecido em todas as coisas que servem à vida ou que impedem sua destruição" (MOLTMANN, 2010, p. 10). Ele irá intitular sua obra de "Espírito da Vida – Uma pneumatologia integral", e usa propositalmente a expressão

"Espírito da Vida" ao invés de "Espírito Santo", por entender que a experiência de Deus-Espírito tem uma relação íntima com a experiência de vida: "Com a 'experiência do Espírito' estou pensando numa percepção de Deus na, com a, e sob a experiência da vida, que nos dá a certeza da comunhão, da amizade e do amor de Deus" (MOLTMANN, 2010, p. 29).

Essa inspiração de Moltmann leva a pensar o Deus-em-nós como a experiência ou percepção do Espírito de Deus como a força, o espírito vivificante de todo o planeta Terra. Nesta linha de raciocínio se pode imaginar nosso planeta todo como pneumático, cheio do Espírito Santo que dá a vida. E continuando nesta linha de raciocínio, não entender a dádiva ou o sopro divino da vida como um momento excepcional de cada existência individualizada, mas justamente como o elemento que liga, que relaciona, que interconecta toda a vida. E mais que isto: que a vida em si é a interconexão existencial. Cada vez mais fica claro que o fenômeno ao qual chamamos de *vida*, não é algo que está em cada ser deste planeta. Pelo contrário, os seres deste planeta é que estão dentro de um grande sistema vivo. E a vida só é possível nesta conexão, nesta ligação. A vida não aconteceria, nem se sustentaria se fosse algo separado, autônomo em si. A vida só pulsa no pulsar vivo do planeta como um todo e seu sistema de interconexões.

Seria possível então pensar o planeta vivo como um planeta pleno do Espírito de Deus que lhe foi soprado. Essa ideia já aparece, de certa maneira no Livro da Sabedoria: "Porque o Espírito do Senhor enche a terra" (Sb 1,7). A *ruah*, o hálito vital inspirado pelo ser humano nascente e que lhe preenche de vida, é a atmosfera dentro da qual este ser é posto e disposto a viver. É enriquecedor imaginar esse ser humano que, a partir da respiração, é acolhido ou preenchido pelo Espírito de Deus, por quem tudo foi criado que, em sua ação, proporciona constantemente a renovação da face da terra. Seria possível pensar o conceito biológico da biosfera –

ou seja, o conjunto de todos os ecossistemas da terra – a partir da pneumatologia e vê-lo como um Pentecostes planetário? "Enviai, Senhor, o Vosso Espírito e tudo será criado". Desde o surgimento da vida em nosso planeta – assim mostram as pesquisas – ela foi se protegendo, se reproduzindo, se diversificando, se inspirando adiante. Numa linguagem pneumatológica, poder-se-ia dizer que há um espírito divino que a tudo interliga e possibilita. Novamente: não se trata aqui de querer converter a Biologia em simples linguagem teológica. Mas se tanto a Biologia como a pneumatologia pensam a existência da vida como uma realidade manifesta, é enriquecedor imaginar as duas linguagens confluentes.

Proponho um simples exercício: e se imaginarmos que nós podemos já ter respirado as mesmas moléculas de ar compostas por oxigênio que foram respiradas por Jesus em sua vida? Em sua vida ele inspirou e expirou. E esse ar que lhe possibilitou a vida (ao lado de muitos outros elementos), ao ser expirado foi em parte transformado em gás carbônico, que por sua vez foi capturado por plantas e em processo de fotossíntese devolvido à atmosfera como ar novamente respirado por outros seres viventes, animais ou humanos – até chegar a nós. Nessa cadeia da vida há uma força que continuamente a possibilitou, interligando com o hálito vital milhares de seres entre si. A percepção desta realidade viva e sempre novamente vivificante ("que renova a face da terra") é um convite àqueles e àquelas que têm fé a uma abertura de sensibilidade para a experiência do Espírito divino. Há que se ter reverência diante desta forma de perceber a vida. Nesse simples exercício proposto, há o convite a que se perceba o Espírito Santo de Deus – "Senhor que dá a vida", como se professa no Credo Niceno-constantinopolitano – para além de uma fórmula a ser dita. E sim uma fórmula a ser experienciada, percebida, presentificada, realizada.

Essa forma de percepção do planeta vivo como uma realidade plena do sopro do Espírito de Deus, dentro da qual o ser humano é um ser vivo ao lado, na ligação e na continuidade de muitos outros, coloca também o desafio de pensar qual é o papel desse ser humano vivificado pelo Espírito divino. A busca pelo papel do humano – no qual "o Senhor Deus [...] soprou-lhe nas narinas o sopro da vida e ele tornou-se um ser vivo" (Gn 2,7) – é antes de tudo a busca pelo lugar do humano em relação ao Espírito da vida. O Senhor da vida é o Espírito de Deus, o humano "tornou-se um ser vivo", recebeu a vida. Assim, cabe-lhe o papel da humildade, da reverência e do acolhimento da vida. Um segundo elemento interessante desta compreensão pelo papel do humano diante do Espírito da vida é a consciência de que somos co-viventes, só possibilitados na co-vivência com muitos outros seres de todas as espécies. Somos vida, ao lado de múltiplas formas viventes. Como a lógica do Espírito da vida conecta toda a existência, cabe ao humano consciente desta condição, viver em conexão. "O Espírito criador conserva a vida carnal concedendo a participação em uma realidade que é comum a toda vida" (WELKER, 1995, p. 158). Como humanos, somos um elo nesta cadeia viva. Não somos donos, nem senhores da vida. A falta de consciência disso pode fazer romper e contrapor-se ao sopro divino. A experiência do pulsar do Espírito de Deus-em-nós como terra vivente é convite a colocar-se sempre novamente no espírito que tudo interliga, conecta, vivifica, renova. Como afirma M. Welker, "o Espírito de Deus situa a pessoa dentro da comunidade solidária, na comunidade que vive de responsabilidade e de amor" (1995, p. 263). A experiência do Espírito de Deus que nos mantém na comunhão, na comunidade dos viventes, é também uma experiência de chamado à responsabilidade nesta condição.

4.4 O Espírito de Deus-em-nós seres humanos

A descrição da criação do ser humano presente no Livro do Gênesis, segundo a qual "o Senhor Deus formou o ser humano do pó da terra, soprou-lhe nas narinas o sopro da vida e ele se tornou um ser vivo" (Gn 2,7) é testemunha já antiga da consciência humana sobre sua condição de criatura terrena, insuflada pelo sopro divino. No Livro dos Provérbios afirma-se que "lâmpada do Senhor é o espírito humano que penetra os recônditos de seu ser" (Pr 20,27). Essa consciência da presença do sopro divino ou da "lâmpada do Senhor" foi motivo de soberba e altivez de nossa espécie diante de todas as outras, é fato. Foi motivo trágico da tirania insana, seja diante de outras formas de vida, seja diante da própria forma humana de vida. Mas essa consciência pode também ser vista como advinda da experiência de não ser o dono da vida. Esta lhe é dada, pois "ele tornou-se um ser vivo" e não se decidiu pela vida.

Desta profunda experiência humana da sua não soberania sobre a vida é que pode brotar a atitude de reverência frente à vida. Reverência frente à vida humana, reverência frente à vida de outros seres, reverência frente ao espírito da vida da qual todos e todas são partícipes, são co-viventes. Francisco de Assis, que viveu na Idade Média, compôs um hino no qual essa reverência se expressa no sentimento de irmandade frente a todas as existências, o chamado "Cântico do Irmão Sol", no qual louva a Deus ("Louvado sejas, meu Senhor") pelo irmão sol, pela irmã lua, pelo irmão vento, pela irmã água e pela irmã e mãe terra com seus frutos, flores e ervas. Essa linguagem de Francisco pode ser interpretada como um arroubo místico ou como piedade romântica. Mas é muito mais acertadamente compreendida como reflexo da experiência do pertencimento do pobre de Assis ao mesmo Espírito de Deus que a tudo sustenta, a tudo possibilita e por isso, em sua experiência, a tudo irmana.

Se a transformação da percepção do lugar ser humano no todo conduz a uma atitude de contemplação, a uma eco-espiritualidade, ela também pode despertar no humano outros espíritos, outras forças, a partir do Espírito de Deus-em-nós. Por um lado, o sentimento de humildade por perceber que não somos como espécie responsáveis pelo todo do Espírito de Deus que enche a face da terra. Mas podemos, sim, ser profundamente irresponsáveis em relação ao todo, colocando inclusive em grave risco o espírito que mantém em equilíbrio os ecossistemas. No que podemos ser responsáveis, isto é, pelo espírito que faz desabrochar a espécie humana em toda a sua potencialidade, neste temos – e de longa data – muita irresponsabilidade. Como entender o desprezo de humanos por outros humanos, como entender humanos infligindo morte e dor e sofrimento e desprezo a outros humanos? Sinais de espíritos não divinos, não sopros de vida, postos em ação.

Mas há também a possibilidade da consciência como Espírito de Deus no humano e esta mostra também a história do esforço pelo espírito de convivência, pelo espírito de realização, pelo espírito do cuidado, pelo espírito como uma força histórica, uma espécie de *continuum* na busca do bem. Poder-se-ia dizer de um Espírito de Deus-em-nós através da história e de um Deus-em-nós em cada momento da história. A tradição cristã, bebendo da tradição judaica, irá interpretar a presença do Espírito de Deus-em-nós como dons, dádivas, que geram virtualidades ou potencialidades. Disso surgiu a compreensão antiga de expressar essas forças do Espírito de Deus-em-nós em sete dons. Eles são de inspiração bíblica, do texto do Profeta Isaías, onde este – ao descrever as características do Messias vindouro – afirma que "sobre ele repousará o Espírito do Senhor, espírito de sabedoria e entendimento, espírito de conselho e fortaleza, espírito de conhecimento e temor do Senhor" (Is 11,2). A esses seis dons do texto de Isaías, a tradição cristã irá acrescentar o dom da piedade, formalizando o número de sete, assim nomeados: sabedoria, entendimento, conselho, fortaleza, ciência, piedade e temor de Deus. Essa ideia dos sete dons é antiga no cristianismo, e já está presente no *Decretum Damasi*, do Sínodo de Roma no ano 382, no qual se fala no "espírito septiforme", mas ali como sétimo dom se fala em Espírito da Verdade. O número sete ocorre em diversos contextos do cristianismo. Como afirma o monge beneditino Anselm Grün,

> a Igreja dos tempos antigos resumiu os diferentes dons do Espírito Santo a um número de sete. O sete é sempre um número simbólico. Ele significa a transformação do homem. O Espírito Santo transforma o ser humano. Ele transpõe minhas capacidades humanas e as abre para o dom divino. Os padres associam os sete dons do Espírito Santo aos sete dias da criação, aos sete sacramentos, às sete bem-aventuranças (segundo a contagem de Agostinho) e às sete súplicas do Pai-nosso. Eles falam do espírito de sete formas, que transforma todas as esferas do ser humano (GRÜN, 2015, p. 98-99).

Essa linguagem dos dons do Espírito Santo é uma forma que a tradição cristã encontrou para expressar a experiência das potencialidades presentes no ser humano. O número sete é simbólico e se poderia fazer digressões sobre cada um dos dons que a tradição escolheu. O que está por detrás desta linguagem espiritual dos sete dons é, entretanto, uma profunda experiência e desta que se quer aqui chamar a atenção: a experiência da força vital do Espírito de Deus-em-nós como potencializador do ser humano. A força do Espírito Santo, como Senhor da Vida, é descrita como dom, dádiva potencializadora em sua multiforme ação. Com a força, a potencialidade divina, o ser humano é impulsionado à existência, constrói seu caminho e sua história. Há na tradição hindu um conceito interessante sobre o ser humano que pode ser aqui inspirador:

> O homem é 'o-ser-que-tem-objetivos' (arthin), na medida em que é o único ser vivo que não está perfeitamente adaptado ao seu 'nicho ecológico', que sente que a sua condição natural é insatisfatória, marcada pelo sofrimento (dhukha), e que tem necessidade de definir para si mesmo a sua própria Lei (DELUMEAU, 1977, p. 353).

Arthin, o-ser-que-tem-objetivos: neste conceito há a ideia de que somos de uma espécie dinâmica, propulsionada na história com objetivos. Poder-se-ia fazer uma leitura pneumatológica desse conceito e – numa linguagem cristã – interpretar como força do Espírito de Deus-em-nós. O Espírito de Deus nos faz inquietos, buscadores, seres com objetivos. E esse talvez seja o grande e constante desafio na história humana: construir seus objetivos. Essa característica do ser humano é parte de sua própria estrutura. Não se trata de chegar aqui ou ali a algum objetivo. É parte da estrutura humana essa característica. E expressado de maneira teológica, pode-se dizer que somos seres que sentem, experimentam, têm consciência da força do Espírito de Deus em suas existências.

Essa experiência da força do Espírito de Deus na trajetória humana pode ser visualizada em muitos aspectos: na individualidade, nas relações humanas (familiares, de gênero), nas construções sociais etc. Há um risco de se entender o ser humano apenas a partir de sua individualidade, de sua subjetividade e de seus desejos. E a partir desta compreensão reducionista, pensar a ação do Espírito de Deus apenas relacionado à subjetividade. Mas há também elementos interessantes ao se pensar que cada pessoa é concretamente lugar da ação do Espírito Santo. Paulo irá expressar de maneira muito clara esta consciência: "Ou não sabeis que vosso corpo é templo do Espírito Santo, que está em vós e que recebestes de Deus e que, portanto, não vos pertenceis?" (1Cor 6,19). Já refletimos neste texto sobre essa interessante relação entre o lugar cada vez mais destacado que a subjetividade tem recebido e a ação do Espírito Santo (2.4 O Espírito Santo e a importância da subjetividade humana).

Mas a ação do Espírito de Deus-em-nós seres humanos também deve ser vista como uma construção da espécie, uma construção comunitária. Dizíamos acima neste texto que a experiência do Espírito Santo pode ser percebida como vida e em ações em favor da vida, em favor da comunidade. Essas experiências devem, porém, ser interpretadas mais do que dons do Espírito Santo na individualidade: o dom da vida, o dom da comunidade (relacionamento/comunhão). A experiência do Espírito Santo não se restringe à experiência de seus dons na potencialidade do indivíduo, mas vai além disso: é experiência do próprio Deus em pessoa (pessoa: que se nos apresenta, é relação).

> Na experiência pneumática (do Espírito) mostra-se não um poder divino anônimo e impessoal, mas sim a presença de Deus mesmo atuante. O dom apresenta-se simultaneamente como doador (fonte). A partir da experiência do Espírito pode-se constatar que aquele que possibilita o ser pessoa em liberdade e comunidade, ele próprio não pode ser pensado como apessoal (HILBERATH, 1994, p. 179-180).

A força do Espírito em nós não é um *produto* alheio a Deus. É Deus mesmo em nós *em estando a agir* e a ser reconhecido em sua especificidade como Espírito Santo. Deus-em-nós só pode ser percebido como pessoa (do Espírito Santo) à medida que entramos em relação com ele. Essa relação faz o ser-pessoa. Pessoa só é possível na relacionalidade, na comunicação, portanto, na comunhão, na busca de comunidade. Deus-em-nós só pode ser, pois, percebido à medida que houver comunhão. Com isso Deus-em--nós humanos nunca é algo fechado, acabado em si. É sempre e essencialmente relação, abertura, busca. Essa abertura é entendida em direção ao Pai e ao Filho, que só nos se revelam como pessoas divinas se nos colocarmos em relação, como também em direção ao outro humano, igualmente pessoa quando na relação.

A afirmação de Paulo em 1Cor 6,19a, "Não sabeis que vosso corpo é Templo do Espírito Santo?" recebe outra perspectiva se não for lida como condição, mas como relacionalidade. Com isso nossa corporeidade humana pode ser experienciada como lugar de Deus, na pessoa do Espírito Santo, isto é, lugar de Deus que se relaciona. Através, pois do nosso corpo, o Espírito Santo pode tornar-se pessoa – tanto para cada um como para o outro na dinâmica do relacionamento. Há, pois, uma participação do nosso corpo no processo de o Espírito Santo tornar-se pessoa na experienciabilidade humana. O corpo humano, visto na tradição cristã muitas vezes de maneira negativa como lugar do pecado, é visto na perspectiva da pneumatologia igualmente como o lugar da manifestação, da relacionalidade da força espiritual.

Outro aspecto a se levar em consideração quando apontamos para a experiência do Espírito Santo como Deus-em-nós seres humanos é o que se poderia chamar de família humana. Família aqui tanto no sentido parental-geracional, mas especialmente como espécie impulsionada por potencialidades comuns, por objetivos próximos, por desejos não só de sobrevivência, mas de realização, de felicidade, de paz, de convivência, de solidariedade, enfim, da utopia humana do bem comum. Se se pode ver na família humana sinais de barbárie, pode-se experimentar também forças de solidariedade, de bem-querer mútuo. E estes são sinais do sopro divino que a impulsiona. Se a família humana é marcada pela necessidade, pela limitação e pelo pecado coletivo, há nela também a força "da restauração da solidariedade e da capacidade de agir em termos comunitários" (WELKER, 1995, p. 57). A força do Espírito de Deus agindo no ser humano não é só uma força sobre a individualidade, mas também uma força comunitária. "Com a descida do Espírito nasce uma nova comunidade, uma nova coesão, tendo como ponto de partida o humano sobre o qual age o Espírito" (WELKER, 1995, p. 61).

O ser humano tem sua presença no mundo marcada pela diversidade. Há diversidade cultural, há diversidade de visões de mundo, há diversidade de gênero, há diversidade de religião etc. Quando pensamos que a ação do Espírito de Deus-em-nós pode ser percebida e sentida por toda humana criatura, é necessário também entender que essa ação é capturada e expressa através das lentes desta mesma diversidade pela qual o humano se manifesta. Assim, a ação do Espírito Santo irá ser entendida – e nomeada – de maneiras muito diferentes na diversidade cultural, na diversidade das mentalidades e visões de mundo, na diversidade de gênero, na diversidade religiosa e inclusive na diversidade de interpretação dentro de uma mesma religião. Não caberá aqui apontar especificidade de cada uma dessas diversidades, pois boa parte delas já apareceu na reflexão anterior. Uma ligação, entretanto, se faz importante apontar aqui por ser já um ponto de reflexão bastante comum à teologia e é importante apontar também neste contexto: a relação entre o Espírito Santo e o feminino.

Essa temática da relação entre o Espírito Santo e o feminino é bastante antiga e tem ganhado novamente importância – agora sob outra perspectiva. Só para recordar, "*ruah*" é palavra feminina em hebraico, "*pneuma*" é palavra neutra no grego, "*spiritus*", porém, é uma palavra masculina e dela se deriva a palavra "espírito", também masculina em todas as línguas latinas.

O nó da questão não está em afirmar ser o Espírito Santo masculino ou feminino. A tradição bíblica não atribui a Deus, em princípio, nenhum gênero. A questão está na linguagem humana que tenta de forma mais adequada exprimir, com suas palavras, sua experiência de Deus, e – no caso – também do Espírito Santo. "Na Bíblia as funções do Espírito correspondem a formas de agir mais habitualmente referidas à maternidade e à feminilidade em geral: inspirar, ajudar, apoiar, cobrir, fazer nascer. O modo de agir do Espírito descreve-se por meio de modos de agir femininos" (COMBLIN, 1987, p. 59).

Aqui há de se constatar que a linguagem para se falar de Deus em nossa tradição judaico-cristã é uma linguagem claramente masculinizada. Deus é Pai, Filho e Espírito Santo: três nomes utilizados no gênero masculino para designar a Trindade. Quem teve uma grande influência nesta masculinização da forma de pensar Deus no Ocidente foi Santo Agostinho, que afirmou não ser a mulher imagem de Deus, mas somente o homem. Agostinho mesmo afirma, porém, que a referência a Deus deve estar desligada de qualquer caráter sexuado, pois esse caráter é inferior e por isso não aplicável a Deus.

Mesmo tendo a consciência de que Deus não é pensado como um ser sexuado na tradição judaico-cristã, mas que nossa linguagem tradicional para falar de Deus e também do Espírito Santo é masculinizada talvez por força do fato de não termos uma linguagem neutra, não se pode negar que a utilização da linguagem masculina para o Espírito Santo é reflexo de uma situação social e eclesial dominada pelo masculino.

A questão levantada pela teologia feminista quer chamar a atenção para essa problemática. Uma utilização de uma linguagem feminina para o Espírito Santo talvez pudesse expressar mais adequadamente sua experiência e ao mesmo tempo equilibrar um pouco, em termos de gênero de linguagem, nossa forma de nos referirmos a Deus.

A caracterização do Espírito Santo como feminino não é uma absoluta novidade no cristianismo. O escrito apócrifo "Evangelho dos Hebreus" coloca o Espírito Santo como mãe de Jesus. Essa maternidade advém sobre o Filho em seu batismo no Jordão. O Espírito como mãe repousa sobre Jesus após o batismo e proclama a sua filiação. Essa concepção desenvolveu-se sobretudo na tradição do cristianismo sírio e armênio (séc. IV), na qual o Filho nasce da "mãe Espírito Santo" nas águas do Jordão. A teologia do Batismo nesta tradição fala do "seio materno do Espírito Santo" (HILBERATH, 1994, p. 133s.). Essa maternidade do Espírito Santo também é colocada na teologia armênia no que diz respeito à participação do Espírito Santo na criação. Em textos sírios antigos se pode encontrar inclusive o Espírito Santo como mãe e segunda pessoa da Trindade. Outro símbolo interessante nesta linha, é a denominação encontrada também na teologia síria, chamando o Espírito Santo de "costela do Logos". Como Eva foi criada da costela de Adão, o Espírito emanaria da costela do Filho (como figura de linguagem comparativa). Com isso Eva é a primeira mãe da vida, e o Espírito Santo a mãe da nova vida, da vida que se renova.

A discussão sobre o gênero do Espírito Santo (no caso a possibilidade de chamá-lo em gênero feminino) não é, como às vezes se pode pensar, um capricho da teologia feminista. São muitos os elementos aqui imbricados: o mais candente é o reconhecimento de que a experiência da ação do Espírito se dá concretamente por pessoas. E pessoas de gêneros diversos. A linguagem a partir da qual se expressa essa experiência deverá carregar os traços do lugar humano onde se acolheu a experiência. Se há diversidade de gênero na experiência, deveria haver também diversidade de expressão em sua linguagem teológica. A tradição da reflexão teológica sobre o Espírito Santo, a pneumatologia, será enriquecida à medida que for acolhendo nela também a linguagem feminina desta experiência. Para além da importante discussão da linguagem pneumatológica a partir do feminino, há que se reconhecer também que tendo sido a reflexão teológica feita a partir do masculino, essa realidade influenciou enormemente também a própria organização eclesial. E sobre esse ponto ainda se está certamente longe de um equilíbrio.

Dos múltiplos aspectos que poderiam ser apontados como relevantes nesta experiência do Espírito de Deus-em-nós seres humanos, acenamos aqui somente para mais um: a ação do Espírito de Deus nos profetas e profetisas. Desde o judaísmo antigo, a tradição de fé reconhece e tem em alta conta a ação de pessoas que – tomadas pela força do Espírito de Deus – se colocavam a falar em nome do Senhor, exigindo justiça, proclamando a misericórdia de Deus, exortando o povo à conversão e, o que era muito comum, opondo-se tanto ao rei quanto à religião oficial do Templo. O cristianismo primitivo ainda conhece a ação dessas figuras proféticas e Paulo coloca inclusive os profetas em segundo lugar nos dons do Espírito (após os Apóstolos). Aquele que profetiza, diz Paulo, "fala para as pessoas, para edificá-las, exortá-las e consolá-las" (1Cor 14,3). A partir da atividade profética de Montano, acompanhado das profetisas Priscila e Maximila – controvérsia já analisada neste texto – a figura do profeta foi perdendo pouco a pouco seu reconhecimento junto à comunidade. A figura dos epíscopos, como vimos, teve um papel decisivo neste combate à autoridade de fala dos profetas. Mesmo assim não se pode falar no desaparecimento da ação profética no seio do cristianismo: homens e mulheres que levantaram sua voz para proclamar boas notícias, propor formas de vida, exigir justiça, denunciar desmandos (tanto de autoridades civis quanto eclesiásticas) etc. Como falam e agem impulsionados pelo Espírito de Deus, são figuras destemidas e fortes. Por isso mesmo, no mais das vezes – como já em priscas eras – perseguidos, difamados e marginalizados, tanto eles quanto seus movimentos e suas reivindicações. Mas são testemunhas ao longo dos séculos da ação profética do Espírito de Deus-em-nós seres humanos. Uma verdadeira demonstração da sobrevivência da ação profética do Espírito.

4.5 O Espírito de Deus-em-nós comunidade cristã

Há na tradição eclesial cristã a consciência de uma espécie de nascimento espiritual no dia de Pentecostes: "Todos ficaram cheios do Espírito Santo e começaram a falar em outras línguas, conforme o Espírito Santo lhes concedia que falassem" (At 2,4). Como no Livro do Gênesis o ser humano tornou-se vivo pelo sopro divino, a comunidade dos cristãos, a Igreja, torna-se falante, anunciante, a partir da ação do Espírito Santo. Os cristãos, discípulos do Cristo, se entendem como testemunhas, continuadores do anúncio e ação de Jesus, conforme sua palavra: "Mas recebereis uma força, o Espírito Santo que virá sobre vós; e sereis minhas testemunhas em Jerusalém, em toda a Judeia e Samaria, até os confins da terra" (At 1,8). Disso se intui a compreensão de que a força do Espírito Santo não é algo acrescido, adicionado à comunidade cristã. Ela é estruturalmente força do Espírito Santo: a Igreja nasce do Espírito, é enviada à existência pelo Espírito, ela é marcada em sua ação com o Espírito, é anunciadora daquilo que o Espírito irá inspirar. Por esse impulso ela irá se expandir. Até os confins da terra!

Queremos recordar aqui alguns elementos desta consciência de ser a Igreja uma realidade pneumática, nascida e impulsionada pelo Espírito Santo. Não como momentos exceção, mas como estrutura constitutiva. Queremos ao mesmo tempo apontar algumas possíveis inspirações para a comunidade cristã a partir sobretudo da ideia de disponibilidade à ação do Espírito Santo. Mas para se colocar à disposição do Espírito, é preciso primeiro se perguntar: sabe-se onde está agindo o Espírito de Deus? É possível distinguir a ação do Espírito Santo de Deus na Igreja?

Quando se fala em critérios para distinção da ação do Espírito Santo, precisamos colocar nossa condição na aplicação destes critérios: nossa condição sempre *a posteriori*. Nossos critérios não podem pré-fixar o campo de ação do Espírito Santo. Eles são aplicados sempre depois de a ação ter acontecido. Só depois do fato podemos falar em ação do Espírito Santo (isto também faz parte da indisponibilidade do Espírito Santo). Destarte fica caracterizado que a ação do Espírito Santo é verdadeiramente livre – sem qualquer limite que a restrinja – e gratuita – não há algo que a cause e a provoque. Isso posto, temos que pensar de onde tiramos os critérios para perceber a ação do Espírito Santo. Nosso ponto de vista é que temos que recorrer aqui à experiência da história.

A tradição nos pôs critérios interessantes sobre a percepção da ação do Espírito Santo e seu dar-se a conhecer na história.

Não vamos repetir aqui tudo o que dissemos sobre o Espírito Santo na Bíblia, mas apenas recordar alguns conceitos básicos. Entre estes estão sem dúvida a experiência do Espírito como animador. Em diversas linhas o Espírito é percebido como animador: da vida, da comunidade, da fé, de ações concretas. Outra ideia também básica relacionada com a experiência do Espírito Santo é sua dinâmica, sua vivacidade: esta não é neutra, mas sim em favor da vida. A ação do Espírito move as pessoas, as impulsiona, não as deixa ficar em si. A ação do Espírito é dom (gratuito) que leva as pessoas, conforme o mesmo Espírito, a fazer também elas comunidade, comunhão com Deus e com as pessoas. Talvez pudéssemos, a partir das experiências da ação do Espírito de Deus na Bíblia, tirar dois critérios que sejam básicos para se poder distinguir, de alguma forma, a ação de Deus como Espírito em nosso meio. a) O Espírito que age em favor da vida. Ele renova a vida, ele a impulsiona, ele a defende, ele promove vivacidade; b) o Espírito, experienciado pessoalmente, não fica a nível individual. O próprio da ação do Espírito é proporcionar comunicação, comunidade, relacionamento, amorização. Pela ação do Espírito, Deus torna-se comunhão – comunhão em Deus e comunhão com todos os seres humanos. Da mesma forma, cada ser humano, por ter sido derramado nele o Espírito Santo (cf. Rm 5,5) tem também essa capacidade de fazer comunidade (com Deus e com os outros).

São critérios, pois, para distinguir a ação do Espírito Santo, as consequências advindas das diversas ações. Pelos frutos é que se pode reconhecer a origem: no caso, a presença ativa do Espírito Santo. Esse critério é, sem dúvida, um tanto quanto frágil. Ele nos deixa à mercê dos acontecimentos. Isto demonstra que não é a ação do Espírito que está a nosso dispor, mas nós é que estamos – ou deveríamos estar – à mercê da ação do Espírito, nós é que deveríamos ter a docilidade ao Espírito. E aqui se pode recordar inclusive a questão do pecado contra o Espírito Santo que não terá perdão.

Esses critérios para se pensar na possibilidade de distinguir a ação do Espírito de Deus (promoção da vida e promoção da comunidade) podem parecer por demasiado frágeis. E o são. E pensamos que justamente assim é que deve ser. Não temos como enquadrar a ação do Espírito Santo. O Espírito age onde e como quer. Ao observarmos a história do cristianismo, fica claro que houve rapidamente na comunidade cristã uma passagem de uma situação em que há claramente a concepção de se estar sob a livre ação do Espírito Santo – com os problema advindos desta concepção – para uma outra situação onde a comunidade quer direcionar ou disciplinar a ação do Espírito Santo. Mais tarte acontece inclusive um processo de jurisdicionamento da ação do Espírito Santo: sua ação só é reconhecida onde juridicamente (estatutariamente) prevista.

Crer na ação do Espírito Santo na comunidade cristã exige além de um ato de fé, um ato de profunda confiança e coragem eclesial. A insegurança na entrega à ação do Espírito é inerente a essa atitude. Mas é, no fundo, a única atitude de fé possível. A comunidade cristã que quiser se garantir a partir de si própria e de suas próprias forças e organizações, pode até permanecer na história, mas não será a comunidade impulsionada pelo Espírito Santo. Essa tensão na comunidade eclesial entre o desejo de garantir-se por suas próprias forças e estratégias por um lado, e por outro lado estar estruturalmente aberta à ação do Espírito Santo em cada tempo, é uma constante na história institucional. É a complexa relação entre instituição autoestruturada e instituição pneuma-centrada. Essa complexa relação foi motivo inclusive de muitas tensões e não poucas relações trágicas.

No relato da vida de Francisco, o Santo de Assis, há uma passagem curiosa anotada por seu primeiro biógrafo, Tomás de Celano, de uma afirmação que teria feito São Francisco: "Queria, em suma, que a Religião fosse acessível aos pobres e iletrados, não somente aos ricos e sábios. Dizia: 'Em Deus não há acepção de pessoas (cf. Rm 2,11), e o ministro geral da religião, o Espírito Santo, pousa igualmente sobre (cf. Is 11,2) o pobre e o simples'. Na verdade, quis colocar essa palavra na Regra, mas a bula [já] concedida não permitia [acréscimos]" (2Cel 193, TEIXDEIRA, 2008a, p. 421). Não há outros comentários no texto, de modo que não se sabe mais sobre essa intenção que teria tido Francisco de ser o Espírito Santo o ministro geral da ordem dos frades. Ministro geral é a função de quem coordena a Ordem no mundo todo. Mas fica claro, no dizer do biógrafo, que Francisco teria tido a clareza sobre a realidade de ser o Espírito Santo, de fato, quem conduz a Ordem.

Essas palavras não deixam de transmitir algo do Santo de Assis: a abertura e entrega radicais à condução do Espírito de Deus na organização por ele iniciada. O Espírito de Deus é quem conduz a vida das pessoas e da instituição. Aqui parece despontar a docilidade (obediência) ao "Espírito do Senhor e seu santo modo de operar", como diz a Regra de Francisco de Assis em seu capítulo X sobre a correção dos irmãos. Diz dom Paulo Evaristo Arns sobre a relação entre Espírito e Instituição em Francisco de Assis: "Por temperamento e espiritualidade, São Francisco é, sem dúvida, um pneumático. Perderia sua identidade, caso fosse obrigado a entrar em formas predeterminadas, não aceitou nenhuma das regras primitivas, nem mesmo se acertou com S. Domingos, para terem uma só forma de vida. A liberdade e o cultivo da liberdade marcarão todos os gestos e palavras de São Francisco... Deixava-se guiar totalmente pelo Espírito de Deus, à imitação de seu modelo, o Divino Mestre" (ARNS, 1975, p. 210). Estes testemunhos sobre radicalidade de Francisco de Assis em sua obediência ao Espírito Santo mostram sua liberdade e sua confiança absolutas no Espírito como a força que conduz, que dinamiza, que impulsiona a sua comunidade.

Nas proclamações de fé (credos) utilizadas pela comunidade cristã, desde os primeiros séculos, fez-se um esforço por conseguir exprimir em palavras a serem proclamadas uma fórmula que pudesse expressar uma espécie de consenso sobre a interpretação do sentimento de fé comum. Estes textos das Profissões de Fé correm o risco de serem vistos como fórmulas fixas no tempo e válidas por si. Há, porém, a possibilidade de tentar recuperar a dinâmica da experiência de fé por detrás dessas fórmulas.

Vimos já a respeito da história da formulação de fé a que se chegou no Credo Niceno-constantinopolitano. Esse texto é o resumo e o ponto alto de afirmações de fé sobre o Espírito Santo e que permaneceu até hoje na história da Igreja como a fórmula sobre o Espírito Santo a ser proclamada por todos os cristãos (com a controvérsia do *Filioque*, já explicada anteriormente). No Credo aprovado no ano 381 em Constantinopla se fazem 5 afirmações sobre o Espírito Santo: "Senhor" e "vivificador", "que procede do Pai [e do Filho]" e "com o Pai e o Filho é da mesma forma adorado e coglorificado" e que "falou pelos profetas" (*Et in Spiritum Sanctum, Dominum et vivificantem, qui ex Patre [Filioque] procedit, qui cum Patre et Filio simul adoratur et conglorificatur, qui locutus est per prophetas*). Como se poderia pensar em fazer essas afirmações soarem inspiradoras para a experiência da ação do Espírito Santo também em nossa época? Elas são de uma riqueza a ser recuperada. Assim, se poderia refletir sobre cada uma das afirmações do Credo:

Senhor: Ao atributo Senhor para o Espírito Santo podemos relacionar diversas coisas, desde a sua indisponibilidade pelo humano, sua liberdade na ação, como sua autonomia em relação ao humano. O Espírito Santo rejeita, toda e qualquer limitação que a ele se possa querer colocar, independente da instância que o faz. O Espírito de Deus age quando e como quer: assim entende a tradição. Por isto é Senhor. Essa consciência está presente no Credo. A afirmação de que o Espírito é Senhor é a afirmação de um remédio contra a tentação cristã de subordinar o Espírito e a tentação eclesial de querer jurisdicionar sobre a ação do Espírito.

Vivificador: Este é, sem dúvida, um atributo muitíssimo rico para nossos dias. Apenas para apontar para alguns pontos: defesa da vida humana, defesa da vida como um todo. Deus é Espírito que em sua ação possibilita vida, insufla dinâmica à vida. Pela experiência bíblica se pode quase dizer que a própria vida, tanto de seres humanos como de toda a natureza, já é por si só uma participação, uma forma de comunhão com o Espírito de Deus. A existência da vida em si é sinal de que há comunhão com Deus. Também se pode evocar aqui toda a destruição da vida como uma forma de rejeitar a própria participação com Deus, de dizer não à sua ação como Espírito santificador.

Que procede do Pai [e do Filho]: Não pode haver uma dicotomização da Trindade. A trindade acontece na unidade. A procedência do Espírito Santo a partir do Pai (e do Filho – como o entende o Ocidente) quer conservar a consciência e a experiência de que há uma só ação divina. Com isso o Credo quer por um lado proteger a fé contra o fanatismo de ver o Espírito Santo separado, agindo em nome de interesses outros que não do Pai e do Filho, por outro distinguir sua emanação do poder da divindade (do Pai);

"Com o Pai e o Filho é da mesma forma adorado e coglorificado": Podemos ler aqui uma clara intenção de não se esquecer o Espírito Santo, sua presença e ação. Ao mesmo tempo, essa afirmação repele todo e qualquer subordinacionismo da pessoa do Espírito Santo, seja este subordinacionismo entendido dentro da clássica heresia, seja este subordinacionismo entendido como a tentação sempre presente – e da qual a Igreja não está salva – de querer instrumentalizar a ação do Espírito Santo e subordiná-la aos interesses próprios.

Falou pelos profetas: Essa afirmação, além de fazer claramente a ligação entre o Antigo e o Novo Testamento, no sentido de entendê-los como uma ação contínua de um e mesmo Espírito de Deus, evoca em nós todo o simbolismo profético: os profetas como aqueles que souberam falar em favor de algo; denúncia da injustiça e anúncio da vontade divina. Eles souberam recordar permanentemente a consciência de Deus na sociedade e levantar a voz quando esta foi ofuscada.

Além dessas 5 afirmações, o Credo cita ainda o Espírito Santo quando do parágrafo sobre a encarnação: Jesus Cristo "se encarnou pelo Espírito Santo no seio da Virgem Maria" (*et incarnatus est de Spiritu Sancto ex Maria virgine*). Fica mais uma vez claro aqui o Espírito Santo como o possibilitador da presença de Deus em nosso meio: da presença de Deus em cada um de nós, como também do Deus encarnado em nossa condição.

Há no cristianismo a consciência da ligação entre Espírito Santo e fundação da Igreja. Essa ligação é de tal forma que se pode e deve dizer que o Espírito é cofundador da Igreja. Importante é, entretanto, que essa consciência não se resuma a um princípio, a uma vaga ideia teológica ou a um passado mítico-histórico. Se entendermos a força do Espírito Santo como estruturante para a comunidade cristã, se faz igualmente necessário pensar em espaços, em formas eclesiais que possam dar mais destaque à convicção da ação do Espírito. Historicamente a instituição Igreja acentuou bastante sua ligação com o Filho. Esse acento foi tão grande que se pode falar em um certo *cristocentrismo eclesial*. Se dizemos que o Espírito Santo é co-fundador da Igreja, será necessário que ela reflita isto em seu modo de ser, ou seja, que tenhamos uma Igreja também estruturalmente pneumática.

As comunidades primitivas tinham sem dúvida um maior equilíbrio entre o aspecto cristológico e pneumatológico: eram comunidades abertas sobretudo aos carismas. Carismas estes que eram diversos e proporcionavam uma pluralidade de modos de ser Igreja. Após o Vaticano II (re-)surgiram diversos modelos de Igreja, onde se tenta resgatar a importância maior do Espírito Santo para a Igreja. Alguns elementos poderiam marcar mais o aspecto pneumatológico da Igreja. Por um lado, uma Igreja com mais abertura e dinamicidade. O sopro do Espírito é impulso, é expansão, é vivacidade. O Papa João XXIII afirmara a necessidade de abrir a Igreja para que entrasse um vento renovador, o Papa Francisco insiste numa Igreja em saída. São expressões de dois convites, vindos inclusive em termos de Igreja Católica da mais alta instância, à abertura da ação do Espírito que renova. Outro elemento pneumatológico a poder receber mais destaque é o acolhimento à pluralidade, à multiplicidade de expressões, de culturas, de compreensões dentro das Igrejas. O Espírito sopra onde e como quer. Há diversidade de dons, diz Paulo, mas o Espírito é o mesmo. Na Igreja poderia ressoar mais esta diversidade advinda do mesmo Espírito do Senhor. Outro elemento inspirador é a ideia de que o Espírito Santo é a relacionalidade na Trindade. Agostinho irá afirmar que o Espírito Santo é o *vinculum amoris*, o vínculo de amor entre o Pai e o Filho. Esta pode ser uma concepção inspiracional para a experiência de uma Igreja mais relacional, uma Igreja preocupada mais com a qualidade relacional e não tanto com a qualidade estrutural. Com isso, seria também uma Igreja em que pudesse haver mais centralidade da pessoa humana. A pessoa é, como diz Paulo, templo do Espírito Santo; que cada qual pudesse ter essa expressividade na comunidade eclesial, que cada portador de dons do Espírito, pudesse também ter a experiência de ser agente no Espírito Santo.

Na liturgia – pensando aqui a partir da tradição católica – poder-se-ia dar um grande impulso para colocar o papel do Espírito Santo em maior destaque. Vamos apontar aqui apenas dois lugares onde se poderia privilegiar a ação do Espírito Santo: a) Na celebração eucarística: destaque na Acolhida (o Espírito Santo como o que reúne as pessoas), na Liturgia da Palavra (o Espírito é que possibilita a compreensão), no Credo (ninguém pode dizer que Jesus Cristo é o Senhor, a não ser no Espírito Santo), na Consagração (é o Espírito Santo que possibilita a presença do Cristo eucarístico no pão e no vinho), na Despedida (os fiéis serem enviados pelo impulso do Espírito). b) Na celebração dos sacramentos: Espírito como possibilitador da presença do sagrado na liturgia sacramental. Especialmente nas celebrações sacramentais do batismo, da confirmação, do matrimônio e da ordem, poder-se-ia dar ao papel do Espírito Santo um destaque maior.

Essas reflexões sobre a presença do Espírito de Deus-em-nós na comunidade cristã têm o intuito de por um lado recordar a compreensão de fé de que a própria Igreja – comunidade de discípulos – é em si uma realidade a partir do Espírito enviado por Jesus para ser suas testemunhas "até os confins da terra" (At 1,8). Por outro lado, é importante recordar o papel fundamental da comunidade cristã de ser espaço possibilitador, facilitador, acolhedor da experiência do Espírito Santo. Em suma, a comunidade cristã é tangida pelo Espírito (um rebanho divino) e como tal assume a qualidade de ter a sensibilidade e a disponibilidade para o Espírito que age. Assim, ela pode dizer e experimentar sempre: Pentecostes é aqui!

Conclusão
"Não extingais o espírito"

Nas exortações finais da Primeira Carta de Paulo aos Tessalonicenses ocorre este pedido: "Não extingais o espírito" (1Ts 5,19). Essa expressão, vista isoladamente, daria a enganosa ideia de que estaria dentro da capacidade humana o poder de extinguir o Espírito de Deus. Mas Paulo está se referindo à ação ou aos efeitos produzidos pela força divina. E a quais efeitos ele se refere? Os versículos do contexto explicitam:

> Vivei sempre alegres. Orai sem cessar. Em todas as circunstâncias dai graças, porque esta é a vontade de Deus para convosco em Cristo Jesus. Não extingais o espírito. Não desprezeis as profecias. Examinai tudo e ficai com o que é bom. Abstende-vos de toda espécie de mal (1Ts 5,16-22).

Ao encerrar essas reflexões sobre a experiência do Espírito Santo, poder-se-ia parafrasear Paulo:

Vivei e convivei sempre alegres e em equilíbrio com todas as formas de vida emanadas pelo Deus-em-nós. Em todas as circunstâncias dai graças e espaço ao Reino de Deus e ao sopro do Espírito. Não extingais o Espírito, sua dinâmica e seus impulsos de vida. Não desprezeis as profecias e escutai sempre de novo a voz dos profetas. Examinai tudo e ficai com o que é bom, com o que é belo, com o que é saudável, com o que é justo, com o que é amoroso. Abstende-vos de toda espécie de mal, de injustiça, de opressão, de morte.

Referências

ALDAZABAL, J. *A Eucaristia.* Petrópolis: Vozes, 2009, p. 264.

AMADO, W.J. et al. *A religião e o negro no Brasil.* São Paulo: Loyola, 1989.

AMBRÓSIO DE MILÃO. *Sobre os sacramentos; Sobre a Penitência.* São Paulo: Paulus, 2009.

ARNS, P.E. "São Francisco e a Igreja". In: KOSER, C., et al. *Nosso irmão Francisco de Assis.* Petrópolis: Vozes 1975, p. 197-211.

BEINERT, W. (org.). *Lexikon der katholischen Dogmatik.* Freiburg: Herder 1987.

BEINERT, W. (org.). *Glaubenszugänge. Lehrbuch der katholischen Dogmatik.* Paderborn: Schöningh. Vol. 3, 1995.

BERKENBROCK, V.J. "Diálogo e identidade religiosa". In: *REB,* 56, 1996, p. 04-44.

BOFF, L. *O Espírito Santo.* Petrópolis: Vozes, 2013.

_____. *Espírito e missão na obra de Lucas-Atos.* São Paulo: Paulinas, 2003.

_____. *A Trindade e a sociedade.* Petrópolis: Vozes, 1987.

_____. *Igreja: carisma e poder.* Petrópolis: Vozes, 1981.

BOFF, L. & GRÜN, A. *O divino em nós.* Petrópolis: Vozes, 2017.

CANTALAMESSA, R. *O canto do Espírito.* Petrópolis: Vozes, 1998.

CLEMENTE DE ROMA. *Primeira carta de Clemente aos coríntios.* São Paulo: Paulus, 1997 [Padres Apostólicos].

COMBLIN, J. *O Espírito Santo e a libertação*. Petrópolis: Vozes, 1987.

_____. *O tempo da ação*. Petrópolis: Vozes, 1982.

CONGAR, Y. *Der Heilige Geist*. Freiburg: Herder, 1982.

DASSMANN, E. *Kirchengeschichte*. Vol. I. Suttgart: Kohlhammer, 1991.

DELUMEAU, J. (org.). *As grandes religiões do mundo*. Lisboa: Presença, 1999.

DENZINGER, H. *Compêndio dos símbolos, definições e declarações de fé e moral*. São Paulo: Paulinas/Loyola, 2017.

Dicionário Aurélio. Curitiba: Positivo, 2010.

Dicionário das Religiões. São Paulo: Cultrix, 1984.

Dicionário de Psicologia Dorsch. Petrópolis: Vozes, 2010.

Dicionário Houaiss, Rio de Janeiro: Objetiva, 2009.

Dicionário Junguiano. São Paulo: Paulus, 2002.

Dicionário Priberam da Língua Portuguesa. Disponível em: https://dicionario.priberam.org

Didaqué – Instruções dos Apóstolos. Petrópolis: Vozes, 2019.

DROBNER, H.R. *Manual de patrologia*. Petrópolis: Vozes, 2008.

ELIADE, M. *História das crenças e ideias religiosas*. Vol. I. Rio de Janeiro: Zahar, 2010.

_____. M. *O sagrado e o profano*. São Paulo: Martins Fontes, 1999.

Enciclopédia Barsa Universal. São Paulo: Barsa, 2007.

Enciclopédia e Dicionário Ilustrado. São Paulo: Delta, 1997.

FRANGIOTTI, R. *História das Heresias*. São Paulo: Paulus, 1995.

GONZÁLEZ FAUS, J.I. *As 10 heresias do catolicismo atual*. Petrópolis: Vozes, 2015.

GRÜN, A. *Confia em tua força*. Petrópolis: Vozes, 2015.

HERMAS. *O Pastor*. São Paulo: Paulus, 1997 [Padres Apostólicos].

HILBERATH, B.J. *Pneumatologie*. Düsseldorf: Patmos, 1994.

_____. "Pneumatologia". In: SCHNEIDER, T. (org.). *Manual de dogmática*. Vol. I. Petrópolis: Vozes, 2000, p. 403-497.

IAMMARRONE, L. "A Trindade". In: FRESNEDA, F.M. (orgs.). *Manual de teologia franciscana*. Petrópolis: Vozes, 2005, p. 77-161.

INÁCIO DE ANTIOQUIA. *Carta aos Efésios; Carta aos Magnésios; Carta aos Filadelfienses*. Em: *Padres Apostólicos*. São Paulo: Paulus, 1997 [Padres Apologistas].

IRINEU DE LIÃO. *Contra as heresias*. São Paulo: Paulus, 1997.

JUSTINO DE ROMA, *Diálogo com Trifão*. São Paulo: Paulus, 1995.

MERINO, J.A. & FRESNEDA, F.M. (orgs.). *Manual de teologia franciscana*. Petrópolis: Vozes, 2005.

MOLTMANN, J. *O Espírito da vida:* uma pneumatologia integral. Petrópolis: Vozes, 2010.

MÜLLER, G.L. *Dogmática católica*. Petrópolis: Vozes, 2015.

NAVARRO, J.B. *Para compreender o ecumenismo*. São Paulo: Loyola, 1995.

NORWICH, J. *Revelações do amor divino*. Petrópolis: Vozes, 2018, p. 139.

OTTO, R. *O Sagrado*. Petrópolis: Vozes, 2007.

PARENT, R. *O Espírito Santo e a liberdade cristã*. São Paulo: Paulinas, 1978.

PORETE, M. *O Espelho das Almas Simples*. Petrópolis: Vozes, 2008.

SCHÄFER, A. *Pneumadramatik* (Tese de doutorado). Herne, 2009.

SCHEEBEN, M.J. *O Espírito Santo*. São Paulo: Loyola, 1977.

SCHNEIDER, T. (org.). *Manual de dogmática*. Petrópolis: Vozes, 2000.

SCHWEIZER, E. *O Espírito Santo*. São Paulo: Loyola, 1993.

SESBOÜÉ, B. *Espírito Santo sem rosto e sem voz*. Aparecida: Santuário, 2012.

STUBENRAUCH, B. "Pneumatologie". In: BEINERT, W. (org.). *Glaubenszugänge* – Lehrbuch der Katholische Dogmatik. Vol. 3. Paderborn: Schöningh, 1995, p. 1-156.

TACIANO O SÍRIO. *Discurso contra os gregos*. São Paulo: Paulus, 1997 [Padres Apologistas].

TEIXEIRA C.M. (org.). *Fontes franciscanas e clarianas*. Vozes: Petrópolis, 2008a.

TEIXEIRA, F. "Apresentação". In: PORETE, M. *O Espelho das Almas Simples*. Petrópolis: Vozes, 2008b, p. 17-29.

TEÓFILO DE ANTIOQUIA. "Segundo Livro a Autólico/Terceiro livro a Autólico". São Paulo: Paulus, 1997 [Padres Apologistas].

TOSSOU, K.J. "Welche Geister rufen wir?" In: *Theologie und Glaube*, 78, 1988, p. 242-260.

VIER, F. (org.). *Compêndio do Vaticano II*. Petrópolis: Vozes, 2015.

WELKER, M. *Lo Spirito di Dio*. Brescia: Queriniana, 1995.

Índice

Sumário, 7

Apresentação à segunda edição da coleção Iniciação à Teologia, 9

Prefácio, 13

Introdução, 15

1 Espíritos e Espírito Santo, 25

  1.1 Compreensões do termo "espírito", 25

    1.1.1 Significados da palavra "espírito", 25

    1.1.2 Palavras formadas a partir do termo "espírito", 29

    1.1.3 Expressões com a palavra "espírito", 31

    1.1.4 O conceito de espírito na filosofia, 34

  1.2 Em nome do espírito!, 37

2 Acerca da pneumatologia – Constatações e problemática, 41

  2.1 O esquecimento do Espírito Santo, 43

  2.2 A redescoberta do Espírito Santo, 56

    2.2.1 Experiências que apontam para uma redescoberta do Espírito Santo, 57

    2.2.2 Redescoberta teológica da ação do Espírito Santo, 60

  2.3 O "santo" do Espírito Santo, 74

  2.4 O Espírito Santo e a importância da subjetividade humana, 80

3 O Espírito na tradição judaico-cristã, 85

3.1 O Antigo Testamento: a longa experiência da manifestação de Deus como força, 86

3.1.1 A palavra "*ruah*" e suas múltiplas acepções, 87

3.1.2 A experiência por trás do termo "*ruah*", 90

3.1.3 As interpretações da ação do Espírito: um breve recorte histórico, 94

3.2 O Novo Testamento: Jesus e a ação do Espírito, 112

3.2.1 Paulo: a experiência do Espírito Santo e a reinterpretação da existência, 115

3.2.2 Os sinóticos e Atos dos Apóstolos: Jesus repleto do Espírito Santo, 129

3.2.3 O Espírito da verdade como presença divina nos textos de João, 146

3.2.4 A pneumatologia do Novo Testamento: o Filho pelo Espírito é Deus presente e experienciado no mundo, 156

3.3 O desenvolvimento da pneumatologia na história do cristianismo, 160

3.3.1 A pneumatologia do cristianismo anterior aos concílios da Antiguidade, 162

3.3.2 A pneumatologia e a formulação doutrinária a partir dos concílios da Antiguidade, 194

3.3.3 A pneumatologia na Idade Média: entre a teologia escolástica e a experiência mística, 213

3.3.4 A pneumatologia da Reforma, 243

3.3.5 A pneumatologia do Concílio Vaticano II, 252

3.3.6 A questão do *Filioque*, 267

4 O Espírito Santo – A experiência de Deus-em-nós, 282

   4.1 Deus-espírito como manifestação, 284

   4.2 O Universo como dinâmica do Espírito de Deus-em-nós, 288

   4.3 A Terra e os seus viventes: o Deus-em-nós que sopra vida, 291

   4.4 O Espírito de Deus-em-nós seres humanos, 295

   4.5 O Espírito de Deus-em-nós comunidade cristã, 305

Conclusão – "Não extingais o espírito", 315

Referências, 317

COLEÇÃO INICIAÇÃO À TEOLOGIA
Coordenadores: Welder Lancieri Marchini e Francisco Morás

- *Teologia Moral: questões vitais*
  Antônio Moser
- *Liturgia*
  Frei Alberto Beckhäuser
- *Mariologia*
  Clodovis Boff
- *Bioética: do consenso ao bom-senso*
  Antônio Moser e André Marcelo M. Soares
- *Mariologia – Interpelações para a vida e para a fé*
  Lina Boff
- *Antropologia teológica – Salvação cristã: salvos de quê e para quê?*
  Alfonso García Rubio
- *A Bíblia – Elementos historiográficos e literários*
  Carlos Frederico Schlaepfer, Francisco Rodrigues Orofino e
  Isidoro Mazzarolo
- *Moral Fundamental*
  Frei Nilo Agostini
- *Direito Canônico – O povo de Deus e a vivência dos sacramentos*
  Ivo Müller, OFM
- *Estudar teologia – Iniciação e método*
  Henrique Cristiano José Matos
- *História da Igreja – Notas introdutórias*
  Ney de Souza
- *Direito Canônico*
  Pe. Mário Luiz Menezes Gonçalves
- *Trindade – Mistério de relação*
  João Fernandes Reinert
- *Teologia Fundamental*
  Donizete Xavier
- *Teologia Pastoral – A inteligência reflexa da ação evangelizadora*
  Agenor Brighenti
- *Moral Social*
  Fr. André Luiz Boccato de Almeida, OP
- *Cristologia*
  Benedito Ferraro
- *O Espírito Santo – Deus-em-nós – Uma pneumatologia experiencial*
  Volney J. Berkenbrock

CULTURAL

Administração
Antropologia
Biografias
Comunicação
Dinâmicas e Jogos
Ecologia e Meio Ambiente
Educação e Pedagogia
Filosofia
História
Letras e Literatura
Obras de referência
Política
Psicologia
Saúde e Nutrição
Serviço Social e Trabalho
Sociologia

CATEQUÉTICO PASTORAL

Catequese
Geral
Crisma
Primeira Eucaristia

Pastoral
Geral
Sacramental
Familiar
Social
Ensino Religioso Escolar

TEOLÓGICO ESPIRITUAL

Biografias
Devocionários
Espiritualidade e Mística
Espiritualidade Mariana
Franciscanismo
Autoconhecimento
Liturgia
Obras de referência
Sagrada Escritura e Livros Apócrifos

Teologia
Bíblica
Histórica
Prática
Sistemática

VOZES NOBILIS

Uma linha editorial especial, com importantes autores, alto valor agregado e qualidade superior.

REVISTAS

Concilium
Estudos Bíblicos
Grande Sinal
REB (Revista Eclesiástica Brasileira)

VOZES DE BOLSO

Obras clássicas de Ciências Humanas em formato de bolso.

PRODUTOS SAZONAIS

Folhinha do Sagrado Coração de Jesus
Calendário de mesa do Sagrado Coração de Jesus
Agenda do Sagrado Coração de Jesus
Almanaque Santo Antônio
Agendinha
Diário Vozes
Meditações para o dia a dia
Encontro diário com Deus
Guia Litúrgico

CADASTRE-SE
www.vozes.com.br

EDITORA VOZES LTDA.
Rua Frei Luís, 100 – Centro – Cep 25689-900 – Petrópolis, RJ
Tel.: (24) 2233-9000 – Fax: (24) 2231-4676 – E-mail: vendas@vozes.com.br

UNIDADES NO BRASIL: Belo Horizonte, MG – Brasília, DF – Campinas, SP – Cuiabá, MT
Curitiba, PR – Fortaleza, CE – Goiânia, GO – Juiz de Fora, MG
Manaus, AM – Petrópolis, RJ – Porto Alegre, RS – Recife, PE – Rio de Janeiro, RJ
Salvador, BA – São Paulo, SP